U0500388

中国教科书发展史丛书

丛书主编　石鸥

丛书副主编　张增田　刘丽群

新中国『红色』课本研究

◎ 段发明　著

知识产权出版社
全国百佳图书出版单位

图书在版编目（CIP）数据

新中国"红色"课本研究/段发明著. —北京：知识产权出版社，2015.1
（中国教科书发展史丛书）
ISBN 978 – 7 – 5130 – 3067 – 0

Ⅰ. ①新… Ⅱ. ①段… Ⅲ. ①教材—研究—中国—现代 Ⅳ. ①G423.3

中国版本图书馆 CIP 数据核字（2014）第 232266 号

责任编辑：汤腊冬　　　　　　　　　　责任校对：谷　洋
装帧设计：陶建胜　　　　　　　　　　责任出版：刘译文

中国教科书发展史丛书
新中国"红色"课本研究
段发明　著

出版发行：知识产权出版社有限责任公司	网　　址：http://www.ipph.cn
社　　址：北京市海淀区马甸南村1号	邮　　编：100088
责编电话：010 – 82000860 转 8108	责编邮箱：tangladong@cnipr.com
发行电话：010 – 82000860 转 8101/8102	发行传真：010 – 82000893/82005070/82000270
印　　刷：三河市国英印务有限公司	经　　销：各大网上书店、新华书店及相关专业书店
开　　本：720mm×1000mm　1/16	印　　张：20.75
版　　次：2015 年 1 月第 1 版	印　　次：2015 年 1 月第 1 次印刷
字　　数：315 千字	定　　价：58.00 元

ISBN 978-7-5130-3067-0

出版权专有　侵权必究
如有印装质量问题，本社负责调换。

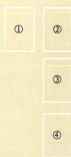

① 《工农兵知识》，佛山专区中学教材编写组，1968

② 佛山专区小学暂用课本《政文》，佛山专区革命委员会小学教材编写组，1968

③ 上海市中学暂用课本《工农业基础知识》，上海市中学教材编写组，1968

④ 上海市中学暂用课本《数学·生产队会计》，上海市中学教材编写组，1968

① 四年制中学试用课本《革命文艺》，长沙市革命委员会政治部文教组，1968

② 小学四年级暂用课本《工农兵常识》，肇庆专区教材编写组，1968

③ 初中第一册暂用课本《工农业生产知识》，肇庆专区教材编写组，1968

④ 蒙自县初级中学《语文》乡土教材，蒙自县革命政工组教育革命办公室中学教材编写组，1969

①	②
③	④

① 农村中学试用课本《毛泽东思想课》，无锡县东北塘公社工人、贫下中农编写，1969

② 上海市小学课本《毛泽东思想教育课》，上海市小学教材编写组，1969

③ 石家庄地区高中试用教材《生产斗争基础知识·机械》，石家庄地区中学教材编写组，1969

④ 五年制小学试用课本《政语》，陕西省咸阳地区革命委员会教材编写组，1969

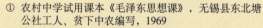

① 云南省红河州初中试用课本《语文》，云南省红河哈尼族彝族自治州革命委员会政工组编，1969

② 浙江省中学试用课本《机电知识基础》，浙江人民出版社，1969

③ 镇江专区九年制学校试用课本《革命文艺》，镇江专区教材汇编组，1969

④ 中学一学年暂用课本《阶级斗争教育课》，四川省汽车运输第49队革命委员会第二中学校（原万二中）选印，1969

① 《学军》，山西省革命委员会政工组文教办公室翻印，1969

② 河南省小学课本《政治语文》，河南人民出版社，1970

③ 河南省中学试用课本《群防群治知识》，河南人民出版社，1970

④ 镇江专区中学试用课本《英语》，镇江专区教材编写组，1970

① 安徽省高级中学试用课本《农业基础知识》（淮河以南），1971

② 东沟县小学试用课本《算术》，"三算"结合教材编写组，1974

③ 江苏省中学试用课本《农业机械·水泵》，江苏人民出版社，1974

④ 辽宁省中学试用课本《科学社会主义常识》，辽宁人民出版社，1974

① 上海市中小学课本《英语·批林批孔教材》，
上海人民出版社，1974

②《青春期生理卫生课本》（试用本），湘潭县盐
埠公社中学，1975

③ 广东省中学试用课本《农村机电·插秧机》，
广东人民出版社，1975

④ 湖南省小学试用课本《革命歌曲》，湖南人民
出版社，1975

① 湖南省小学试用课本《科学常识》，湖南人民出版社，1975

② 辽宁省中学选用课本《拖拉机》，辽宁人民出版社，1975

③ 陕西省高中政治试用课本《我国社会主义革命和建设》，陕西人民出版社，1975

④ 辽宁省中学试用课本《（农业基础知识）农田基本建设》，辽宁人民出版社，1976

总　序

"我们是由教科书决定的"

人们习惯于指责权力的介入，没错，权力是极端重要的，但权力的介入有时候却是次要的，因为它往往被有些人警觉地关注着，有人要把权力"锁进笼子"里。民间的认识习惯才是主要的，甚至关键的。有时候，真相无法起到真相的作用，长久以来形成的符合人们认识的一些非真相及其演绎出来的故事更重要。比如教科书中的岳飞、三皇五帝，比如学界对蔡锷与小凤仙的定论，还有许多类似的例子。现在的问题或困惑是，不管有没有找到真相，人们似乎已经不需要真相了，社会似乎也已经不需要真相了。人们宁愿相信自己熟识的那套即便是非真相的东西。"符合需要"比"符合真相"更重要。

即便如此，我们还是要堂吉诃德式地去努力挖掘真相。真相帮我们回忆和反思，帮我们认识我们的先辈，其实这也是帮我们认识自己，更是帮我们认识未来；真相能够让我们更聪慧，避免或少犯曾经犯过的错误。我们这套"中国教科书发展史丛书"的出发点之一，就是揭示与展示教科书发展历史中的真相或事实。老课本虽不足以涵盖一个国家的发展命运，但老课本是我国近现代文化中最细小、最有魅力的碎片，有了它们，才能勾勒出魅力文化或真实文化的全貌。

我们这套书的选题有着多方面考虑。

我们认为，关于我国近现代教科书发展历程的研究，是一个研究基础薄弱、学术开拓空间相当广阔的领域。说研究基础薄弱，主要是史料建设工作严重滞后，关于教科书及相关文献史料的整理和开发还未被提上议事日程，大量相关文献史料尚尘封在历史角落里，没有进入研究和阅读的视野，文献资源的封闭、散佚和流失现象严重，学界对此重视不够，研究力量相对薄弱，长时间没有引起足够重视。说学术开拓的空间广阔，主要是因为教科书涉及各学科领域，早期教科书中蕴含着学术转型、整合、成型的要素，体现了我国西式学科的起源与发展历程。尤为重要的是，早期教科书对当时的政治、经济、文化教育有多方位的、特定形式的反映和描述，它们是研究该时期社会思潮、认识与行为、语言形态、乡风民俗、价值观、人生观等领域的鲜活而宝贵的历史材料。教科书是一支最朴素的力量，推动着传统文化和社会价值的变革。一本本教科书反映出一段段近代中国教育、甚至中国社会变革与发展的历史，透过清末民初教科书，我们可以探寻到中国近代教育开启、演绎、转轨的足迹，可以感受到那个时代变革的风雨交加、电闪雷鸣。正因为这些因素，对近现代教科书发展历程的进一步梳理就显得格外重要，也格外艰难。《简明中国教科书史》就是力求借助我们团队以及日益增多的教科书研究者的最新研究成果，对教科书发展历程作更清晰的脉络化工作。尽管仍然远远不够清晰。

张爱玲曾说："我们这一代人是幸运的，到底还能读懂《红楼梦》。"仔细想来，他们之所以如此幸运，竟然是他们幸运地诵读过那时的教科书。我们很看重教科书的价值。派纳说，"我们是由课程决定的"。而课程最重要的载体是课本，即教科书。所以可以把他的话改一下："我们是由教科书决定的。"教科书的作用具有隐蔽性、柔性的特点，很难让一个人说出自己在哪些方面确实受到了教科书影响。教科书的影响可以潜移默化地深入到主体的内心，成为主体的知识结构和心智世界之一部分。

教科书在哪里读响，启蒙就跟进到哪里。在有教科书读响的地方，文明出现了，生长了，新社会也形成了。这才是我们需要的真正的教科书。我们看重这样的教科书，我们怀想它们，思忆它们，要还它们本来面貌。清末民初的教科书，因其在开启民智民德中的作用，为大量中国知识分子利用。所以，百年来既有显赫如张之洞、严复、张百熙等人编创的课本，又有一些地位普通的知识人编纂的课本，他们找到了一种自己的发声系统——编写课本，这是边缘者的武器。边缘者不像革命者，不总是用不合作、起义、暗杀等方式，他们借助课本催生新生活、新社会。《百年中国教科书忆》就是对这些有代表性的课本进行追忆式的挖掘。当传统经典从高高的殿堂步向现实的课堂，当救亡图存与重塑国民精神的时代呼声转化为孩童们诵读的浅白课文，当新思想、新知识经过小课本的反复传播被国人认同为公理和常识，小小的课本就为中国大大的启蒙做出了不可替代的贡献。一个世纪后，当我们诵读这些略显粗糙的课文，体会着我们的先辈那忧国忧民也不无褊狭的爱国情怀，内心依然充满感动。

我们觉得，任何教科书都有其特定的意义与价值，即便是遭到世人唾弃的教科书。比如文革时期的教科书。尽管社会彻底否定了"文革"，历史似乎已把"文革"遗忘，但"文革"还是犹如现实的影子，伴随现实而行。确实，"文革"时期的教材浅显、充满说教，但有一条大体上可以认同，在"文革"的教材和教学下，孩子们既有童年，也有学习。孩子们在"文革"的课本中，心比天高又嘻嘻哈哈地一路学来，没有压力，没有痛苦，只有不自量力的崇高与责任。这一点恐怕是今日学生所永远难以企及的。"文革"课本不论多么肤浅，我们总不能自欺欺人地认为它不存在。它存在了十年，实实在在的三千六百五十天，实实在在影响甚至形塑了一代人，乃至几代人（因为并非所有的人都是完整接受十年"文革"教育的）。《新中国"红色"课本研究》就是要唤醒它们，由唤醒"文革"课本到唤醒今天的人们去关注"文革"、警觉"文革"的阴影。

如果说十年"文革"是短暂的，那么百年的乡土教材发展历程够长了吧。乡土教材几乎与现代意义的教科书同步产生和发展。是的，乡土教材历经百年，它们从激发爱乡之情到晕染出爱国之情，它们在保护乡土文化，构建和谐乡村；它们在唤醒学子知乡、爱乡、建设乡村；它们在培育乡里乡亲和谐的邻里关系上起了不可替代又亟待研究发掘的作用。今天的人们，为乡村的失落而忧虑，为乡里乡亲的完全陌生化而伤感，为乡村文化的碎裂毁灭而奔走呼号。可他们是否想过，这一切难道与乡土教材的失落没有关系吗？这种失落既表现在对乡土教材的不重视上（乡土教材离消失已经不远了），也表现在乡土教材本身的"弱智"上，看一下百年前的乡土教材，比较一下今天的乡土教材，便能够引起我们的许多思索。希望《百年中国乡土教材研究》成为一次振兴乡土教材的呼号与呐喊。

清末民初，在南方一所西式女学堂，一群女孩在教室读书。她们中有陈衡哲，有秋瑾，有冰心，有丁玲，有萧红……"只须案摊书本，手捏柔毫，坐于绿窗翠箔之下，便是一幅画图。"她们是当时真正独特的风景，她们是社会的异数，她们更是未来。构建未来的不是刺刀，不是监狱，而是学堂中的女孩子们，她们青春焕发。也许还饥肠辘辘地在与家庭和自己的命运抗争，但她们充满希望，正从课本中汲取智慧和力量。女子教科书与女子学堂一样，在中国历史上存在的时间不长。但女子教科书的演变历程如何？它们在中国传统文化的传承与新文明的引进中发挥了什么作用？它们在女性成长中究竟扮演了什么角色？《清末民初女子教科书的文化特性》一书，力求给我们某种答案，某种启迪。

在经历长征等重大挫折之后，中国共产党何以能够迅速扩大其实力，并动员广大农民积极参加抗战？的确，日本侵略中国为党的战略策略调整和党在新的斗争环境下的生存、发展、壮大带来了一定的契机，但若无潜在的力量和正确的举措，契机也会失去。众所周知，1935 年红军长征到达陕北时，只剩约两万五千人。以如此微弱的力量，如何能在短期内成功地动员千百万农民投身共产党，投身抗战？共产党在乡村地区组织和动员的工具是什么？谁架起了共产党革命理想与农民现实主义之间的桥梁？共产党通过什么将散漫的小农组织改造成为全心全意支持共产党的力量？在大革命失败后艰苦卓绝的岁月中，共产主义奋斗目标何以在革命根据地被广大穷人内化为内心深处的信仰和信念？弱小的共产党何以在纷繁复杂的矛盾变化及艰难困苦的岁月中获得广大民众持续的认可和拥护？……这些问题并没有得到满意的解答。我们注意到，以往对中国共产党发展的研究多集中于意识形态、政治冲突、权力斗争、阶级对立、军事行动等。这种研究受历史研究中专注于宏大叙事的影响，倾向重大事件和上层精英，极少注意到西北农村学校及其教科书在其中的意义与价值。即便某些研究注意到了学校与革命的关系，也只是聚焦于学生运动或少数革命精英学生，忽视了教科书在其中的作用。而一旦翻阅根据地的《共产儿童读本》《初级新课本》《战时新课本》《国语课本》，我们就会发现，作为拥有最多读者的根据地宣传载体，教科书在宣传共产党的政策、在共产党领导合法化过程中的作用远未被挖掘出来。教科书把共产党的政策与农民的切身利益结合起来，它们传播现代基础文明，灌输无产阶级的话语系统，用崭新的政治意识和行为规范指导民众；它们既充满强烈的政治意识和民族精神，又具有广泛的亲农倾向，是沟通知识精英和农民大众的天然桥梁。根据地小课本所起到的大宣传，在中国革命史上写下了浓墨重彩的一笔。这正是《中国革命根据地教科书研究》想要梳理与表达的。

……

当下，教室正在失去学堂的味道，教科书越来越令学生产生将之从窗口扔出去甚至撕毁的冲动。此刻，面对百年前，或半个世纪前的泛黄的老课本，突然，一种感觉袭来，我们都将逝去，我们正在逝去，而它们还存在着。它们让人反省，让人产生敬畏。

本套书系全国教育科学规划国家社科课题"百年中国教科书在文化传承与创新中的基础作用研究"（BAA120011）的部分研究成果，是我们"教科书团队"的研究成果。这是一个正在成长的团队，也是一个生机勃勃的团队。这个研究团队由我本人领衔，以首都师范大学为基地，辐射全国，主要研究力量有赵长林、吴小鸥、张增田、王昌善、方成智、李祖祥、刘丽群等教授，有段发明、李水平、刘学利、廖巍、刘斌、吴驰、石玉、赵志明、李新、刘景超、崔柯琰等博士，他们在自己擅长的领域对教科书研究进行拓展研究，为团队所取得的研究成果以及本套书的完成做出了自己的贡献。还有我的已毕业或尚未毕业的所有研究生，他们前赴后继，从教科书的整理、归类，资料的查询、书稿的校对等多方面为我们的教科书研究做出了不可或缺的努力。他们在我脑海中留下了大量美好的身影与姿态，但我可爱的同学们，你们知道吗？在我心中，烙下深深印记的，你们最优美的身影与姿态，是你们读书的情影，是你们整理书的情影！教科书是你们的 T 型台。

总体上说，这套书之所以能够比较顺利地面世，要感谢首都师范大学教育学院，感谢孟繁华教授，感谢蔡春、张增田等教授。我们还要感谢知识产权出版社的汤腊冬女士。感谢我的研究团队，感谢我的学生，我的研究同伴。如果没有他们，很难想象这套书会顺利完成。这都不是客套话。

由于本套书的每个作者都有自己的研究思路与表达风格，我只对形式方面作了一些统一规整，对一些大的结构调整提出了建议，同时提供了所有的教科书照片，没有对其他作者的书稿内容进行全面考校，希望读者能够理解。

首都师范大学　石　鸥
2014 年教师节改定于学堂书斋

绪论
转向话语的教科书研究

第一章
"停课"与"复课"中的"红色"课本

第二章
"整顿"与"反回潮"中"红色"课本的反复

余论
告别"红色"课本

参考文献
后记

绪论　转向话语的教科书研究

翻天覆地的变革已经过去，遗存的教科书却述说着不可磨灭的意义。

——石鸥《百年中国教科书图说》

自斯宾塞提出著名的问题"什么知识最有价值"后，就衍生出另一个更具争议性的问题，即"谁的知识最有价值"？在确定"用谁的文化去教育孩子"这个问题上，教科书起了很重要的作用。❶ 接下来的问题是教科书❷又是如何选择文化、知识呢？阿尔都塞给出的答案非常直接："学校给人传授'本领'，无非是以保障人们对统治地位的意识形态的臣服或者保障他们掌握这种"实践"的形式进行的。"❸ 如果再追根溯源，意识形态又是通过什么或者说是通过什么"黑箱"作业使教科书听命于自己呢？换言之，意识形态作用于教科书的机制到底是什么呢？

一、从意识形态转向话语研究的教科书

意识形态❹与教科书的关系，美国教育学者阿普尔（M. Apple），在《意识形态与教科书》一书中有较精确的理解："教科书是一种文化资本分配和使用的过程与记录，也同时受到政治权力的介入，而难以摆脱意识形态的操控。"❺

但如何影响呢？也即意识形态是如何运作的，"是如何在一整套隐秘的控制机制……通过这机制，社会才得以传输知识，并在知识面具掩盖下保证它自身的延续"❻。巴赫金的意识形态符号论为我们解开这个谜底提供了启示，他认为意识形态主要作用于人和现实，最终要通过语言，并落到语言上。意识形态与语言的结合，使语言成为"意识形态的充盈物"（巴赫金语），并表现出语言在特定社会历史条件限定下的群体表现形式，即 discourse（话语）。由此，话语不限于语言，还扩展到"它向来都是一种隐匿在人的意识下却又暗中支配人的不同言语、思想

---

❶ M. 阿普尔，L. 克丽斯蒂安－史密斯. 教科书政治学［M］. 上海：华东师范大学出版社，2005：1.
❷ 此文讨论教科书仅以我国中小学教科书为主。
❸ 陈越. 哲学与政治：阿尔都塞读本［M］. 长春：吉林人民出版社，2003：325.
❹ 意识形态有很多不同的种类，有政治的、社会的、知识论的、伦理的，等等。
❺ 石计生. 意识形态与中小学教科书研究［M］. 台北：前卫出版社，1993：21.
❻ 赵一凡. 阿尔都塞与话语理论［J］. 读书，1994（2）：92－101.

和行为方式的潜在逻辑"❶。它规定不是随便说话，而是只能说这种话。学者敬文东更强调话语的潜在逻辑，直接把"话语定式"认定为话语，认为意识形态都是某种观念体系，都有它特定的观念内容，同时还是一种有权力支持的话语定式（此即 discourse 的最新解释）。意识形态必须以话语定式为存在形式，才能挺立于世界之上。❷ 意识形态最大的秘密、最大的"阴险之处"就在通过话语定式对人的灵魂的再生产和不断重塑，它有充分的能力把自身转化为人的无意识，从而让自身通过人的动作/行为再度生产出来的事情十分隐蔽地发挥作用，并借此机会让自身得到彰显。❸ 可见，意识形态正是通过话语影响人与世界，意识形态的"黑箱"式作业，因话语而显得敞亮。所以意识形态研究有必要降解为话语的微观机制研究，意识形态讨论有必要转化为意识形态话语的讨论。教科书作为阿尔都塞所说的"意识形态的国家机器"之一，意识形态对它的影响使用的工具正是语言、文本，发挥作用的形式是话语实践，因而也有必要转入教科书的话语研究，才能挖掘教科书中知识、真理形成的机制。事实上，过去对教科书的意识形态研究基本上也是通过语言展开，只不过它仅停留在语言的政治性，而没有深入话语及背后的逻辑。

另外，现行的教科书意识形态研究，通常局限在国家观念、人物褒贬、阶级问题、民族问题、文化价值等政治意识形态方面，显然束缚了意识形态的"手脚"，把意识形态研究困在了人文社科领域的教科书中，很难对理科教科书有所作为。而作为存在方式的话语则更具包容性与扩充性，可囊括所有形式的意识形态，它必然要把教科书中所有的观念材料，包括那些甚少政治性的科学内容都结合进去，使它们都具有话语的逻辑特征。

二、话语建构的教科书

话语崇拜论者把话语当成上帝般的存在，使得"话语"获得本体

❶ 赵一凡. 阿尔都塞与话语理论 [J]. 读书，1994（2）：92-101.
❷ 参见敬文东. 随"贝格乐号"出游 [M]. 洛阳：河南大学出版社，2010：30.
❸ 敬文东. 随"贝格乐号"出游 [M]. 洛阳：河南大学出版社，2010：31.

论的主体地位，正如福柯所说的那样"不是我在说话，而是话在说我"，话语甚至成了人的唯一主体。但对此，费尔克拉夫的认识较清醒，他认为：在话语与社会结构之间存在一种辩证关系，后者既是前者的条件，又是前者的一个结果。即一方面话语被社会结构所构建，受到社会结构的限制，另一方面话语又是建构性的。一句话，话语不仅是表现世界的实践，而且是在意义方面说明世界、组成世界、建构世界。❶ 对于教科书的知识世界而言，话语正发挥了这样的功能——不同的话语说明、组成、建构不同的教科书以及书中的世界。

话语是如何建构教科书的呢？有必要先回到教科书本身。

教科书不同于学术专业书籍，它有自己的特质，就是人们常说的"教科书体"❷，它是在一定话语秩序下形成的教科书文本体式，它折射出教科书所反映出的社会独特的精神结构、体验方式、思维方式。从编辑学的角度，教科书体包括内容体系与编排体例两部分，分别指涉教科书的内容体系结构和教科书编写的规范、标准，包括从内容的选择、内容组织到形式编排的标准化要求。如内容的选择，内容的组织，语言表达、教学时间、课后练习等。实际上，教科书体的最清晰描述，常见于教学大纲或课程标准中对教材编写的规范和要求。它们既有共同之处，也有差异区隔，从而产生不同的"教科书体"，但无论异同皆为社会、政治或教育的观念体系左右教科书的变化和发展，申言之，是话语的力量从内容体系和编排体例两个方面改变和建构了教科书体和教科书。

1. 选择"最合价值"的内容体系

教科书无法避免价值判断，依斯宾塞的观点，教科书本质上是一个价值判断的内容体系，因此，准入教科书的应是最合价值的知识、人

---

❶ [英]诺曼·费尔克拉夫. 话语与社会变迁 [M]. 北京：华夏出版社，2003：60.

❷ "教科书体"通常称为"教材体"，为了更规范和统一本书采用"教科书体"。教科书体是最新讨论问题教材时，由著名儿童阅读推广人、江苏省特级教师周益民提出的，他认为一些教材的编写非常严格，规定每篇文章字数不允许超过多少，甚至连在哪篇课文中必须出现哪几个生字都有规定……重重限制之下，再好的文章也就慢慢走样了。因为这样的创编，于是就出现了所谓的"教材体"。周益民并没有严格的定义，但意思应清楚，即教材编写的规范和标准。（吴重生，兰杨萍. "教材体"成鸡肋遭质疑"人教社"回应问题教材 [N]. 钱江晚报，2009－12－16（5））.

物、语言等。而判断是否合价值的标准，即是否遵从话语之逻辑、定式。

知识作为教科书内容的第一要素，在我国百年教科书发展史上并非永恒不变。清末的"中体西用"知识与民初以后的启蒙知识，20 世纪30 年代的国民化知识，抗战时期的抗战知识，新中国的苏化知识，文革时期的斗争知识……是有所不同的。从目前看来，什么样的知识可以进入教科书或被教科书所摒弃，并不在于这个知识是"荒诞"还是"正常"，也不完全在于知识的"认识"是否正确，而在于该知识是否符合那个时代的群体共识或价值取向，即那个时代的"知识型"●，或者说是那个时代的话语体系。所有不符合这个"知识型"（话语体系）的，即被斥为无用或有害的知识，被教科书所屏蔽。远如清末时期，清帝下谕正式确定以"忠君，尊孔，尚公，尚武，尚实"为教育宗旨，在此"中体西用"话语下教科书的编写跳不出这种特有的"体用"型思维逻辑或定式，一方面编写实用之学的新式教科书，另一方面仍部分保留传统的经学知识，设置读经讲经作为主课，编写如《蒙学经训修身教科书》（长洲陆基编，文明书局1903 年出版）、《经学教科书》（国学保存会1904 年出版，刘师培编）等课本，传递忠君、尊孔的传统价值。1904 年根据《奏定学堂章程》编写的商务印书馆版《最新教科书》颇能解释"中体西用"话语对教科书编写的构建，该系列教科书就是立足于传统的伦理道德："其有为吾国之特色，则极力表彰之；吾国之弊俗，则极力矫正之，以期社会之进步改良。……务使人人皆有普通之道

● 此处的知识型是借用福柯的概念，在《词与物》中，福柯提出了一个基本的范畴——知识型（episteme）。这个范畴类似于库恩的"范式"（paradigm），共同点都在于揭示因条件的变化而引起了话语系统的变化，而话语系统变化的实质是思维方式的变化，这种变化表现为连续性的断裂，并且也是科学、知识乃至社会的跃进。（刘少杰. 后现代西方社会学理论［M］. 北京：社会科学文献出版社，2002：142.）王治河对"知识型"理解和解释的更具体了，它是制约、支配该时代各种话语（子话语）、各门学科的形成规则，是该时代知识密码的特定"秩序"、"构型"和"配置"，是某个特定时期社会群体的一种共同的无意识结构，它决定着该时代提出问题的可能方式和思路，规定着该时代解决问题的可能途径与范畴。（王治河. 福柯［M］. 长沙：湖南教育出版社，1999：54－55.）"知识型"后被福柯在考古学的研究中逐渐用话语所替代。

德知识，然后进求古圣贤之要道、世界万国之学术艺能。"❶ 其求"古贤之道"、"万国之艺能"的编写宗旨始终是教科书编写的"体用"话语实践，也是教科书知识体系的潜在逻辑（话语定式）。近如新中国成立初期"以苏为师"话语体系下的教科书，知识内容不仅区别于西方的知识体系，也不同于民国时期的教科书，形成了"唯物"型思维逻辑和定式的知识体系，最具案例性的是"全面苏化"时期的生物教科书，高中只编《人体解剖学》和《达尔文主义基础》，取消原高中《生物学》的主要原因是在哲学方法论上只承认"实践—认识"模式，把"假设—检验"归入唯心主义方法论进行批判。"由于旧的生物学是在宣传孟德尔、魏斯曼、摩尔根的'唯心理论和反动学说'"❷，结果把孟德尔－摩尔根遗传理论定为反动唯心主义理论❸。高中新课本《达尔文主义基础》在遗传和育种方面，只讲米丘林学说，不讲摩尔根学说，传统的遗传学内容以及细胞、组织、新陈代谢等生物学科中最基础的知识被归入"反动学说"，因而排除在教科书之外。再如根据1958年人民日报社论提出的"根据党的教育方针来改革教材"❹，北京师范大学编写的九年一贯制数学教科书、华东师范大学编写的五年一贯制中学数学教科书等举起"以函数为纲"的大旗，编者认为"以函数为纲也就是说以运动、变化、相互联系、相互制约的辩证唯物观点为纲，是能够很好地统帅全部数学教材，能建立起一个完整的科学体系的"❺。文革时期的教科书话语建构更有典型性，在"必须为无产阶级政治服务，必须与生产劳动相结合"话语下形成的"斗争"型思维定式，教科书只能包括与话语对应的阶级斗争与生产斗争两种知识。

话语除了通过建构知识建立价值体系，塑造典型人物也是最重要的一条途径。在不同时期的话语支配下，教科书会呈现不同时期"最合

❶ 编辑初等高等小学堂国文教科书缘起［A］//最新初等小学国文教科书：第1册. 上海：商务印书馆，1904：初版；1905：10版.

❷ 中央人民政府教育部编订. 中学生物教学大纲（草案）［J］. 生物学通报，1952（3）：146－152.

❸ 余自强. 关于生物学课程科学哲学问题的讨论［J］. 生物学通报，2005（3）：25－28.

❹ 根据党的教育方针来改革教材［N］. 人民日报，1958－10－4（1）.

❺ 北京师范大学数学系中小学数学改革研究小组. 关于九年一贯制数学教学改革方案的两个问题［J］. 数学通报，1965（5）：20－23.

价值"的榜样人物群体。20 世纪 20 年代，中华书局出版编撰的《初级公民课本》（舒新城编）和《新小学教科书公民课本》（朱文叔编），在五四运动的民主、科学话语下对于守法、参政、地方自治与全民自治、社会进步和个人人格等方面的公民形象尤为强调。党化教育后，1936 年的"建国教科书"《高级中学公民》（叶楚伧和陈立夫共同主持编撰）则是一套"恪遵党义"的教科书：以"总理遗嘱"为第一课，三民主义、建国大纲等成为课文的主要内容，更强调政治化的"公民"。文革时期"学工学农学军"话语下教科书中诞生的工农兵英雄，即"革命英雄"，突出政治品质：忠于党和人民，听毛主席的话，学毛主席著作，勇于与阶级敌人作斗争。20 世纪 90 年代后"素质教育"话语下教科书的人物描写则突出其道德品质，根据鲍艳丽对人教社语文课本中人物形象以及苏教版语文教材中人物形象的道德品质进行的全面、系统的统计，这些品质概括为爱国、仁爱、勤奋、科学、智能、助人、坚毅、节俭、奉献、友情、立志、诚实、敬业、亲孝。❶ 话语的更替，使榜样人物群体也在发生变化，如新中国从培养"接班人"的政治话语到"为了每个学生的发展"的教育话语，20 世纪 50～90 年代教科书中雷锋、张思德等为代表体现"为人民服务"价值的"神"的形象，到 21 世纪逐渐让位于弘扬拼搏精神的"人"的形象，比如刘翔、王军霞等人物进入教科书。

教科书的内容离不开语言，套用伽达默尔的语式说："人只有通过语言才能理解或拥有教科书。"既然教科书的知识传递和意义表达是以"语言"为介质和范式的，那么"语言"就不应该被"遗忘"，因为教科书文本的意义不是自洽或自维的，而是以"语言"为条件的，是在"语言"中被构造、生产和再生产。而根据剑桥学派的观点，从政治角度教科书中的语言二分，一种是自然语言，即纯粹描述性的、价值无涉的自然语言，其功能是描述性和认知性，是客观的，其目的在于传播或交流知识，基本以数理科教科书的语言为主；另一种是在描述的同时也在进行着价值判断的道德和政治的语言，其功能是高度的政治性，或意

---

❶ 鲍艳丽. 新课改前后两套小学语文教科书中人物形象的比较分析［J］. 基础教育参考，2005（4）：44－46. 20 世纪 90 年代与 21 世纪在这些品质方面也有所区别，主要人物从神到人，由雷锋到保罗。

识形态的❶，基本以文、史、艺类教科书为主。而从话语角度，语言只有一种即遵从话语逻辑的语言。其实教科书中所谓描述性的"自然语言"也要受到观点和理论（话语）的"污染"，例如小学算术课本中受重归纳、重实用的古代中国的数学教育传统模式内容，语言都是具体的现象，多为数词、物质名词，语言基本上恪守传统的哲学思想"未敢离事而言理"、"未敢离器而言道"（章学诚语）；而中学数学多是重视演绎、重视基础知识、基本技能的近代西方数学模式，语言多为抽象性的，较多概念、公理、定理、法则、公式等。❷教科书中的语言无论是自然还是道德或政治的语言，其功能各不相同，除了遵循语言学的规范和要求外，还各自恪守一套逻辑，由它来支配和判定语言的"合价值性"、"合法性"，这个逻辑就是话语。在"政治第一"的话语中，教科书中不能有资产阶级的靡靡之音，只有无产阶级的"劳动号子"，不会有"伯父伯母"式的知识分子称谓，只有"大爷、大妈"等工农式称呼。❸在"党化"教科书中不能有"赤化"性质的革命根据地、长征、反动派、阶级斗争、帝国主义等红色语言。而在海峡两岸和平发展、国共合作的话语下，语文教科书中少了"蒋匪、匪军"等词语，多了"蒋军""国民党士兵"等提法。

2. 采用"最合秩序"的教科书体例

教科书体例❹即教科书的编排形式，是一种需要符合教学之用的体例。前已论及它是一定话语秩序下形成的教科书文本体式，它折射出教

❶　参见：周保巍. "罗生门"与剑桥学派的"修辞"［J］//社会学家茶座：第十二期. 济南：山东人民出版社，2007：84. 其实也不存在一种纯粹自然的语言，从广义的意识形态即观念体系来说，自然语言也是一种人工语言，它可能不是受制于政治、道德理念，却肯定接受科学理论、观念常识的污染，所以，逻辑实用者汉森提出了"观察负载论"：观察是受理论污染的，同一观察在不同理论的指导下可以得到不同的结果，在这种理论指导下的观察证实了这个理论，在另一种理论指导下的观察却证伪了该理论，如此等等。（夏基松. 现代西方哲学教程新编：上［M］. 北京：高等教育出版社，1998：3.

❷　孔凡哲. 中国数学教育的传统与发展初探：教科书视角［J］. 数学通报，2008（4）：15－19.

❸　石鸥，葛越. 新中国政治教科书60年之演进［J］. 湖南师范大学教育科学学报，2011（2）：5－10.

❹　体例，是指著作编写的规格形式。（《新华词典》编委会. 新华词典［Z］. 北京：商务印书馆，2001：968.

科书所反映出的教育思想的精神结构、体验方式、思维方式。纵观中国教科书百年发展史，教科书体例主要遵从两种基本教育话语（教育思想）秩序——科学主义的"教法"秩序和人文主义的"学法"秩序，❶进而形成了两种教科书体例：教本体例和学本体例。

　　自教科书诞生始统治中国近一个世纪的科学主义教育观，在类似"知识就是力量"的话语下，形成了"以传授科学知识为中心"的话语秩序，教科书编写基本形成了围绕以学科知识逻辑编排的知识体系和体例——知识化单元体例，学科体系严密的学科如物理、化学、历史、地理等教科书通常以章节体例为主，而学科知识体系不严密的语言类课本如语文、英语等教科书，通常以文体特征相近的课组成单元的体例结构为主。无论是章节体还是单元体都是从知识的角度组织单元（章），目的是通过一个阶段教师的教让学生学到相对完整的知识单元。一般附有的作业系统，功能单一，以便于教师检查学生所学知识技能为主。这是一种不以学生的"学"为中心，而以教师的"教"为中心的"教本"式的教科书体例。它的缺点是盲目追求完整的"学科体系"，不考虑学生的兴趣及其现有认知水平，采取"囊括"知识、"知识堆砌"式写法，学习"套装知识"，灌输现成的结论，忽视学生的"体验"；课文编排结构单一，在培养学生思维能力和其他能力（特别是动手、动口等实践能力）方面存在欠缺。

　　虽然近一个世纪教科书在不断改革，作出了多种尝试，直至 20 世纪末 21 世纪初，教科书的"体例"式革命才真正发生，特别是在中国"为了每个学生的发展"话语下的新世纪基础教育改革，教科书编写的体例发生了巨大变化，"以学生发展为本"的话语秩序，使得原来的"教本"体例随即转向以学生的"学"为中心的体例——"学本"体例。它是一种课题或专题化单元体例，以相同主题结合，将一些意义相对集中的篇目组成一个板块，以多样性引发学生兴趣，如：课文导语以故事、歌词、照片等开头，形式活泼，巧妙新颖；以弹性设计促使学生个性特长的发展，如：教科书中编入了不少"小资料"、"技术·社会"

---

❶　只在极端时期（如文革时期）受政治话语影响很大，形成了文革式体例——统帅体与学用体。

和"拓展性课题"等栏目,以供学习兴趣爱好不同、学习水平不同以及学校特点不同的学生选用;以探究性引导学生主动学习,如:设置综合实践活动,注重培养学生的自主学习能力和实践精神,改被动地接受为主动地探求,帮助他们发展学习策略;以设计相应的学习指导语,突出对学生学习方法的指导,如"请你探究"、"试一试"、"阅读以下内容,并回答问题"、"请将观察到的现象和测得的数据记入表中的空格内"、"在下列实验中某一步骤是必须做的"、"请与你的同桌就这个问题开展讨论,提出肯定或否定的理由"、"根据以上事实,请你小结"等。总之"学本"体例打破以知识结构为主线的"教法"编排方式,而采用以培养素养为目的,重视探究学习、主动学习、以"学法"为中心的编排体例。

三、话语争夺的教科书

如果说话语是意识形态争夺的场所,那么,教科书就是话语争夺的重要文本,话语对教科书的建构是竞争性的,既可说是所谓新、旧话语之争,也可说是基本话语之间的"龙虎斗"。

1. 教科书的两种基本话语

话语建构的教科书被赋予的功能颇多,如提供知识的内容,进行思想品德教育,发展智力,等等,但从工具论角度可分成两个基本的功能:一是文化传承功能,二是政治服务功能。文化传承通常以知识、技能、文化作为教科书的主要要素,而政治服务功能则强调政治、道德等作为教科书永恒的主题。前者是知识教育,后者是政治教育。与这两种功能相对应的分别是学术的、政治的话语体系。两个子话语走向各自的极端,即会形成"文化为本"和"社会为本"的话语体系。对这两个子话语作简单理解,学术话语即是学科知识体系内知识论述的规则与定式;政治话语即是受意识形态控制的政治叙述的定式。

学术话语对教科书的影响,即是说教科书的知识体系要遵照学科知识体系的规则和逻辑进行编排,使学生学到规范系统的学科知识体系;而政治话语要求教科书中要按政治意识形态的要求编排知识,进行政治宣导,促成意识形态的延续。这两种话语之间并不是截然分离或界限分

明的，如米歇尔·拜肖所述，话语是意识形态争夺的场所，政治的话语
具有弥散性，通常会进入社会的各个领域，如在学术话语中总存在一些
政治倾向，而政治话语作为意识形态争夺的主战场，通常会延烧至社会
各领域，对学术有政治的要求和价值的诉求，两者经常交织在一起，难
以分离和完全区分。换言之，政治话语通常会借助学术话语表达或实现
价值、追求利益，学术话语表达也会或隐或显、或浅或深地体现政治话
语的诉求。所以两者往往是一体的，如"中体西用"，"为了中华民族
的振兴，为了每个学生的发展"等既包括"西用"、"学生发展"的
"学术"性话语，也包含"中体"、"民族振兴"的"政治"性话语。
当然两者不一定处在平衡状态，当政治话语强势时，学术话语的堡垒只
能拱手相让；当政治话语相对平和、宽容时，学术话语则彰显自身。前
者的极端例子如文革时期"以阶级斗争为纲"话语下充斥教科书的知
识的阶级性、斗争性，后者多是以学术知识为主，淡化阶级性和政治
性，回归以人为本的教育，尊重知识，体现人的价值。虽然两种话语经
常纠缠在一起，有时是相溶相恰，但有必要认识到政治话语与学术话语
有各自的擅长和营地，各守本分、各为其主，有时候却是此消彼长，显
示出两种话语对教科书的激烈争夺。

2. 两种话语的争夺

　　学术话语与政治话语的争夺，在教科书中屡见不鲜，举不胜举。
1949 年 12 月，在新成立的中央人民教育部召开的第一次教育工作会议
上，钱俊瑞副部长首次提出新中国教育要"以老解放区新教育经验为基
础，吸收旧教育某些有用经验，特别是要借助苏联教育建设的先进经
验"❶，以此为界点，注定了新中国的教科书需要经受学术话语与政治
话语强烈碰撞的命运。新中国的教科书，20 世纪 50 年代初秉承"以苏
为师"的学术体系，1958 年的"教育为无产阶级政治服务，与生产劳
动相结合"，再到 60 年代初"提高（教育质量）"，文革时期"政治统
帅"，文革结束后，学术话语逐渐成为主流。可以说，新中国的教科书
史，就是政治话语与学术话语的相互拉锯史。如今这种拉锯式争夺虽不

---

❶ 钱俊瑞. 在全国教育工作会议上钱俊瑞副部长总结报告要点 [N]. 人民日报，
1950 – 01 – 06 (1).

那么典型，但学术话语与政治话语之间的"驳火"犹在。例如，今天在媒体上经常讨论的语文教科书课文选择的真假问题，实则是一个典型的政治话语与学术话语争夺的例子。作家叶开曾写了一篇批判语文教材和语文教育的文章：《语文的物化》。他在文章中写道："中小学的语文课本里选入了很多与花草树木有关的文章。在这些文章里，作者不是欣赏鲜花自身的美丽，而是在鲜花这个符号上寻找道德寓意。"❶ 叶开批评教科书的角度是用学术话语，而编者的选编视角却是政治话语。从中国教科书的发展历史看，教科书时常受到学术话语与政治话语的夹击，当学术话语较强时，政治话语较弱，而当政治话语强势的时候，学术话语则较弱势，两者强弱在实践层面往往表现在政治与知识业务关系孰主孰辅上。另外，两种话语因学科性质不同，介入的强度也不一样，在人文社科类教科书中一般大张旗鼓，而在数理化类教科书中则是静悄悄的。

3. 两种话语建构的两种教科书体

两种话语建构下形成的我国教科书体，大致可分为学术模式和革命模式（革命话语作为政治话语建构了革命模式），有学者大致区分了这两种模式的不同：学术模式以学校为中心，革命模式以社会为中心；学术模式是知识定向，革命模式是行动定向；学术模式的设计者是学者，革命模式的设计者则可能是激进派、政治家或"革命战士"❷。教科书的学术模式以"提高教育质量"为目的，强调学科知识体系的现代化、理论化、系统化，培养社会主义国家的建设者；革命模式是中国共产党在无产阶级革命道路中根据现实的革命斗争需要逐渐形成和发展出的教科书编写模式，它强调为无产阶级政治（主要是阶级斗争）服务，以及联系生产实际，培养革命事业接班人和劳动者。这两种模式与我国各时代的两大主题密切相关，一是革命主题（为革命运动服务），政治上可靠，服务于政治需要，以政治话语为主；二是发展主题（建设现代化社会主义国家），以学术话语为主。当革命主题作为压倒性优势话语时，

---

❶ 王波. 作家称语文教育还在表演和说谎　教材教法均作假 [N]. 中国青年报，2010 – 12 – 15 (4).

❷ 袁振国. 教育改革论 [M]. 南京：江苏教育出版社，1992：170.

教科书表现为革命模式；当发展主题作为优势话语时，教科书就表现出以系统的基础理论知识体系为特征的学术模式。但无论是在革命还是发展的主题时代，政治话语与学术话语是一体的，在教育和教科书中集中表现为"红与专"话语，当"红"当道时，以教科书的革命体为主，把思想政治教育放在首位，也并不完全排斥知识，而对选用什么知识和如何学习知识则完全不同于学术体；当"专"为尊时，教科书则以学术体为重，同时也接受"红"的要求，要进行思想政治教育。

我国历史上学术话语与政治话语争夺教科书，最为典型的是新中国成立以后的教科书。后来被文革时期冠名"争夺"接班人的 17 年教育路线斗争，以及文革时期的教科书"两种路线"的斗争，既可说是两种阶级路线的斗争，也可说是学术话语与政治话语的争夺。近 30 年拉锯式的争夺，使得教科书的编写形成了钟摆效应——在学术模式与革命模式之间摇摆。一方面，说明政治话语与学术话语是作为一个话语体共同建构教育及教科书的编写，并在任何时期都无法拒绝其中任何一方；另一方面，钟摆效应也说明，两种话语在不同的时期，其优势地位会有所不同，其主导话语会随政治、文化、经济形势的变化而变换，教科书也会因话语的变换而左右摇摆或调整。有的时期钟摆幅度并不大，甚至无法区分，有的时期却完全处于正反两面，没有共同点，这种现象也只能在极端时期才会显现，发生在文革时期的课本革命正是观察钟摆现象从"学术模式"向"革命模式"摆动的最佳标本，而改革开放后，又向"学术模式"回归。

新中国成立 30 多年的时间，两种话语争夺形成了中国中小学课本改革的革命模式与学术模式课本。其中革命模式最终占据上风的历史为我们提供了可资借鉴的经验与教训。历史希望我们不要简单地走回头路，也不要轻易地否定每个阶段教育改革尝试的所有方面，历史向我们提出了这样一个需要大胆探索和艰苦努力才能回答的难题：在正规化的"学术模式"和非正规化的"革命模式"之间，是否有一种综合模式可以选择或创造？❶ 此外，本书提出的"教科书的话语建构"只是理论的

---

❶　袁振国. 中国当代教育思潮（1949－1989）［M］. 上海：生活·读书·新知三联书店上海分店，1991：12.

设想，由它衍生出许多尚待深究下去的具体问题：编写和评价教科书到底以什么作为标准？以一种话语系统去评价另一种话语建构的教科书是否完全合理？在教育改革中，我们应该选择什么样的话语，才能编出更好的教科书？……

第一章 "停课"与"复课"中的"红色"课本

　　不破不立。破，就是批判，就是革命。破，就要讲道理，讲道理就是立，破字当头，立也就在其中了。

——毛泽东

1966年，我国发生了史无前例的文化大革命。"教育革命"作为文化大革命的重要组成部分，不仅否定了新中国成立初期17年教育战线取得的所有成绩，而且还对一切"旧课本"进行颠覆和重建。

第一节　停课闹革命，"砸烂旧课本"

毛泽东关于建设一个理想的社会主义国家的问题，有自己的蓝图，根据国内和国际社会主义建设形势的变化，毛泽东形成了自己独立的判断，认为当前的许多做法是修正主义的路线，社会主义国家仍然存在阶级斗争，存在修正主义复辟资本主义的现实危险。

一、毛泽东指导教育革命的话语体系

对于如何建设一个社会主义国家的问题，毛泽东最终形成了一个比较完整的理论论述和话语系统，并集中体现在一个指示和两个纲领性的文件上，即"五·七指示"、《五·一六通知》、"十六条"。在这三个重要文本中，毛泽东的教育观念和蓝图更是得到了集中的体现和系统的论述，它们也就成为指导教育革命和课本革命的权威革命话语。

1966年5月7日，毛泽东在给林彪的信（后称"五·七指示"）中提出："学生也是这样，以学为主，兼学别样，即不但学文，也要学工、学农、学军，也要批判资产阶级。学制要缩短，教育要革命，资产阶级知识分子统治我们学校的现象再也不能继续下去了。"这一说法彻底否定了新中国成立以来17年的教育，对知识分子整体作出"资产阶级"的政治定性，否定原有中小学课本的价值，也为文革时期的教育革命指出了根本方向：学工学农学军，用毛泽东思想批判资产阶级。

1966年5月，中共中央召开扩大会议，5月16日会议通过了毛泽东起草的《中国共产党中央委员会通知》，即《五·一六通知》❶，要求

---

❶ 中国共产党中央委员会通知［N］. 人民日报, 1966－5－17（1）.

"高举无产阶级文化大革命的大旗,彻底揭露那些反党反社会主义的所谓'学术权威'的资产阶级反动立场,彻底批判学术界、教育界、新闻界、文艺界、出版界的资产阶级反动思想,夺取在这些文化领域中的领导权。而做到这一点,必须同时批判混在党里、政府里和文化界资产阶级代表人物,清洗这些人,有些则要调动他们的职务"。通知将斗争的矛头指向广大的知识分子,并宣誓要夺取被他们"篡夺"了的领导权。因此,这也是一个"砸烂旧世界"的纲领,摧毁现有"被资产阶级统治"的社会秩序,当然包括被定性为"资产阶级路线"的旧的教育体系和课本。《五·一六通知》标志着文化大革命在全国范围内的全面展开,资产阶级与无产阶级之间敌我矛盾的定性,也预示着文革时期的教育将要以一种暴风骤雨的方式向过去的"传统教育"作别。

1966年8月8日,中共中央八届十一中全会通过了《中国共产党中央委员会关于无产阶级文化大革命的决定》,即"十六条",其目的是"斗垮走资本主义道路的当权派,批判资产阶级的反动学术'权威',批判资产阶级的意识形态,改革教育,改革文艺,改革一切不适应社会主义经济基础的上层建筑,以利于巩固和发展社会主义制度"。并指出:"改革旧的教育制度,改革旧的教学方针和方法,是这场无产阶级文化大革命的一个极其重要的任务。"其中第十条"教学改革"中提出:"学制要缩短。课程设置要精简。教材要彻底改革,有的要首先删繁就简。学生以学为主,兼学别样。也就是不但要学文,也要学工,学农,学军,也要随时参加批判资产阶级的文化革命的斗争。"显然,"十六条"是以政策性文件的形式对"五·七指示"进一步系统化、合法化,不仅提出了教育革命的纲领性要求,同时也涉及教育的重要载体——教材要彻底改革,否定了"旧"课本,提出中小学课本的改革方向。

二、"砸旧课本",学"毛著"和"语录"

在"五·七指示"发表后,中共中央、国务院对教育和教材的改革问题,已经有了统一的指导思想和行动:全面否定中小学旧课本,要编以毛泽东思想为指导,突出无产阶级政治的中小学课本,并以学习毛主席著作为主❶。

　　根据"五·七指示",1966 年 6 月 13 日,中共中央、国务院在批转教育部党组《关于 1966 – 1967 学年度中学政治、语文、历史教材处理意见的请示报告》时批示:中学所有教材,没有以毛泽东思想挂帅,没有突出无产阶级政治,违背了毛主席关于阶级斗争的学说,违背了教育方针,不能再用。这些教材未印的均应停止印刷,已印过的也要停止发行。中学历史课暂停开设;政治和语文合并,以毛主席著作为基本教材,选读文化大革命的文章和革命作品。教育部应积极组织力量,重新编写中学各科教材及小学教材。同时指示,不论高小或初小都要学习毛主席著作,初小各年级学习毛主席语录,高小可以学"老三篇"(《为人民服务》《愚公移山》《纪念白求恩》),以及其他适合小学生思想政治水平和语文程度的一些文章。正是这个批示,揭开了全面否定原有课程结构和课本,重设和重编新的"以毛泽东思想挂帅"的课程和课本的序幕。

　　《人民日报》1966 年 6 月 18 日的社论《彻底搞好文化大革命,彻底改革教育制度》进一步指出:"要进一步研究如何贯彻执行教育与生产劳动相结合的方针。要把那些违背毛泽东思想,严重脱离阶级斗争、生产斗争和科学实验三大革命运动,宣扬剥削阶级世界观的一切旧教材统统埋葬。新的教材必须以毛泽东思想为指导,突出无产阶级政治。初小可以学毛主席语录。高小可以学更多的毛主席语录和'老三篇'等文章。中学可以学《毛泽东著作选读》和有关文章。大学可以学《毛

----

❶ 学习毛泽东著作(以下简称毛著)是我国人民生活中的一件大事。早在 1958 – 1960 年就出现了两个学毛著高潮。1958 年群众性学毛著活动是大跃进运动期间开展起来的。1960 年是第二次学毛著高潮,是伴随反右、新跃进的形势展开的。60 年代中期全国学习毛泽东著作的高潮是解放军大学毛著带动起来的。1964 年 2 月 1 日《人民日报》发表社论《全国都要学习解放军》,高度赞扬解放军大学毛著,用毛泽东思想指导自己的工作。这样,全国学习毛著活动又蓬勃开展起来。随着文化大革命序幕的拉开,更是掀起学习毛著的新高潮。《人民日报》《解放军报》相继发表社论,号召大学毛著,用毛泽东思想武装七亿人民,从而使全国"到处都是《毛主席语录》的红色海洋,到处都是诵读毛主席著作的响亮声音"。这时的学毛著运动以前所未有的热情和规模开展起来,不但干部、工人、农民积极学毛著,学生也开始加入学毛著的队伍,出现了人人学毛著,个个背语录的"热烈"场面。(朱兆中. 建国以来学习毛泽东著作的热潮简介 [G] //中共中央党史研究室编. 中共党史资料:第五十六辑. 北京:中共党史出版社,1996.)

泽东选集》。不论是初级学校、中级学校还是高级学校,都要把毛主席著作列为必修课。"❶ 这个社论又为如何编写中小学新课本指明了方向。

1966 年下半年新学期刚开始,即原有教材被批判、废弃之后和新教材编写出来之前,中小学校断断续续的一些教学活动,主要就是以毛泽东著作作为教材,小学生学习"老三篇"、《毛主席语录》。为便于教学,一些地方将《毛主席语录》印成通常使用的教材标准 32 开本,作为学校的正式教材。

但是,随着红卫兵(以中小学生为主体)运动向全国的狂热发展,红卫兵运动由学校向社会扩展,由对学校教育中教学方式、教学内容、师生关系等的意见,转向参与社会性的政治斗争——破四旧,此时,学生虽上学,却不上课。在中共中央、国务院于 9 月 5 日发出《关于组织外地高等学校革命学生、中等学校革命学生代表和革命教职工代表来北京参观文化大革命运动的通知》后,学生的串联活动在全国掀起高潮,全国的中小学校基本处于"停课闹革命"的混乱状态。学校停课、停学,旧课本当作"四旧"被砸、被烧。在教育部被夺权、人民出版社被解散、社会极度混乱的情况下,根本没有人也没有单位负责和管理新课本的编写和出版。

直到 1967 年 2 月 4 日,中共中央发出《关于小学无产阶级文化大革命的通知(草案)》,表明停止串联的目的和要求。通知规定:春节后各地小学一律开学。在外地串联的小学教师和学生,应当返回本校。五、六年级和 1966 年毕业的学生,结合文化大革命,学习毛主席语录、"老三篇"和三大纪律八项注意,学习"十六条",学唱革命歌曲。一、二、三、四年级学生学习毛主席语录,兼学识字,学唱革命歌曲,学习一些算术和科学常识。1967 年 2 月 19 日,中共中央发出《关于中学无产阶级文化大革命的意见》,从 3 月 1 日起,学生一边上课,一边闹革命,学习党中央关于文化大革命的文件,批判资产阶级的教材和教学制度,并以必要的时间复习数学、物理、化学、外语和各种必要的常识。在农忙期间,可以有组织、有计划地组织师生下乡参加劳动,向贫下中

---

❶ 《人民日报》编辑部. 彻底搞好文化革命,彻底改革教育制度 [N]. 人民日报, 1966 – 6 – 18 (1).

农学习。这个通知下达后一段时间，大部分师生还在大串联的路途中，全国中学几乎都来不及恢复教学活动。从这两个通知以及后续的发展，可以判断当时中共中央还不明确要具体学习一些什么内容，编写什么课本。

第二节　复课闹革命，编新教材

停止串联，回校复课闹革命，学校面临上什么课、用什么教材的问题。

一、复毛泽东思想的课

1967 年 3 月 7 日，《人民日报》发表社论《中小学复课闹革命》，明确号召中小学革命师生，响应党中央的号召复课闹革命。社论提出：复课闹革命，复的是毛泽东思想的课，上的是无产阶级文化大革命的课。上课，主要是结合无产阶级文化大革命，认真学习毛主席著作和语录，学习有关无产阶级文化大革命的文件，批判资产阶级的教材和教学制度。同时，应该用必要的时间，中学复习一些数学、物理、外语和必要的常识，小学学一些算术、科学常识。全国各种报刊都响应党中央的号召，刊登复课闹革命的通知，全国各地出版的教育革命杂志则多以复课闹革命为主题。

发出"复课闹革命"号召后，由于小学生大多没有外出串联，所以，1967 年上半年小学逐渐复课，到 1967 年下半年基本全部复课，早于中学复课近一年时间。1967 年 9 月，全国性的红卫兵派别内斗和造反的运动还在继续和升级，毛泽东对红卫兵开始不满意，认为打乱和破坏了他的关于"斗、批、改"的战略步骤。在他看来，红卫兵的造反任务完成了，现在应当回到学校复课闹革命了。中共中央又在 9 月连续发出两个通知，要求复课闹革命。10 月，《人民日报》连续发表社论《大、中、小学校都要复课闹革命》，"社论"提出，由师生自订方案、自定课程、自选教学内容、自编教材，集中力量进行本校的斗、批、改。"各学校必须认真执行毛主席的斗私、批修的伟大指示，教育学生狠斗自己头脑中的'私'字,以高度的无产阶级革命责任感,彻底批判以中国赫鲁晓夫为代表的修正主义教育路线,大立毛主席的无产阶级教育路线。"[1]

二、编毛泽东思想的教材

直到 1968 年的春季,全国性的中小学复课闹革命渐渐成为社会运动的主流,各地更多的中小学校陆陆续续复课。[2] 但是当学生和教师回到学校复课后,却发现根本没有课本可供使用。其原因:一方面,"旧"课本因"走资产阶级路线"已被否决不能再用;另一方面,文革开始后人民教育出版社编写课本的专营业务全面遭禁,下放由各地自行编写。因此,编写新的"以毛泽东思想为统帅"的课本对各地来说还是新生事物,头一回,根本不知道如何下手编写,短时期内也编不出来。所以,各地中小学校只能根据复课闹革命的要求,从政治正确的角度临时选用一些选自党刊党报的政论性文章或中共中央的文件作为教学资料,如衢县革委会文卫组翻印的《教育要革命(复课闹革命学习材料)》:

《教育要革命(复课闹革命学习材料)》目录[3]

中共中央关于认真学习和坚决执行《毛主席论教育革命》的通知;

大学大用毛主席教育革命的光辉思想;

再论大中小学校都要复课闹革命;

把教育大批判狠狠抓起来;

边教边改是教育革命唯一正确的途径;

毛主席的"五·七"指示是教育革命的灯塔;

毛泽东思想照亮了教育革命的道路;

建立社会主义的新型师生关系;

---

❶ 大、中、小学校都要复课闹革命 [N]. 人民日报, 1967 – 10 – 25 (1).

❷ 从 1968 年 7 月开始,以工人毛泽东思想宣传队进入中小学校为标志,红卫兵开始走向衰落,学校才真正完全复课。

❸ 衢县革委会文卫组. 教育要革命(复课闹革命学习材料)[M]. 衢县:衢县革委会文卫组翻印, 1968.

草场地中学革命师生共登讲台互教互学；

让毛泽东思想占领体育阵地；

边教学，边改革。

天津市革命委员会筹备小组文教办公室和中国人民解放军天津军训联合指挥部在致天津各校革命的学生、教员、工人们的信中指出，为了配合这一伟大的教育革命，办了《教育革命学习材料》，选编毛主席语录和有关文件、社论、文章，并介绍先进经验，供作教材使用：

毛主席语录；中共中央、国务院、中央军委、中央文革关于大、中、小学校复课闹革命的通知；《人民日报》社论：大、中、小学校都要复课闹革命；关于贯彻执行中央"关于大、中、小学校复课闹革命的通知"的意见；天津市革命委员会筹备小组、中国人民解放军天津驻军支左联络站给天津大、中、小学校革命学生、教职员工、干部及学生家长的公开信；《人民日报》关于天津延安中学是怎样复课闹革命的编者按；在毛泽东思想指引下做教育革命的探索者——天津延安中学是怎样复课闹革命的；《天津日报》社论：向延安中学学习，按班级实现革命大联合；班级革命大联合的凯歌——天津延安中学在实现以教学班为基础的革命大联合以后；《天津日报》社论：放手发动群众；进行无产阶级教育革命；立志做一个新型的革命教师；我是怎样讲第一堂课的；学生也能上讲台；斗私批修，大胆解放干部；走抗大之路，做抗大新人。❶

显然，这些零散的政治材料主要是以"斗私、批修"为纲，做革命师生的思想政治工作，对修正主义教育路线进行深入批判。"斗私、批修"只以毛泽东思想作为绝对评价标准，上海市控江中学就是通过学毛泽东著作、用毛泽东思想展开"斗私批修"的：

斗私，就是要扫除教育革命中的一切思想障碍，灭资兴无，狠斗"私"字，大立毛泽东思想绝对权威。我们在各年级各班级大办毛泽东思想学习班，组织师生认真学习"老三篇"：一学《为人民服务》、《纪

---

❶ 天津市革命委员会筹备小组文教办公室和中国人民解放军天津军训联合指挥部编选. 教育革命学习材料1 ［M］. 天津：天津市革命委员会筹备小组文教办公室，1967.

念白求恩》，激励师生革命责任感，树立完全、彻底、一心一意为革命的思想；二学《愚公移山》，克服对教育革命畏难、等待等思想，树立雄心壮志；三学《反对自由主义》，进行三查（查思想、工作和学习），克服无政府主义和"逍遥"思想。批修，就是彻底批判修正主义教育路线及其在本校的流毒，革旧教育制度、旧教学方针和方法的命。弄清什么是修正主义，什么是社会主义，什么是中国赫鲁晓夫那一套，什么是符合毛泽东思想的。该破什么，该立什么。这样才明确斗什么，批什么，改什么。❶

　　但是，这些毕竟只是以斗私、批修为主的政治材料，并没有完全实现"改""立"毛泽东思想指导课本的目标，亦即无法实现中小学学校的功能——培养又红又专的接班人。各地急切需要编写出完整的"红彤彤"的中小学课本，于是1967～1968年间，全国各省、直辖市、自治区相继成立中小学教材编写组，地区、县（市）则由负责文教或政工的部门着手自编各地使用的课本。

　　全国各省以下的市、县地区，在1968年后也紧随省级部门相继成立组织负责本地区中小学教材编写，其组织形式一般有两种：一种是各地区成立的专门编写课本的中小学教材编写组，例如：石家庄中学教材编写组，肇庆专区教材编写组，辽南专区小学教材编写组，成都市中学教材编写组，河北省承德地区革委会教材编写组，广州市中小学教材编写组，青岛市教材编写组，汕头专区小学教材编写组，西安市教材编写组，淮阴地区中小学教材编写组，赣州专区教材编写小组，蒙自县革命政工组教育革命办公室中学教材编写组等；另一种是由地区的文教科或宣传组、政工组负责组织编写教材，如：湘潭县文教科，古田县文教科革命造反派，惠阳专区革命委员会政治部宣传组，长沙市革命委员会政治部文教组，云南省红河哈尼族彝族自治州革命委员会政工组等。

　　但复课闹革命后的课本如何编写呢？早在1966年12月7日，中共中央、国务院、中央军委、中央文革小组联合下发的"关于认真学习和坚决执行'毛主席论教育革命'的通知"中其实已经明确了课本的编

---

❶　上海市控江中学文化革命委员会. 以斗私批修为纲，深入开展教育革命［N］. 文汇报，1967－10－25（4）.

写方针，《毛主席论教育革命》❶"这是我们进行无产阶级教育革命的伟大纲领，这是我们批判刘少奇、邓小平、彭真、陆定一等反革命修正主义教育路线无比锐利的武器，这是复课闹革命的根本指针"。1967 年 3 月 7 日，《人民日报》发表社论《中小学复课闹革命》，对中小学要学些什么也作了较清楚的解释：复课闹革命，复的是毛泽东思想的课，上的是无产阶级文化大革命的课。上课，主要要结合无产阶级文化大革命，认真学习毛主席著作和语录，学习有关无产阶级文化大革命的文件，批判资产阶级的教材和教学制度。同时，应该用必要的时间，中学复习一些数学、物理、外语和各种必要的常识，小学学一些算术、科学常识。换句话说，中小学原来的语文、政治课都改成学毛主席著作和语录、文件，其他课虽然还要学一点，但性质发生了变化。

　　具体怎样实施？1967 年 10 月 28 日，《人民日报》刊登文章介绍天津延安中学是怎样复课闹革命的❷，其中提到改革教材：

　　　　革命师生们以毛主席著作为基本教材。政治课、语文课都讲毛主席著作。外语课学习毛主席语录，以及战时所需的对敌喊话等。一些知识课也都突出了毛主席思想。遵照毛主席的"五·七"指示，安排一定时间，让师生到工厂、农村学工学农；结合军训学习毛主席的军事思想，中国人民解放军的光荣传统，四个第一，三八作风，三大纪律八项

---

　　❶ 《毛主席论教育革命》编选于 1967 年 12 月。1967 年 12 月 7 日，中共中央、国务院、中央军委、中央文革曾就此书发出"关于认真学习和坚决执行《毛主席论教育革命》的通知"。此书主要摘选毛泽东自 1927 年至 1967 年关于教育问题的论述和指示 51 条，大都摘自毛泽东的著作、报告、讲话、谈话、批示、指示、题词、书信以及起草的文件，按年月次序编。其中涉及教育路线、教育方针、教育制度、教学内容和教学方法以及教育改革和教育革命等各方面的内容。"文化大革命"中，《毛主席论教育革命》作为"进行无产阶级教育革命的伟大纲领"和"复课闹革命的根本指针"。"关于认真学习和坚决执行《毛主席论教育革命》的通知"指出："毛主席的教育革命思想，是毛泽东思想的重要组成部分，是对马克思列宁主义天才的、创造性的发展。对于破除资产阶级的教育制度，建立无产阶级的教育制度，具有划时代的重大意义。"（马克思主义研究网 http：//myy. cass. cn/file/2006010618643. html，2006 - 1 - 6.）
　　❷ 毛主席曾经根据天津延安中学以教学班为基础实现全校革命大联合和整顿、巩固、发展红卫兵的经验，发出过"三·七"指示。因此，天津延安中学在文革初期一直是被树立的闹革命的先锋学校。《人民日报》关于天津延安中学是怎样复课闹革命的"编者按"中指出，天津延安中学的革命师生，正是遵照毛主席的"五·七"指示，高举无产阶级教育路线的旗帜和革命批判的旗帜，对以中国赫鲁晓夫为代表的修正主义教育路线，进行了系统、深入的批判，从而在改革教学思想、改革教学体制、改善师生关系、改革教学方法、改革教材方面，取得了初步成就。（《人民日报》1967 年 10 月 28 日）

注意等，大大丰富了教学内容。❶

全国报刊媒体对天津延安中学复课闹革命工作的宣传，使延安中学改革教材的措施对其他省市的中小学课本编写起到了示范作用：政治课、语文课都讲毛主席著作；外语课学习毛主席语录，以及战时所需的对敌喊话等；一些知识课也都突出了毛泽东思想；物理、化学、生物课都讲工业基础知识、农业基础知识等。

秉承毛泽东"学制要缩短，课程设置要精简。教材要彻底改革，有的首先要删繁就简"的指示，各地从1967年始，展开以服务生产和阶级斗争、培养普通劳动者为宗旨的自编课本工作，直到1971年，课本编写大致经历两个阶段——"暂用"和"试用"课本阶段。受"左"倾错误的影响，全国各地自编的中小学课本，推行"打倒教科书"的致用主义和政治挂帅的课本，基础知识和基本训练被严重削弱。

第三节 暂用性课本——"红色"课本的探索

为了编写高举毛泽东思想的新课本，1967～1968年大部分省市教育部门相继成立了中小学教材编写组，开始先后编写小学、中学的过渡性课本，仅供当时上半年或下半年复课闹革命暂用。由于小学和中学的复课时间不一致，小学在1967年下半年复课，中学在1968年下半年后才陆续复课，所以各地编写和出版小学暂用课本一般是在1967～1968年间，而编写和出版中学暂用课本一般在1968年底至1969年间。由于编写新课本缺乏经验，所以大多数中小学课本都冠以"暂用"名称作为过渡（部分地区如北京、江苏等地的课本用"试用"，也是一种过渡性课本），暂用性课本主要包括小学课本《语文》、《算术》、《科学常识》三种，中学课本《语文》、《数学》、《工农基础知识》三种，有极少地区编有中学《革命文艺》课本。在全国各地编写的暂用课本中，又以上海中小学暂用课本最有影响力，天津延安中学所编课本最有示范性。

---

❶ 中国人民解放军天津军训联合指挥部. 在毛泽东思想指引下做教育革命的探索者——天津延安中学是怎样复课闹革命的 [N]. 人民日报，1967-10-28 (1).

一、上海中小学暂用课本

上海作为中国经济、文化、政治的重镇，发生在这个城市的文化、政治的革命运动经常成为全国文化大革命学习的样板。在复课闹革命后，由上海编写的中小学课本影响就非常大，成为各地竞相效仿的对象，甚至被直接用作其他地区中小学暂用课本。

1. 暂用课本出版

根据各地中小学课本的编写和出版时间，可以认定上海市于1967年在全国最早成立中小学教材编写组——上海市中小学教材编写组，并最早编写出版过渡性的临时中小学课本，供本市中小学复课闹革命暂用。

上海市中小学教材编写组所编的小学暂用课本，主要集中在1967年9月左右出版，供1967年下半年复课闹革命暂用，包括：《语文》6册（供一至六年级用）；《算术》6册（供一至六年级用）；《科学常识》❶1册，供小学高年级使用。1968年1月，上海又编写了供1968年上半年使用的《语文》和《算术》暂用课本各一套。

1968年7～12月，上海市中小学教材编写组也是最早陆续编写了中学暂用课本《语文》、《数学》、《工农业基础知识》三种，其中《工农业基础知识》是首次作为取代《物理》、《化学》、《生物》等理科课本出现。《语文》分2册；《数学》分划线、度量、图样、图表、三角、生产队会计等6分册，另单编《数学用表》1册；《工农业基础知识》分工业部分和农业部分2册，其中工业部分又分第一、二、三分册。另外，还编写了一本供"毛泽东思想课"学习的上海市中学学习毛泽东思想辅助读物《毛泽东思想哺英雄》（1968）。

在所有课本封三所附的"说明"中都对课本的使用时段、革命性质等作了说明，例如小学语文（二年级用）的"说明"格式与内容基

---

❶ 用《科学常识》取代《自然》。《科学常识》课本，其实是为了服务于毛主席提出的"以农业为基础、以工业为主导"的发展国民经济的总方针，响应毛主席"备战、备荒、为人民"的要求而编写的。

本成为以后全国各地所编课本"说明"的范本:

说 明

一、本教材是过渡性的临时课本,仅供本市小学今年下半年复课闹革命时暂用,各校可以根据需要采用或部分采用其中的若干内容,也可另用自编教材。

二、无产阶级的新教材的编写,是一桩前人从来没有做过的新事业,我们正处在摸索和尝试的过程中,缺点和错误是难免的。我们殷切地期望广大革命的学生、革命的教员、革命的工人提出意见和批评,为进一步编写正式教材参考。

上海市小学教材编写组
1968 年 8 月

2. 暂用课本的"红色"脸谱

如果仅从外形上来区分旧课本与上海的新暂用课本,无疑,颜色和图案就能给人"新"、"旧"立判的直观感觉。

对比一下文革前后两种课本封面的色彩和图案设计变化,从中性色彩突然变成了浓厚的政治色彩,判若云泥。文革前的课本,多以课本封面的纸张原色为底色,黑色的封面字体和线条,基本是未加处理的自然颜色。封面的图案也较少,有图案的课本多以学生学习和生活为主或以知识标识为主体,属于一种写实性、知识性的色彩结构。

上海的暂用课本作为复课闹革命后新编的课本,是突出毛泽东思想、走无产阶级革命道路的课本,区别 17 年教育的"旧"课本,不仅在内容上表达了这种不同,同时也在封面"脸谱"的颜色上区别于旧课本,凸显色彩鲜艳的红色。用蕴含革命色彩的红色作为课本封面颜色,使得新旧课本的区别从颜色的变化升格为一种观念区别,即红色课本是一种革命的、无产阶级的课本(亦称为革命课本),区别于新中国初 17 年"旧教育的白专道路"的课本。这种新课本的"脸谱"色彩完全是写意性的或政治性的色彩结构。

封面图案是另外一类的政治观念表述结构,高举毛泽东思想、红太阳、毛主席像、天安门、红旗等物象呈现和诠释一种政治宣誓:这是一本高举毛泽东思想的革命课本。

3. 暂用课本的"红色"内心

除了在封面外观上凸显红色课本走的是一条不同于资产阶级道路的无产阶级教育路线外，上海市中小学暂用课本在内容上也表现出三大特性，即政治性、致用性、学用性。

（1）课本的目的特性——"培养政治人"

如何体现课本的政治性目的呢？归纳起来，暂用课本是以学习毛泽东思想为主要任务，分别从选文、仪式、方法、修辞等四个方面实现培养政治人（革命接班人）的目的。

首先，在选文上，大量编选毛泽东的著作、文章、指示、语录，以及活学活用毛泽东思想的文章。

上海市中小学《语文》暂用课本主要承担学习毛泽东思想的任务，重视语文教育的政治目的，而非文学审美目的。中学《语文》课本的"说明"中指出这种政治目的："伟大领袖毛主席教导我们：'在现在世界上，一切文化或文学艺术都是属于一定的阶级，属于一定的政治路线的。'无产阶级的语文是属于无产阶级，属于无产阶级政治路线的，它应该是学习、宣传、执行、捍卫毛泽东思想的工具，是进行阶级斗争、生产斗争和科学实验三大革命运动的工具。"❶ 根据毛主席的指示"学校的一切工作都是为了转变学生的思想"，因此"语文教学应该教育学生无限忠于毛主席，无限忠于毛泽东思想，无限忠于毛主席的革命路线；并树立毛主席亲自倡导的理论联系实际的马克思列宁主义的革命学风和生动活泼、新鲜有力的马克思列宁主义的文风，不断提高识字、看报、作文等能力，以便更好地学习、宣传、执行、捍卫毛泽东思想，更有力地批判资产阶级"❷。看来"新"的《语文》是根据毛主席的"教导"和"指示"编写的，转变思想和捍卫毛泽东思想是《语文》的第一任务，而培养语文能力则是附属的、工具性的次要任务。换言之，"新"的《语文》课本是通过学政治、学毛泽东思想来掌握语文能力，而非"旧"课本通过学语文来实现政治目的。因此，"新"的《语文》

---

❶ 上海市中小学教材编写组. 上海市中学暂用课本·语文·二年级用［M］. 上海：上海市中小学教材编写组，1968：封三.

❷ 上海市中小学教材编写组. 上海市中学暂用课本·语文·二年级用［M］. 上海：上海市中小学教材编写组，1968：封三.

课本围绕毛泽东思想,大量选用毛主席文论、诗词、语录等内容作为课文。其中小学《语文》课本以毛主席语录、最高指示、政治口号、"老三篇"为主(见表1-1,仅以二年级用书为例)。

表1-1 上海市小学暂用课本《语文》(二年级用,1967)课文类型统计表

类 型	课 文	课文数
政治口号	第1,4,5课	3
歌颂毛主席	第7~11课、第13~14课、第23课	8
毛主席语录	第2,3,6,12,16,18~19,21,22,24,26~27,30课	13
打倒内外敌人	第15,20课	2
为人民服务	第17,25课	2
做文化大革命尖兵	第28~29课	2

政治口号如:

课文1 伟大的导师 伟大的领袖 伟大的统帅 伟大的舵手 毛主席万岁!万岁!万万岁!

最高指示如:

课文3 最高指示
你们要关心国家大事,要把无产阶级文化大革命进行到底!

歌颂毛主席如:

课文10 让大家天天看到毛主席
吕祥璧叔叔非常热爱毛主席。部队每到一个地方,他的第一件事总是给每个战士的床头贴上毛主席像。他说:"毛主席是我们心中最红最红的红太阳,我们要把他老人家的像多贴几张,让大家天天看到毛主席。"

"老三篇"如:

课文25 白求恩的故事

小学高年级语文课文结构也大致如表1-1,例:四年级第二学期用的《语文》包括课文:

为人民服务;纪念白求恩;愚公移山;反对自由主义;(这是放在

课文前的内容）1.《毛主席语录》再版前言（节选）；2. 最高指示；3. 伟大的导师毛主席；4. 红心永向红太阳；5. 毛泽东——当代的列宁；6."东风"轮的诞生；7. 毛主席诗词 七律·长征；8. 一切光荣归于毛主席；9. 最高指示；10. 最高指示；11. 两张大字报；12. 最高指示；13. 打倒剥削阶级的大奴才；14. 毛主席诗词 西江月·井冈山；15. 最高指示；16. 智取威虎山（节选）；17. 最高指示；18. 毛泽东时代的小英雄；19. 伟大领袖毛主席给越南南方民族解放阵线中央委员会主席团阮友寿主席的贺电；20. 人民战争显神威；21. 破私要打进攻战；22. 生为革命生 死为革命死。

中学《语文》课本的选文更难一些，以政治文论和毛泽东文章、诗词为主，仅以第二册为例，课文结构见表1-2，课文包括：

1. 在首都人民纪念十月革命五十周年大会上林彪同志的讲话；2. 霹雳一声暴动；3. 北京市革命委员会成立和庆祝大会给毛主席的致敬信；4. 心里只有毛主席——记毛主席的好战士年四旺；5. 中国共产党中央委员会一九六六年五月十六日《通知》；6. 战恶浪，顶逆流，一片红心向太阳；7. 红小鬼重炮轰陶铸；8. 中国社会各阶级分析；9. 剥削有罪，罪该万死；10. 中国共产党中央委员会主席毛泽东同志支持美国黑人抗暴斗争的声明；11. 毛主席诗词三首 七律·到韶山 七律·冬云 满江红·和郭沫若同志；12. 全党团结起来，为实现党的任务而斗争；13. 伟大领袖毛主席关于培养和造就无产阶级革命事业的接班人的问题的指示；14. 忠于毛主席的优秀红卫兵——于彩英烈士的英雄事迹；15. 青年运动的方向（节选）；16. 坚决走与工农相结合的道路；17. 关键的时刻；18. 毛主席诗词二首 沁园春·雪 水调歌头·游泳；19. 在延安文艺座谈会上的讲话（节选）；20. 考场上的反修斗争——我留苏学生痛斥肖洛霍夫；21. 谈京剧革命；22. 智取威虎山（节选）第四场 定计。

表1-2　上海市中学暂用课本《语文》第二册课文类型统计

类　　型	课　　文	课文数
毛主席诗词	第11，18课	2
歌颂毛主席	第2，3，4，6课	4

续表

类 型	课 文	课文数
毛主席文论	第8，10，12，13，15，16，19，21课	8
政治文论	第1，5，7，9，14，17，20课	7
其他	第22课	1

中学学习毛泽东思想辅助读物《毛泽东思想哺英雄》，是一本响应林彪号召"大海航行靠舵手，干革命靠毛泽东思想"而编写的活学活用毛泽东思想的英雄谱，目的是"颂英雄，学英雄"：

我们怀着无限忠于毛主席，无限忠于毛泽东思想，无限忠于毛主席革命路线的一片红心，怀着对成千上万在毛泽东思想哺育下成长起来的革命英雄和英雄群体的无比崇敬，编选了《毛泽东思想哺英雄》这本书，作为本市中学复课闹革命中学习毛泽东思想的一种辅助读物。

一个个革命英雄和英雄集体的成长过程，就是一部部光辉的活学活用毛泽东思想的记录，就是一支雄壮的毛泽东思想的颂歌。他最生动、最雄辩地证明了林副主席教导我们的一条最重要的真理："大海航行靠舵手，干革命靠毛泽东思想。"伟大的、光芒四射的毛泽东思想是哺育英雄们成长的阳光雨露，是一切革命力量和高贵品质的伟大源泉。❶

这本书所编选的，是中国人民解放军这个毛泽东思想大学校中无数革命英雄和英雄集体中的一部分最突出的代表的英雄事迹。

《工农业基础知识》、《科学常识》课本同样也承担了学习毛泽东思想的任务，在内容上编选与工农业有关的毛泽东思想文论。如《工农业基础知识》工业部分分成三册，每一册分两编，第一编各册都相同，是一系列的政论文，主题是："毛泽东思想照亮了社会主义工业化的道路"（见表1-3、图1-1），内容竟占了课文的一半左右。

---

❶ 上海市中学教材编写组. 上海市中学学习毛泽东思想辅助读物［M］. 上海：上海市中学教材编写组，1968：封三（编后记）.

表1-3　上海中学暂用课本《工农业基础知识》工业部分内容编排

册	编	章（节）
第一册	第一编　毛泽东思想照亮了社会主义工业化的道路	毛主席论社会主义工业建设（党的领导；阶级斗争；工人阶级是领导阶级；大搞群众运动；抓革命，促生产；中国工业化道路）；毛泽东思想伟大胜利　文化大革命丰硕成果（在毛泽东思想光辉照耀下，我国社会主义工业建设的巨大成就；文化大革命为工业生产的发展开辟了无限广阔的天地）；胜利永远属于毛主席的革命路线（突出无产阶级政治；大搞群众运动；走中国自己的工业发展的道路）；工业学大庆（大庆——毛泽东思想的光辉产物；学大庆，走大庆之路）；走工农兵相结合的道路（向工农兵学习，走与工农兵相结合的道路；毛主席挥手我前进）
	第二编　机械	我国机械工业的巨大变化；港口机械；机床；锻造机械
第二册	第一编（同第一册第一编）	内容同第一册
	第二编　无机化学工业	高举毛泽东思想伟大红旗发展我国化学工业；空气的利用；食盐的工业利用与碱；硫酸工业与酸；合成氨工业和化肥
第三册	第一编（同第一册第一编）	内容同第一册
	第二编　电工	高举毛泽东思想伟大红旗发展我国电力工业；照明电路；发电与输送；电动机

图1-1　上海市中学暂用课本·工农业基础知识课本（工业部分第三册）

《科学常识》不按《自然》课本的知识版块来划分、组织课本内容，而是根据毛主席"五·七"指示中"学工、学农、学军"的要求选编课文的，分编成学工、学农、学军三块内容，共21课：学工占10课；学农占5课；学军占6课（见表1-4）。其中毛泽东思想内容占9篇课文以上，包括：我国发展国民经济的总方针；工业学大庆；大炼钢铁；工业战线上的新成就；毛泽东思想照亮了五亿农民前进的道路；人民公社好；农业学大寨；农业"八字宪法"；全国都要学习解放军等课文。

表1-4 上海中学暂用课本《科学常识》课文

类别	课 文
学工	我国发展国民经济的总方针；工业学大庆；大炼钢铁；煤；机器；简单机械；电；怎样用电；有线广播与无线电；工业战线上的新成就
学农	毛泽东思想照亮了五亿农民前进的道路；人民公社好；农业学大寨；怎样栽培农作物；农业"八字宪法"；附录：常用杀虫农药；常用杀菌农药；安全使用农药方法
学军	全国都要学习解放军；步兵常用武器；原子武器；人民防空；战地救护；武装泅渡

其次，形成以毛泽东语录、指示统领内容的政治编排体例。这是一种完全区别于旧课本编排的革命式体例，主要表现形式：

一是在封二或扉页安排毛主席语录、毛主席像，章节头安排最高指示，章节学习前，先学最高指示。

二是内容中插编"毛主席教导"，即内容学习过程中，学习毛主席教导，即以毛泽东思想来解释内容。例如，《算术》第三册第2页有：

从上面各题的计算，可以看出多位数加减法的计算方法和两位数加减法是一样的。毛主席教导我们说："我们看事情必须要看它的实质，而把它的现象只看作入门的向导，一进了门就要抓住它的实质，这才是可靠的科学分析方法。"

再次，叙述方式上新旧对比，颂新批旧。根据毛主席最高指示，"不少青年人由于缺少政治经验和社会生活经验，不善于把旧中国和新中国加以比较，不容易深切了解我国人民曾经怎样经历千辛万苦的斗争才摆脱了帝国主义和国民党反动派的压迫，而建立一个美好的社会主义要经过怎样的长时间的艰苦劳动。因此，需要在群众中间经常进行生动的、切实的政治教育，并且应当经常把发生的困难向他们作真实的说明，和他们一起研究如何解决困难的办法"。因此，在编写像《工农业基础知识》等课本介绍工业生产设备和产品时，都会作新旧中国对比，进行政治思想教育，如：

解放前，码头工人受着帝国主义、封建主义、官僚资本主义的重重压迫和剥削，他们终年累月牛马般的劳动，血汗全被三座大山榨干吸尽，过着衣不遮体、食不充饥、露宿街头的悲惨生活……那时候，港口几乎没有机械，全凭肩扛和肩荷搬运沉重的货物，劳动强度十分繁重，并且危险万分。例如在船舱里起货用的"螺丝跳"，它是由跳板一块一块弯着搭下去，象螺旋一样，逐步弯到舱底。在这种又短、又狭、又陡、又弯曲的跳板上，工人们扛着几百斤重的货物，一失足跌下舱底，非死即伤。码头工人愤怒地说："螺丝跳就是要我们工人的命。""螺丝跳"凝结着多少码头工人的血泪和仇恨，它记下了帝国主义、洋奴买办和封建霸头残酷压迫和剥削工人的罪恶。"螺丝跳"就是三大敌人残酷压迫和剥削码头工人的铁证！

在伟大领袖毛主席和中国共产党的英明领导下，经过前仆后继的英勇斗争，终于推翻了压在中国人民头上的三座大山。从此码头工人和全国人民一样，翻身做了主人……现在港区到处有我国自行设计和制造的各种质量高、负荷大、性能好、结构好、使用方便的港口机械。如革新吊、门式起重机、红旗牌铲车、皮带运输机、吸扬机等。❶

总之，学习内容的新旧对比，是为了揭露旧社会的丑恶、落后，"都是为了转变学生的思想"，对学生进行阶级斗争的教育：

除了公制外，我国劳动人民还应用市制计量单位：丈、尺、寸、分等。

解放前，我国是一个半封建半殖民地的国家，深受帝国主义的侵略，计量制度非常混乱，除了公制、市制外，还有一种英制，英制是一种极不合理的计量制度，已逐步消亡。但是，为了充分利用现在尚可利

---

❶ 上海市中学教材编写组. 工农业基础知识（工业部分第一册）［M］. 上海：上海市中学教材编写组，1968：40 - 41.

用的一些英制设备为社会主义革命和社会主义建设服务，以及为了国际上的某些需要，我国现在还是有一部分行业的一些单位存在英制。[1]

[例1] 毛主席教导我们："地主阶级对于农民的残酷的经济制度和政治压迫，迫使农民多次举行起义，以反抗地主阶级的统治。"

在吃人的旧社会，地主放高利贷榨尽了贫下中农的血。东风人民公社有个老贫农王大爷，一年遇到了春荒，断粮断炊，为了暂时维持一家五口人的生活，只得向地主借3斗米。可是，狠心的地主本加利，利翻利，天天往上翻。两年后，地主竟要王大爷还7斗8升，王大爷拼死拼活地干，还是还不清那驴打滚的利。现在我们来算算这笔剥削账，两年中地主放高利贷的平均利息是多少？[2]

最后，大量使用非褒即贬的政治性修辞语言。褒：毛主席是我们心中最红最红的红太阳、红书、革命宝书……贬：资产阶级、反动派、白专路线、寄生虫、黑货……就连《工农业基础知识》这种政治性较弱的课本在介绍工业产品设备时，政治性的修辞语言也比比皆是，如"争气瓶"、"争气灯"、"革新吊"、"螺丝跳"等。

（2）课本内容特性——"致用性"

文革时期，批判和废除"旧"课本是"封、资、修的黑货"的一个重要理由，是"旧教材理论脱离实际，内容空洞，不合需要"，培养"四肢不勤，五谷不分"的寄生虫和修正主义的苗子。"旧"课本重学术和知识而忽视生产实践，仅限于教育思想与实践的偏颇或缺陷，却被冠以资产阶级的教育路线，被说成是资产阶级占领了教育战线的政治问题。因此，上海新编的中小学暂用课本，以编写无产阶级的新课本的名义，活学活用毛泽东思想，走资产阶级课本的对立面，必然重视理论联系实际，从满足三大革命的需要出发编写课本，最后形成课本重要特色——生产致用性，并走向了另一个极端：实际最终脱离理论（基础知识），只根据生产实践选编课本，忽视了基础理论知识。生产致用性的特性在数理课本中表现得尤其明显。单从课本名就很清楚编者的编写思

❶ 上海市中学教材编写组. 上海市中学暂用课本·数学·度量 [M]. 上海：上海市中学教材编写组，1968：2.
❷ 上海市中学教材编写组. 上海市中学暂用课本·数学·图表 [M]. 上海：上海市中学教材编写组，1968：46.

路是从生产实践出发编课本。

　　基于对"旧"数学课本的批判，上海推翻了原有中学数学的学科体系，1968年下半年推出六本以满足生产实践的需要为编写出发点的中学数学课本：《度量》、《划线》、《图样》、《三角》、《图表》、《生产队会计》。课本中基础知识内容被大量删节，编选的一些数学基础知识也主要是从理解生产实践知识的角度选编一些内容。因此，这些知识的编排，大多是从生产实践的介绍中引出的，如：

　　[例1] 使用振动犁耕地可以耕得深，泥块小，工效高。振动犁随着拖拉机前进，犁头左右振动，每分钟振动的次数，左右摆动的幅度都是一定的。实验证明，振动犁的犁振动的位移是时间的正弦函数。分析其振动的变化规律，对于振动犁的设计制造有着重要意义❶。

　　[例2] 在机械厂、电机厂、农机厂、农具修配厂里我们经常可以看到工人要在圆形铸坯上划圆孔或等分圆周，例如管道连接器（法兰盘）加工时，工人必须首先找出这些圆形零件的圆心。毛主席教导我们："最聪明、最有才能的，是最有实践经验的战士。"工人同志在长期的生产实践中创造了许多找圆心的宝贵经验，我们要好好向他们学习。下面我们介绍几种常用的找圆心的方法。❷

　　遵照毛主席"必须与生产劳动相结合"的指示，上海市取消了物理、化学、生物课，并于1968年11月由上海市中学教材编写组编写《工农业基础知识》取代《物理》、《化学》、《生物》课本。上海版的《工农业基础知识》课本包括工业部分和农业知识部分，工业部分分三册，分别以机械、电工、无机化学为主题，内容正是依据当时上海市工农业生产实践的需要来划分和选择的，服务于工农业生产实践的实用化目的很明显。课本内容的编排与旧课本先学习系统的学科基础知识，再介绍它们在工业中的应用相反，一般是先介绍工业中的典型产品和设备，再引出一些专业基本原理，因此，基础知识只能根据或局限在按典

---

❶ 上海市中学教材编写组. 上海市中学暂用课本·数学·图表 [M]. 上海：上海市中学教材编写组，1968：57.
❷ 上海市中学教材编写组. 上海市中学暂用课本·数学·划线 [M]. 上海：上海市中学教材编写组，1968：33.

型产品和设备来编排，学科本身的基础知识体系被片断化、割裂和大量删减了（见表1-3）。农业部分，则按毛主席的农业"八字宪法"编排，再讲三大作物（稻、棉、油菜）和养猪，生物知识没了踪影（见表1-5）。

表1-5 上海中学暂用课本《工农业基础知识》农业部分内容编排

编	章	节
第一编：红太阳照亮了我们农业发展的道路	毛主席论农业	
	中国农村两条道路的斗争	
	农业学大寨	大寨在斗争中成长；学大寨精神，走大寨之路
	农村是一个广阔的天地	到农村去；沿着与工农相结合的大道阔步前进
第二编：农业"八字宪法"	土壤是植物生长的基础	土壤是植物生长的基础；改良土壤变薄地为良田；坚持合理深耕；充分发挥土壤的增产效能
	肥料是植物的粮食	肥料是植物的粮食；发扬自力更生精神，积造肥料；厉行勤俭建国方针，巧施肥料
	水利是农业的命脉	水利是农业的命脉；毛主席领导我们办水利；兴修水利，合理用水
	推广优良品种	优良品种的意义；发动群众认真做好选留种工作；推广优良品种
	要合理密植	
	防治病虫害	认识病虫害，消灭病虫害；搞好群众性的预测预报工作
	加强田间管理	
	工具改革	农业的根本出路在于机械化；脱粒机；喷雾器；水泵；拖拉机
	正确贯彻农业"八字宪法"	
第三编：以粮为纲，多种经营，全面发展	必须把粮食抓紧	发展粮食一年三熟制，为国家生产更多的粮食；种好双季稻，为夺取三熟制高产奠定基础；克服轻视"小熟"思想，搞好三麦生产；向贫下中农学习
	必须把棉花抓紧	我国棉花生产的发展；必须把棉花抓紧
	发展油菜生产	
	为革命养猪	养猪的意义；为革命养猪；挖掘青饲料，用好青饲料

（3）课本的教学特性——学用化

旧课本中的练习题或思考题，是课本教学设计中的知识巩固环节，关注于掌握知识。而新课本大多设有"学和用"，一方面受毛泽东思想的实践观——理论一定联系实践的影响，另一方面也是遵从文革时期学习毛泽东思想指定的学习方式——学了就要用❶。"学和用"，包括两个方面：一是学，主要是复习学习过的知识；二是用，运用知识解决实践中的问题。例如：中学语文第一册第三单元的"学和用"，第1题主要是"学"；第2、3题则是"用"了：

1. 默写第十一课毛主席诗词三首。

2. 毛主席教导我们："这次无产阶级文化大革命，对于巩固无产阶级专政，防止资本主义复辟，建设社会主义，是完全必要的，是非常及时的。"深刻领会这一最新指示的伟大意义，写一篇学习毛主席光辉著作《将革命进行到底》的心得体会。

3. 遵照毛主席"我们现在思想战线上的一个重要任务，就是要开展对于修正主义的批判"的教导，开展下列活动：

（1）批判旧教材，控诉旧教材对自己的毒害，彻底肃清修正主义教育路线的流毒。

（2）出一期"批判叛徒、内奸、工贼刘少奇"的大批判专栏。

（3）声讨苏修社会帝国主义的滔天罪行。

数理科类课本内容编排则更注重学用化。《工农业基础知识》每一章节，都有学用建议，重视能用，学即用，且学用的形式也要多样：例如有社会调查，实验，报告学习；练习；参观学习；回答问题；谈体会等。《算术》以练习为主，且题量也较大，每一知识点后附有大量练习。《科学常识》每课后附有思考题或作业。理科类课本这种"学即能用"的课本设计思想，除了政治话语的指示性要求外，当然也受课本内容的知识类型或属性（实践性的、专业性的知识）的影响，要求学生掌握实践性很强的知识，其课本设计也必然是学用化。

---

❶ 林彪在文革前后掀起了学毛著运动，对学毛著的方式也作出了指示："老三篇"不但战士要学，干部也要学。"老三篇"最容易读，真正做到就不容易了。要把"老三篇"作为座右铭来学。哪一级都要学。学了就要用，搞好思想革命化。

上海中小学暂用课本的以上三种特性——政治性、致用性和学用性——是三位一体的，政治性是决定性的话语力量，致用性和学用性都是这种话语的构成物，话语力量又是通过致用性和学用性展现出来的。

二、天津延安中学的"红色"课本

文革时期的运动都喜欢树典型，宣传典型事迹以达到世人皆知人人效仿的目的，天津延安中学就是这样一所在复课闹革命中树立起来的学校典型。《人民日报》关于天津延安中学是怎样复课闹革命的"编者按"中认为，天津延安中学的师生依靠敏感的"政治嗅觉"，"遵照毛主席的'五·七'指示，高举着无产阶级教育路线的旗帜和革命批判的旗帜，对以中国赫鲁晓夫为代表的修正主义教育路线，进行了系统、深入的批判，从而在改革教学思想、改革教学体制、改善师生关系、改革教学方法、改革教材等方面，取得了初步的成就"[1]。因此，也率先出了复课闹革命的典型"经验"。

1. 复课闹革命中的天津延安中学

天津延安中学（现名天津109中学）文革前只是天津郊区的一所普通中学，然而，1967年初，正当红卫兵们还在持续走出校园，走向全国各地，大搞"革命大串联"、"斗私批修"、"破四旧"的时候，天津延安中学却解散了"战斗队"，开始复课闹革命——这在"文化大革命"发动不足一年的当时，真是一件逆潮流的大事件。可是，这件事得到了毛泽东和中共中央的认可，并于3月7日作出重要批示（后称为"三·七"批示），即要学习天津延安中学的经验。这是文革时期教育革命的重要转折点，第二天《人民日报》随即发表社论，号召中小学复课闹革命。从此，在全国各地"造反"的中小学生先后走回课堂复课闹革命。天津延安中学的经验经媒体广泛宣传之后，"除西藏之外"的全国其他地区都有人到延安中学取过经，延安中学每天要接待多则两

---

[1] 中国人民解放军天津组训革命师生联合指挥部. 在毛泽东思想指引下做教育革命的探索者——天津延安中学是怎样复课闹革命的 [J]. 人民日报，1967 - 10 - 28 (1).

万人、少则五千人的参观者❶。1967年10月28日《人民日报》刊登文章介绍天津延安中学是怎样复课闹革命的。文章中关于改革教材的经验在复课闹革命中基本上被全国各地的教材编写者所借鉴和效仿："革命师生们以毛主席著作为基本教材。政治课、语文课都讲毛主席著作。外语课学习毛主席语录，以及战时所需的对敌喊话等。一些知识课也都突出了毛主席思想。遵照毛主席的'五·七'指示，安排一定时间，让师生到工厂、农村学工学农；结合军训学习毛主席的军事思想，中国人民解放军的光荣传统，四个第一，三八作风，三大纪律八项注意等，大大丰富了教学内容。"❷

　　毛主席的"三·七"指示以及《人民日报》和各地党报党刊的大力宣传，使得天津延安中学的教育革命发挥了示范作用。所以天津延安中学后续的一些改革也特别引人注意，并产生广泛的影响。

　　1968年2月20日，天津市革命委员会文教组发布"致天津市中学革命师生"的公开信，宣告"在伟大导师毛主席教育革命思想的指引下，天津延安中学和天津东风大学的革命师生，探索性地编写了一套四年制普通中学的教学改革方案和毛泽东思想课、语文、数学、英语、物理、化学等科的教学大纲（试用稿）。现在把它印出来，和大家见面了"❸。

　　天津延安中学和天津东风大学（原天津师范学院，现天津师范大学）合编的四年制普通中学教学改革方案提出，通过四年的培养教育，毕业生要达到的标准主要有两方面：必须高举毛泽东思想伟大红旗；学工、学农、学军❹。因此，教改方案的重点主要集中在一是要加强毛泽东思想学习，二是要学工、学农、学军，参加社会实践。"以毛主席的'五·七'指示为最高纲领，本着阶级斗争是一门主课的精神，学校教育必须以政治教育为中心，把毛泽东思想课摆在首位，开设'天天

❶ 董保存，卜算子. 天津延安中学复课闹革命始末 [J]. 党史博览，2006（11）：1.
❷ 中国人民解放军天津军训联合指挥部. 在毛泽东思想指引下做教育革命的探索者——天津延安中学是怎样复课闹革命的 [N]. 人民日报，1967-10-28（1）.
❸ 天津延安中学革命委员会，天津东风大学教育革命办公室. 四年制普通中学教学改革方案（试用稿）[M]. 天津：天津人民出版社，1968：1-2.
❹ 天津延安中学革命委员会，天津东风大学教育革命办公室. 四年制普通中学教学改革方案（试用稿）[M]. 天津：天津人民出版社，1968：2.

读'、'机会教育课'、'阶级教育课'、'文化课'、'军体课'和学工、学农、学军课。"❶ 教改方案规定：四年内共 208 周，其中学习文化科学基础知识为 127 周，占四学年总周数的 61% 强；学工、学农、学军为 56 周，约占总周数的 27%；机动时间为 25 周，约占 12%。

2. 三类学习"毛泽东思想"的课本

依据教学改革方案，天津延安中学与天津东风大学 1968 年合作编写了《干革命靠毛泽东思想》（1 册）、《语文》（4 册）、《数学》（4 册，含代数 3 册、生产会计 1 册）、《英语》（4 册）、《农业基础知识》（2 册）、《工业基础知识》（2 册）（《物理》、《化学》合并而成）（1968 年版）等课本。这些课本可统称为"学毛泽东思想"的课本，可分为三类：为学毛泽东思想而编的政治课本；以毛泽东著作为主要内容的语言课本；活学活用毛泽东思想的数理课本。

（1）为学毛泽东思想而编的政治课本

为学习毛泽东思想，1968 年天津延安中学与天津东风大学根据《毛泽东思想课教学大纲》创编了一本新课本——《干革命靠毛泽东思想》。另外，根据毛主席"学生也要学军"的教导，同时编写了一本中学《学军》课本，其目的也是为了学习毛泽东的建军思想。

1）新编的专门学习毛泽东思想的课本——《干革命靠毛泽东思想》

《毛泽东思想课教学大纲》认为：在过去的政治课教学中，一直存在着尖锐复杂的两个阶级、两条道路、两条路线的斗争。……永远高举毛泽东思想伟大红旗，用伟大的毛泽东思想武装革命师生的头脑，坚持在一切工作中用毛泽东思想挂帅，实现人的思想革命化，树立"完全"、"彻底"为人民服务的思想，是政治思想工作的最根本任务，也是毛泽东思想课的最根本任务。❷ 因此《干革命靠毛泽东思想》课本，是天津延安中学为适应斗、批、改的政治斗争需要，依据教学改革方案和教学大纲编写的一本新的政治课本。"它要紧跟伟大导师毛主席的伟大战略部署；应该成为学习最新指示、执行最新指示、宣传最新指示、

---

❶ 天津延安中学革命委员会，天津东风大学教育革命办公室. 四年制普通中学教学改革方案（试用稿）［M］. 天津：天津人民出版社，1968：6.

❷ 天津延安中学革命委员会，天津东风大学教育革命办公室. 四年制普通中学毛泽东思想教学大纲［M］. 天津：天津人民出版社，1968：1.

捍卫最新指示的阵地。应以毛泽东思想为指针，以两个阶级、两条道路、两条路线的斗争为纲，以斗私、批修为纲，以毛主席著作为基本教材。"❶

《干革命靠毛泽东思想》以毛泽东著作为基本内容，包括七个方面：毛主席最新指示；毛主席的伟大革命实践活动；阶级和阶级斗争；继承和发扬革命传统；中国革命和中国共产党；无产阶级文化大革命；毛主席的哲学思想。

根据林彪指示，"要把'老三篇'作为座右铭来学。哪一级都要学。学了就要用，搞好思想革命化"。因此，"老三篇"是中学《干革命靠毛泽东思想》最基本的课本内容。几乎所有其他地区后来所编的《毛泽东思想课》都包括"老三篇"。

《干革命靠毛泽东思想》编排上较简单、粗糙，基本上是文件的大汇集，显然纯粹是从政治视角编写课本，并没有考虑教育教学的规律和特性，没有生词、复习、练习等教与学的课本要素，且没有按不同年级学生的不同接受水平来编排课本。课本是迎合当时的政治需要，仓促间的应景之作，难以全面顾及，更何况当时编写课本的第一原则是政治正确，所以，教育教学的可行性和规律性对于课本编写来说是次要的，甚至是可以忽略的。

在当时全国要坚持一切工作中用毛泽东思想挂帅，实现人的思想革命化的政治环境中，天津延安中学的这本《干革命靠毛泽东思想》，通过新闻媒体的宣传，无疑对当时中小学的政治教育的教材编写起到了一个引领作用，此后，各省市基本都编有《毛泽东思想课》（多数在1969年始才有编印）作为政治课本，山西省则直接翻印天津延安中学的这本课本。

2）一本学习毛泽东军事思想为主的新课本——《学军》

《学军》（1969，1册），从出版时间看是第一本《学军》课本，有的省市改为《军体》，这是一本不分年级，没有区别中学使用对象，要求每个学生都要同时学的课本。《学军》是天津延安中学根据毛主席的

---

❶　天津延安中学革命委员会，天津东风大学教育革命办公室. 四年制普通中学毛泽东思想教学大纲［M］. 天津：天津人民出版社，1968：2.

教导"学生也要学军"、"向解放军学政治，学军事，学四个第一，学三八作风，学三大纪律八项注意，加强组织纪律"而编写的中学军事课本，其主要内容分成两个部分（见表1-6）：

表1-6 《学军》课本内容篇目

思想政治教育内容	军事知识
毛主席语录；林副主席对政治工作的重要指示；中国人民解放军是毛泽东思想武装起来的，全心全意为人民服务的新型的人民军队；坚持四个第一；大兴三八作风；遵守三大纪律八项注意；发扬三大民主；开展四好连队运动；贯彻毛主席全民皆兵的方针；大办民兵师；无限忠于毛主席的好干部——门合	队列；投弹；刺杀；射击；游泳；行军宿营；战术与其他

这本《学军》课本，虽然含有部分军事知识内容，但还是以政治教育内容为主："学习解放军高举毛泽东思想伟大红旗，活学活用毛主席著作，无限忠于毛泽东思想的崇高品质，学习军事，学习'四个第一'、'三八作风'、'三大纪律八项注意'，加强革命性、科学性、组织纪律性，培养学生的无产阶级爱国主义和国际主义精神。"❶ 因此，《学军》课本仍是一本以学习毛泽东思想为主的课本。这本课本后来被其他的省市纷纷效仿，名称变更为《军体》（多数作为教师用教材），而内容的编排则基本类同于《学军》课本。

（2）以毛泽东思想为主要内容的语言课本

虽然有专门的政治课本《干革命靠毛泽东思想》，但《语文》、《英语》等语言类课本仍然肩负着学习毛泽东思想的政治任务。

1）类同于《干革命靠毛泽东思想》的《语文》课本

文革以来，语文课教学与《语文》课本编写被认为存在着两个阶级、两条道路、两条路线的激烈斗争："他们千方百计地反对语文课宣传毛泽东思想，反对我们敬爱的领袖毛主席，反对毛主席的革命路线，使语文课这个重要阵地，变成宣扬"封、资、修"的腐朽思想，为资

---

❶ 天津延安中学革命委员会，天津东风大学教育革命办公室. 四年制普通中学教学改革方案（试用稿）[M]. 天津：天津人民出版社，1968：8.

产阶级政治服务，为资本主义复辟服务的重要场所。"❶ 因此，天津延安中学所编的《语文教学大纲》中提出语文教学"学习、执行、宣传、捍卫毛泽东思想，是语文课最最迫切、最最重要的任务"。

依据语文教学的目的和任务编选的《语文》课本，分为基本教材和辅助教材。其中，毛主席著作和诗词为《语文》课本的基本教材，把与毛主席著作内容相关的各种文体的文章作辅助教材。这种基本教材—辅助教材的编排结构应是首创，后来各地所编语文课本纷纷仿效。

这套《语文》课本无论是内容上还是编排上，都没有与毛泽东思想课课本完全区别开来，实际上是另一本《毛泽东思想课》课本。

2）全国首编的以毛泽东思想为统帅的《英语》课本

复课闹革命初期，天津延安中学最早开设了英语课程，并编有《英语》课本（1968 年版）❷。至于中学为什么要学英语，天津延安中学所编的《英语教学大纲》认为：一是因为历史赋予中国青年用外语这个阶级斗争的有力武器，把战无不胜的毛泽东思想广泛传播到全世界；二是吸收外国好的经验与科学技术，需要掌握一定的外语知识。

由于复课闹革命后，原有"旧"英语课本"不突出无产阶级政治，不与三大革命运动的实际相结合，使外语教材充满了资产阶级思想和低级庸俗的东西，让那些没有得到彻底改造的资产阶级知识分子利用外语讲台，大肆贩卖修正主义的黑货，极力宣扬资产阶级生活方式，毒害青年，为其复辟资本主义作准备"❸，因此，"遵照我们伟大领袖毛主席'学制要缩短，教育要革命，资产阶级知识分子统治我们学校的现象，再也不能继续下去了'的教导"❹，天津延安中学与天津东风大学探索性地编写了一套四年制普通中学使用的英语教材（4 册），并于 1968 年2 月出版。这套全国文革期间首编的《英语》课本，对全国大部分省市的《英语》课本编写（1969 年后），无论是在编写指导思想还是内容编

---

❶ 天津延安中学革命委员会，天津东风大学教育革命办公室. 四年制普通中学毛泽东思想教学大纲［M］. 天津：天津人民出版社，1968：2.

❷ 其他地区编写英语课本都在 1969 年后。

❸ 天津延安中学革命委员会，天津东风大学教育革命办公室. 四年制普通中学英语教学大纲［M］. 天津：天津人民出版社，1968：2.

❹ 天津延安中学革命委员会，天津东风大学教育革命办公室. 四年制普通中学英语（试用本）第一册［M］. 天津：天津人民出版社，1968：说明.

选、编排形式上都起到了示范作用。

首先，在指导思想上用毛泽东思想统帅《英语》课本。根据毛主席教导："学校一切工作都是为了转变学生的思想。""在这个思想的指导下，我们砸烂了过去的不突出无产阶级政治，而以语法为纲，内容多而杂，不与三大革命运动实际相结合的旧的英语教材；以毛泽东思想为指针，按照'四年制普通中学教学改革方案'和《四年制普通中学英语教学大纲》的要求，打破以语法为纲，本着'少而精'的原则，编写了这套新的英语教材。"❶ 总的教学要求是通过四年的英语教学，对学生进行政治思想教育，提高学生的政治思想觉悟。

其次，此套课本以毛泽东思想和工农兵形象为主体选编课本（分为四册），内容包括以下几方面：

一是毛泽东思想的一些基本观点。如：阶级和阶级斗争；全心全意为人民服务；帝国主义和一切反动派都是纸老虎等。

二是全世界革命人民无限热爱毛主席。包括：①中国人民歌颂党和毛主席的短文和短诗。如《东方红》、《大海航行靠舵手》等。②世界人民歌颂毛主席的短文和短诗。③世界人民反帝反修斗争中学习和运用毛泽东思想的短文。

三是表现工农兵英雄形象的短文。包括：①工农兵在三大革命运动中活学活用毛主席著作的心得、体会；②表现工农兵在三大革命运动中的革命干劲的短文；③歌颂工农兵的短文和诗歌。

四是一般军事用语、科技用语和日常用语。

五是结合当时国内外形势，四年级选择了一些机动教材。

再次，强调英语"武器论"和"工具论"，即要使学生掌握英语最基本的语音、词汇、语法知识；学会查字典；借助工具书，能看懂一般的浅显读物和科技材料；打下良好的学习英语的基础，以便使学生掌握外语这个阶级斗争的有力武器，更好地为工农兵服务，为世界革命服务。

---

❶ 天津延安中学革命委员会，天津东风大学教育革命办公室. 四年制普通中学英语（试用本）第一册 [M]. 天津：天津人民出版社，1968：说明.

最后，在编排形式上，结合课文内容，每课前都选有一段最高指示或语录，以利于加强对学生的政治思想教育。

（3）活学活用毛泽东思想的数理课本

天津延安中学的《数学教学大纲》指出课本的编写"是以伟大的毛泽东思想为指针，突出无产阶级政治，坚决贯彻毛主席指出的'教育必须为无产阶级政治服务，必须同生产劳动相结合'的教育方针，以理论联系实际为原则，密切联系阶级斗争和工农业生产斗争的实际，使中学数学这门课成为阶级斗争、生产斗争和科学实验三大革命运动的工具"❶。依据教学大纲，数学课本的编写与"旧"课本相比表现出"突出一个系统、两个原则、三个观点"的特点：

课本编写"突出一个系统"，是以函数为线索，贯穿全部中学数学内容；用对立统一的观点揭示数与数、数与形、形与形之间的内在联系，使全部知识有机地融会贯通起来，形成一门新系统的数学课本。"破除过去中学数学内容中被人为地分割为彼此孤立的平面几何、立体几何、平面解析几何、代数、三角的旧体系"，同时增添了投影图、用导数求极值的问题和概率初步等知识。依据"突出一个系统"，天津延安中学把全部数学知识编成以函数为线索的《代数》课本。

课本编写遵循毛主席的"五·七"指示中"理论联系实际"和"少而精"的两个原则，删去了"陈腐、重复、烦琐、纯理论"的内容，加强为三大革命运动服务的内容，使课本编写从实际问题引入，总结上升为理论，反过来解决实际问题。以少而精学到手的标准使学生对概念、定理正确了解，并能应用。

课本编写还表达三个观点：阶级斗争的观点，辩证唯物主义的观点，革命批判的观点。正如《代数》课本的"说明"中所述："代数课必须是活学活用毛泽东思想的一门课。"表现在三个方面：

一是内容编排的哲学基础是毛泽东思想。例如第一章有理数，"本章就是引入负数，将自然数扩大为有理数，并研究有理数的有关概念及其运算，内容是照毛主席教导的提出矛盾，分析矛盾，解决矛盾的思想

❶ 天津延安中学革命委员会，天津东风大学教育革命办公室. 四年制普通中学数学教学大纲［M］. 天津：天津人民出版社，1968：2.

安排的"❶。

二是对问题的引入也是从毛泽东思想出发，先有毛主席的教导，再提出要解决的问题。例如"有理数的意义"一节，先有毛主席的一段教导，"按照毛主席这个教导来观察社会现实，生产实际和日常生活，就会发现处处存在着这样互相矛盾而又共同存在的情况，如：剥削与被剥削，收入与支出，上升与下降，前进与后退，向东与向西，零上温度与零下温度，等等，像这些情况中的量能不能用算术中的数来表示呢？"

三是对问题的解释都引用毛泽东思想，例如《代数》第三分册，"4.2 一元一次方程的解法"，"从上节提出的两个实际问题可以看出：方程是解决这一类问题的很有用的工具。但对于我们来说，重要的问题是如何掌握这种工具去解决问题，而不是只会把实际问题列出方程来。正如毛主席教导我们的那样：'不解决方法问题，任务也只是瞎说一顿。'所以，我们现在就开始研究怎样能够求出方程的解"❷。

综上所述，"突出一个系统、两个原则、三个观点"的《代数》课本实际是要在毛主席的教育革命思想的指导下，在《代数》课本中大闹革命，建立起崭新的无产阶级的《代数》课本，"并使这门科学高举毛泽东思想伟大红旗，永远为劳动人民服务，永远为无产阶级政治服务"。

《物理》、《化学》课本并没有按教学计划编出来，而是顺应全国形势，改编成《农业基础知识》和《工业基础知识》。

《农业基础知识》的主要内容是毛主席1958年提出来的农业八项增产技术措施，即"农业八字宪法"。这是一本典型的活学活用毛泽东思想（农业思想）的农业课本。

《工业基础知识》活学活用毛泽东思想，一是把实践提到了第一位，从内容上与学工、学农、学军配合，以密切联系工业生产实际为主要内容，大力加强学生的感性认识，培养学生从事生产斗争的能力。课本的每个章节每个定义都尽量从实际出发提出矛盾，经过分析上升为理性认识，然后再回到工业生产中去解决问题。二是以《实践论》、《矛

❶ 天津延安中学革命委员会，天津东风大学教育革命办公室. 代数·第一册·第一分册 [M]. 天津：天津人民出版社，1968：1.

❷ 天津延安中学革命委员会，天津东风大学教育革命办公室. 代数·第一册·第一分册 [M]. 天津：天津人民出版社，1968：147.

盾论》为指导，贯穿始终，培养学生运用毛主席唯物辩证法去分析问题和解决实际问题的能力，对学生进行辩证唯物主义教育。如：对常用机械（油压千斤顶、车床、农业机械）的综合分析上，根据《矛盾论》，以唯物辩证法的观点着重分析作用力和反作用力。

总体上，天津延安中学所编课本依据的是文革时期指导文艺、教育工作的"政治第一"的标准，其编排表现出了与上海暂用课本一样的"红色"特点：在形式上突出以毛泽东思想为统帅；在内容上以活学活用毛泽东思想为主。

天津延安中学作为复课闹革命时期最为有名的一所学校，其教育革命的经验经常被《人民日报》《文汇报》和重要的教育期刊（如《教育革命》等）刊登和宣传，对全国教育革命产生了较大的影响，其所编课本的课名与内容的编排也被其他省市地区纷纷仿效，甚至被部分地区直接翻印，作为本地区的中学课本。天津延安中学作为一所郊区的普通中学能编出具有如此轰动效应的课本，不仅是因为率先编出的"红色"课本满足了社会政治形势发展的需要，还得益于学科教师的广泛参与，"他们在编写教学大纲过程中，深入工农兵，跑了几十个工厂，征求了百余所学校的意见，一再修改；还在天津市第一期毛主席论教育革命的学习班里，进行了讨论。编写出来后，又邀请了七十多个学校四五百名科任教师座谈、审议"❶。此外，还得益于"院校合作"的编写模式，由天津延安中学与东风大学合作提出教学改革方案，编写一套教学大纲和一系列课本，这是在文革时期课本编写权力下放后"院校合作"编写课本的新尝试，遗憾的是，这仅仅是文革期间的个例。

三、全国各地"红"书竞编

复课闹革命后，"旧"课本已经不能再用，编写新的课本又是教育革命的重要内容，特别是要编写红彤彤的闪耀着毛泽东思想光辉的新课本，对各地方来说是一个新生事物，面临着如何编写的问题。随着"斗

---

❶ 天津延安中学革命委员会，天津东风大学教育革命办公室. 四年制普通中学教学改革方案（试用稿）[M]. 天津：天津人民出版社，1968：1.

批改"运动在教育领域的全面推动,在全社会对"旧课本是推行修正主义教育路线的重要工具"的批判声中,以及在上海中小学暂用课本和天津延安中学所编课本的示范下,各省市教材编写组逐渐掌握了编写的原则和方法,开始竞编各地区使用的暂用课本。

1. 工人、贫下中农、革命师生齐批旧课本

文革初遍及全国的在教育领域的"斗批改"运动,主要是对教育和旧课本的否定和批判,出现了工人、贫下中农、革命师生齐批旧课本的教育革命高潮。《教育革命(首都)》汇集了当时工人、贫下中农、革命师生对旧课本的批判,主要集中在两个方面:

一是批判在政治上反对或忽视毛泽东思想,"他们在教科书中恶毒攻击毛泽东思想,反对突出无产阶级政治,竭力反对以毛主席著作作为基本教材,大量散布封、资、修的毒素,为复辟资本主义制造舆论,在青年学生中产生了极其恶劣的影响"[1]。

旧农基教材没有一处提到毛主席三个字,没有一条毛主席语录,没有阶级斗争,没有毛泽东思想。

政治课本根本不突出无产阶级政治,根本不学毛主席著作,不结合活思想,不搞斗私批修,而是死记硬背一些名词,学习一些空洞的理论。

……

而在旧物理课本中却完全歪曲了历史,让这些资产阶级权威统治了一切,仿佛他们成了大自然的主宰。而广大劳动人民却成了无知的群氓。

旧物理课本拜古崇洋,极力向青年学生灌输成名成家、"智育第一"的资产阶级思想,把青年引向不问政治、埋头业务的白专道路。脱离三大革命运动,脱离工农兵,成为高踞于劳动人民之上的官老爷。

我们毛主席的红卫兵一定要奋起毛泽东思想的千钧棒,砸烂旧物理教材!让毛泽东思想占领阵地!

……[2]

---

[1] 《教育革命》(首都)编辑部. 工人、贫下中农、革命师生批判旧教材 [J]. 教育革命(首都),1968(11):19–20.

[2] 《教育革命》(首都)编辑部. 工人、贫下中农、革命师生批判旧教材 [J]. 教育革命(首都),1968(11):19–20.

以前学的东西太乱，也没有用。什么"牛郎织女"呀，"孟姜女哭长城"呀，那里有什么好东西？毛主席的著作不学，学那些东西能起好作用吗？我建议以后在语文课中多讲"老三篇"，多讲些毛主席在革命斗争紧急关头发表的最高指示，讲讲革命斗争史，让孩子们知道今天的好日子来得不容易。❶

二是批判课本脱离农村、生产实际。

旧教材脱离农村实际，比如：物理课讲洋楼的暖气装置，学生没见到过，也不爱听。

学生毕了业回到农村不知怎样种地，怎样养猪。在学校里只学了鸽子、鱼、解剖青蛙等与生产实际无关的东西，浪费了学生宝贵的青春年华。

从前农基课是纸上谈兵，黑板上种庄稼，讲了半天西红柿整枝，在劳动中却把花打下去了。

旧教材里尽是一些洋名词，没有贫下中农语言，不和本地情况相结合。

……❷

对啦，那算术里还有什么"鸡兔同笼"，谁家养鸡放在兔子窝里呀？两条腿、四条腿，一算半天，孩子们的脑子早闹糊涂了，这你说有什么用？如果把盖房子，多大的墙要多大的窗子，这样的题搁在课本里不比"鸡兔同笼"好？❸

对旧课本的控诉简阳县贫下中农非常简明地列出了"三大罪状"：

第一，大肆贩卖封、资、修黑货，为复辟资本主义鸣锣开道；第二，严重脱离革命、生产的实际，学生学了不能用；第三，大搞烦琐哲

---

　　❶《教育革命》（首都）编辑部. 彻底批判修正主义教育路线——老工人座谈教育革命[J]. 教育革命（首都），1968（04）：12－13.
　　❷《教育革命》（首都）编辑部. 工人、贫下中农、革命师生批判旧教材［J］. 教育革命（首都），1968（11）：19－20.
　　❸《教育革命》（首都）编辑部. 彻底批判修正主义教育路线——老工人座谈教育革命[J]. 教育革命（首都），1968（04）：12－13.

学，摧残青少年的身心健康。❶

　　"在大批大改的教育革命高潮中，我们必须继续深入进行对旧教科书的批判，肃清其流毒。"❷正是在全民对旧课本斗批改和肃流毒的过程中，编写新课本的方法——"用毛泽东思想统帅"和逻辑——"只要是旧课本提倡的，就是新课本所反对的"——开始形成，一种完全"崭新"的无产阶级革命课本开始孕育，并随之在全国遍地开花。

2. 全国各地自编暂用性课本

　　文革开始后，原来的课本不能再用，人民教育出版社被批为执行修正主义路线，所编的书都被列为资产阶级的舆论工具，这种"资产阶级统治学校的现象不能再继续下去了"，课本再也不能由人民教育出版社统一编写，需要发动工、农、军的力量通过"斗批改"来重编突出无产阶级政治的课本，因此，课本编写权力下放，由地方来编写就成了当时政治的需要：一是处理好中央和地方的关系问题，毛泽东在《论十大关系》中一直强调要重视地方的积极性。二是毛泽东看到了发动群众批判是有效抑制和纠正党和国家机关僵化的一个手段，同时也意识到必须进一步加强群众的政治权力才能改变国内当权派的修正主义路线。因此，编写课本的权力进一步下放，发挥群众的积极性来编无产阶级的新课本，就成为无产阶级教育路线的必然选择。

　　1968 年前后应复课闹革命的需要，各省市成立中小学教材编写组❸，部分地区、县也成立专门的教材编写小组，开始独立编印课本。如：湘潭县文教科 1968 年元月编印的算术教材；无锡市南长小教大联委教革组 1968 年 2 月编写的《语文》《算术》等教材……

　　各省（市）、地、县自编的小学暂用性课本一般包括《语文》《算术》《科学常识》（或《常识》），省编暂用性课本在 1967～1968 年出

---

❶　四川省革委会政工组学校组新华社记者. 简阳县依靠贫下中农编写出农村中学试用教材［N］. 人民日报，1968 - 12 - 13 (4).

❷　《教育革命》（首都）编辑部. 彻底批判修正主义教育路线——老工人座谈教育革命［J］. 教育革命（首都），1968 (04)：12 - 13.

❸　编写的组织形式以各省中小学教材编写组为主，也有省委托地方组织人员编写。例如，山东教育厅教材改革组就委托诸城县编辑山东省的《算术》暂用课本，委托济南市编《语文》暂用课本。

版，地、县编暂用课本出版稍晚，最迟在 1969 年上半年出版。中学暂用性课本包括《语文》（有省市取消语文改为《毛泽东思想教育课》，有的省市改称《政文》）《数学》《工农业基础知识》等，大多数省市都在 1969 年上半年出版，供 1969 年上学期使用，少数地区（如福建）在下半年才编出暂用课本，供下学期使用。少数民族地区也编有少数民族语言的课本，例如：新疆维吾尔自治区编有小学暂用课本《语文》（维吾尔文）一套（1968），其选文以歌颂毛主席和毛主席语录为主。

少数准备较充分的省市甚至还先自编了一套教学大纲指导新课本的编写。例如，在长沙市暂用课本《农业基础知识》"致全市中学革命师生"中提到：我们和革命师生共同讨论，大胆探索，艰苦奋战，编出了毛泽东思想课、革命文艺课、数学课、工业基础知识课、农业基础知识课、军体课的教学大纲和试用教材❶；陕西省"中小学教材编辑组中学组全体同志几个月来，经过大学习，大批判，调查分析，各广大工农兵、革命师生共同研究讨论，大胆探索，艰苦奋战，编出了毛泽东思想课、语文课、数学课、农业课、物理和化学课等科的教学大纲（试用稿）"❷，大纲还希望各地革命师生发扬敢想、敢说、敢干、敢革命的精神，自编教材，大胆创新，不断前进，为编出一套无产阶级忠字化的教材而奋斗。

从各地新课本出版时间来看，上海中小学暂用课本最早出版，并且影响广泛。由于上海处在政治和教育革命的最前沿，同时也是在文革期间最早编写中小学暂用课本的地区，一般早于其他省市 3 个月以上出版，因此其他省份受上海中小学暂用课本的影响较大，如山东编写的《科学常识》的说明中，就明确表示吸取了上海改革教材的经验。实际上，许多省份诸如江西、辽宁、河北等，由于时间仓促，都直接采用上海市中小学教材编写组编的这套暂用课本。表 1－7 中所列就是部分省市直接翻印、重印的上海暂用课本（不完全统计，仅列举部分）。这也说明上海的中小学暂用课本是最早出版，影响较大的。

---

❶ 长沙市教育革命委员会. 长沙市暂用课本·农业基础知识［M］. 长沙：长沙市教育革命委员会，1968：39.

❷ 陕西中小学教材编写组. 中学语文教学大纲（试用稿）［Z］. 西安：陕西中小学教材编写组，1968：1.

表1-7　部分省市翻印上海暂用课本部分情况

编写者	课本名	出版时间	出版者	说明
上海小学教材编写组	科学常识	1967-10-1	上海革命教育出版社　河北人民出版社重印	上海市小学暂用课本
上海小学教材编写组	语文（二年级用）	1967-9-1	上海革命教育出版社　河北人民出版社	上海小学暂用课本
上海小学教材编写组	算术（三年级用）	1967-9-1	上海革命教育出版社　辽宁人民出版社	上海小学暂用课本
上海小学教材编写组	算术（五年级用）	1967-9-1	上海革命教育出版社　江西人民出版社	上海小学暂用课本
上海小学教材编写组	科学常识	1967-10-1	上海革命教育出版社　河北人民出版社重印	上海市小学暂用课本
上海中学教材编写组	数学·划线	1968-11-1	上海中学教材编写组出版　辽宁人民出版社	上海中学暂用课本
上海中学教材编写组	数学·度量	1968-11-1	上海中学教材编写组出版　辽宁人民出版社	上海中学暂用课本
上海中学教材编写组	工农业基础知识（农业部分）第一编	1968-11	上海中学教材编写组出版　辽宁省新华书店	上海市中学暂用课本

　　整个文革期间打破"由资产阶级垄断教材编写"，而依靠"各地工农兵编写教材"，"教材编写权力下放"的结果是："省属各地可根据需要，全部或部分采用省编教材，同时也可以自编教材，或补充教材"。于是全国出现了各省、市、县三级竞编无产阶级新课本的局面，以至于今天无法确切地统计出文革期间全国到底出版了多少种新"红色"课本。

3. 红色课本及特性

复课闹革命时期的中小学暂用课本，是在对"旧教材不突出毛泽东思想，抹煞了阶级性和实践性，成为资产阶级垄断知识和培养修正主义接班人的工具"的批判中，在彻底"砸烂"课本的旧体系，彻底否定旧课本后，各地区自编的具有过渡性质的暂用课本。依据什么编写呢？归纳起来，主要是依据毛泽东对教育的话语论述：教育方针，教育工作方针，"五·七"指示，"十六条"，这些内容都被囊括在文革时期出版的《毛主席论教育革命》中。因此，编写新课本实际上是编写以毛泽东思想为统帅的课本。按照新逻辑，就是要走与旧课本相反的道路，即从课本封页、课文内容、编排体例等课本要素中突出毛泽东思想，走一条红色道路。

（1）"红色"的封页主题

课本封面，即课本的"脸"，传递的不仅是课本的基本信息，如课本名、使用对象等，它还有"谱"的特性，如同京剧脸谱在脸上的不同绘色"谱"写不同的人物性格一样，课本的"脸"也因谱上不同色彩和图案，表达课本的不同属性。

复课闹革命时期的课本一方面以革命属性的"红"色为主色调，用红旗、红宝书、红太阳等革命色彩喻意这是一本以毛泽东思想为统帅的革命课本。另一方面又以"光芒万丈的主席像、高举的语录、金灿灿的红太阳、鲜红的旗帜、高举语录的工农兵红卫兵"等为主题图案，表达忠于毛泽东思想的课本属性。课本封面图案按主题元素大致可分成表1-8中的几类：

表1-8　课本封面图案分类

主题元素	封面图案
毛主席头像	金光万丈的毛主席头像、毛主席头像＋红太阳、毛主席引导下上山下乡的知识青年等
红太阳	红太阳下高举红宝书的工农兵、红太阳下的工业等
红宝书	高举红宝书、胸怀红宝书等
语录	语录＋红太阳、最高指示、毛主席语录等
红旗	红旗＋太阳＋语录、红旗下的工业等

　　为宣誓以毛泽东思想为统帅,课本的封二或扉页还附有毛主席语录或毛主席像;封三有最高指示,例如:"我们能够学会我们原来不懂的东西。我们不但善于破坏一个旧世界,我们还将善于建设一个新世界。"

　　在个人崇拜狂潮的席卷下,毛泽东被推上了神坛。毛主席像被塑造成为"万丈光芒"的圣像,当然也被供奉在中小学暂用课本封页上。它是在文革初期文革课本的一个最重要标识。为了表达对毛泽东思想的忠诚,肇庆专区还非常有"创意"地编写了"忠字化"封面设计的课本(如图1-2)。

图1-2 工农兵常识(小学四年级暂用本)

　　(2)"红色"的课本内容与编排

　　与建国十七年来的课本不同,复课闹革命后的课本性质发生转变,课本体系也发生了巨变,不仅废除了一些课本,也新增了课本,总体上一般分成两类课本:学习毛泽东思想的文科课本,包括《语文》和《毛泽东思想辅助读物》;在毛主席思想指导下联系三大革命运动的理科课本,包括《数学》、《工农业基础知识》、《常识》等。这两类课本的内容体系基本与上海市中小学暂用课本、天津延安中学课本的"红色内容"相同或相似。在编排上它们也表现出"以毛泽东思想为统帅"的两大特性：一是强烈的政治性；二是生产致用性。这是一种非常典型的为无产阶级政治服务、联系生产实际的"革命模式"的编排方式，因此本书也称之为"红色"编排。

总之，有红色脸谱、红色内容、红色编排的暂用课本，是在批判旧课本"脱离无产阶级政治、脱离生产实践、脱离工农群众"、走资产阶级教育路线的基础上，在毛泽东教育话语的指导下，编写出来的"一套红彤彤的闪烁毛泽东思想光辉的新教材"❶，它是以毛泽东思想为统帅，"为无产阶级政治服务，与生产劳动相结合"的无产阶级的课本，因此本书把它形象地称为"红色课本"。

但是这些暂用性的红色课本，是在"以毛泽东思想为统帅"的权威话语要求下，为供学校复课临时过渡之需而编写的"闪烁毛泽东思想光辉"的新课本的一种尝试，所以，匆忙中所编的课本不免落下功能单一、政治完全取代知识、过度生产化的问题。

第四节　试用课本——"红色"课本的完型

1969 年下半年始，随着中小学教学秩序的逐渐稳定，各省、市过渡性质的中小学暂用课本逐渐完成使命。当各地掌握了编写课本的方向、方法后，正式的试用课本也随之而出。1969 年下半年至 1971 年间各地所编的试用课本在功能上开始分化，种类上更显齐全，内容上略为丰富，逐渐形成了一套完整的以毛泽东思想为统帅的红色课本体系。

一、小学试用课本的功能分化

小学暂用课本使用仅短短的一年时间，大多数地区从 1969 年开始至 1971 年不断地改编或重编课本。与暂用课本相比，试用性的小学课

---

❶ 辽宁省中小学教材编写组. 辽宁省小学试用课本·算术·第五册 [M]. 沈阳：辽宁省中小学教材编写组，1969：封三.

本从名称到内容开始丰富起来。一方面为了更加突出毛泽东思想的统帅，增加了专门的政治课本；另一方面为三大革命实践服务的知识远不足以用《语文》《算术》《常识》三种课本所覆盖，有必要增编新的课本。因此，增加课本类型、课本功能分化成为小学"红色"试用课本的主要变化。

1. 红色课本类型增多、改编频仍

小学暂用课本主要用于复课后的一学期或一年（主要是 1968 年）。所以，1969 年后各地出版的小学课本基本上就是长期的试用性质，除主要编写《语文》、《算术》和《常识》（《常识》课本主要供高年级即四、五年级使用）外，大多数地区同时编写了一本新型的政治课本《毛泽东思想教育课》（或《毛泽东思想课》），一本为工农兵服务的《革命文艺》，发达城市如上海、广州等更是编了一套小学《英语》课本，以向全世界人民宣传毛泽东思想。由此看来，小学试用性质的红色课本，一方面在传统课本上继续突出政治性，另一方面也增加新课本从各方面学习"毛泽东思想"，使小学课本的政治功能不断完善。

除了使课本体系完整外，不断改编不成熟的课本，也是试用课本的编写特点。1969 年至 1972 年期间，各省市都在编写小学课本，并至少改编两次以上，其中尤以上海市的小学课本改编最频繁，在每个学期前，都分别编出了供 1969 年上半年、下半年，1970 年上半年、下半年，1971 年上半年、下半年和 1972 年上半年的上海六年制小学试用课本各一套（见表 1 - 9）。

表 1 - 9　上海市小学《语文》、《算术》试用课本统计（1969～1972）

课本名称	使用对象	课本册数	出版时间	使用时间
语文算术	一至六年级	6	1969 年 1 月	1969 年上半年第二学期
语文算术	一至六年级	6	1969 年 7 月	1969 年下半年第一学期
语文算术	一至六年级	6	1970 年 1 月	1970 年上半年第二学期
语文算术	一至六年级	6	1970 年 7 月	1970 年下半年第一学期
语文算术	一至六年级	6	1970 年 12 月	1971 年上半年第二学期
语文算术	一至六年级	6	1971 年 7 月	1971 年下半年第一学期
语文算术	一至六年级	6	1972 年 1 月	1972 年上半年第二学期

辽宁省中小学教材编写组于1969年3月、1969年10月、1971年9月分别编写了三套小学课本，每一套都是在前一套试用的基础上修改而成的，供小学使用。

山东中小学教材编写组于1969年7月和12月编写的小学课本一至五年级用共10册（每年级分上下册）。1970年12月和1971年5月又重编一套课本共10册（每年级分上下册）。

……

改编如此频繁的原因，首先主要是政治运动频繁，课本作为党的宣传工具，时刻要反映时政需要，因此，像语文课本经常需要增加一些政治形势的内容；其次是"红色"课本的编写并不成熟，特别是要加强与三大革命实践相联系的课本，如算术课本，选用什么样的内容，使之能紧密联系生产实践，一直是各地编写算术课本最关心和最需要改进的问题；再次是编写出版无严格的审查程序，只要政治正确即可，无明确的教学大纲要求和严格的质量审查，因此，编写周期短，改编也就相对容易、随意且频繁。

2. 红色课本功能分化

课本内容的扩展，主要包括：一是政治内容有了专本，不同于暂用课本由《语文》课本来承担学习毛泽东思想的任务，这一阶段增加了一本专门学习毛泽东思想的政治课本——《毛泽东思想教育课》；二是学科内容有了专攻，《语文》增加了语文知识，恢复了一些语言教学的功能，《算术》加强了服务生产实践的算术知识，《常识》扩展了服务于三大革命实践的知识范围，《革命文艺》是主要为工农兵服务的文艺。

（1）专用的政治课本——《毛泽东思想教育课》

小学暂用课本中"学毛泽东思想"以《语文》为主，新编的小学试用课本中出现了一种专门"学毛泽东思想"的政治课本——《毛泽东思想教育课》。

在文革前，我国就兴起了几次学习毛泽东思想的高潮。这股高潮在文革前并没有真正蔓延至中小学，到文革时，在林彪的鼓动下，高潮成为全民性的运动，学校也不能例外。初期学的语录本，是未经选择、以成人为对象的学习资料，并不合适学生使用。因此，自中小学开设"毛泽东思想教育课"后，大多数地区开始自编《毛泽东思想教育课》课本供中小学——从小学一年级到高中的学生使用。

上海中小学教材编写组编写的一套《毛泽东思想教育课》课本(1969)，是当时分级最多、分册最细的《毛泽东思想教育课》课本，不仅供中小学用，也供幼儿园的大班和小班用。小学分成五分册：《干革命靠毛泽东思想》（供一年级用）；《翻身不忘共产党 幸福全靠毛主席》（供二年级用）；《革命人民最爱毛主席》（供三年级用）；《"老三篇"万岁》（供四年级用）；《立志做无产阶级革命事业接班人》（供五、六年级用）。

其中《干革命靠毛泽东思想》以记录学习毛泽东思想的革命事迹和英雄人物为主要课文，无学习单元、知识巩固等课本要素，课文如：

人间奇迹我们创——记我国第一台十二万五千瓦双水内冷汽轮发电机组的诞生；毛主席的好工人——尉凤英；天目山畔的青松——记"优秀工宣队员"徐松宝同志的光辉事迹；……

《"老三篇"万岁》是以学"老三篇"为主要内容的课本，围绕三篇统帅文，编排了多篇辅助学习文，组成三个单元，同时还安排"学和用"以活学活用"老三篇"。

《立志做无产阶级革命事业接班人》中的主要课文围绕毛泽东思想中的七大内容："一、培养无产阶级革命事业接班人是关系到我们党和国家命运的重大问题；二、必须是真正的马克思列宁主义者；三、必须是全心全意为中国和世界的绝大多数人服务的革命者；四、必须是能够团结绝大多数人一道工作的无产阶级政治家；五、必须是党的民主集中制的模范执行者；六、必须谦虚谨慎，戒骄戒躁，富于自我批评精神，勇于改正自己工作中的缺点和错误；七、在革命大风大浪的锻炼中成长。"分成七个单元。

与上海一样，各地的小学《毛泽东思想教育课》主要以毛主席著作（其中又以"老三篇"为核心）和毛主席语录为基本教材，以工农兵活学活用毛泽东思想的文章等为辅助教材，本书称之为统帅文—辅助文结构。如，河北小学五年级《毛泽东思想教育课》的统帅课文—辅助教材的编排结构（见表1－10）。这种特色的政治编排结构也基本成为《毛泽东思想教育课》的标准结构。它是以毛泽东思想为统帅的编排逻辑下形成的统帅文—辅助文结构，是文科课本中的定式结构，因此，也可以说它是一种政治编排结构。

表1–10　河北小学五年级《毛泽东思想教育课》课文编排（1970）

单元主题	统帅课文	辅助教材	学和用
领导我们事业的核心力量是中国共产党	毛主席语录；关于党的整顿和建设（节选）；中国共产党章程（节选）	中国共产党万岁——纪念中国共产党诞生四十八周年（节选）	学和用（一）
走《五·七指示》的光辉道路	毛主席语录	全国都应成为毛泽东思想的大学校——纪念中国人民解放军建军三十九周年（节选）	学和用（二）
读毛主席的书 听毛主席的话 立志做无产阶级革命事业接班人 培养无产阶级革命事业接班人	毛主席语录	共产党员应是无产阶级先进分子——纪念中国共产党成立四十九周年	学和用（三）
必须是真正的马克思列宁主义者	毛主席语录 改造我们的学习 林副主席指示	学习毛泽东思想要学用结合，立竿见影	学和用（四）
必须全心全意为中国和世界的绝大多数人服务	毛主席语录 为人民服务	一心一意为革命 刀山火海也敢闯	学和用（五）
必须能够团结绝大多数人一道工作	毛主席语录 共产党在民族战争中的模范作用	阶级兄弟之间	学和用（六）
必须是党的民主集中制的模范执行者	毛主席语录 党的纪律 党的民主	相信群众，集中正确意见；纪律是执行路线的保证——记坚决执行命令，模范遵守纪律的北海舰队八二号护卫舰	学和用（七）
必须谦虚谨慎，戒骄戒躁，富于自我批评精神	毛主席语录	谦虚谨慎，永远做毛主席的好战士	学和用（八）
在革命大风大浪的锻炼中成长	毛主席语录	革命青年的榜样；金训华同志日记摘抄	学和用（九）

续表

单元主题	统帅课文	辅助教材	学和用
彻底埋葬帝修反 认清帝修反的豺狼本性	毛主席语录 和美国记者安娜·路易斯·斯特朗的谈话（节选）	亚洲人民团结起来，把美国侵略者从亚洲赶出去！苏修社会帝国主义的豺狼本性；痛击纸老虎 打倒新沙皇；他们一定要打，我们奉陪到底	学和用（十）
用人民战争消灭美帝、苏修侵略者	毛主席语录 抗日的政治动员	一不怕苦、二不怕死的革命精神永放光芒；用革命的战争反对反革命战争；全民皆兵无敌于天下——记太行山区民兵老英雄学习毛主席人民战争思想的体会	学和用（十一）
全世界人民团结起来，彻底埋葬帝修反	毛主席语录 毛泽东同志的贺电——致阿尔巴尼亚劳动党第五次代表大会 全世界人民团结起来，打败美国侵略者及其一切走狗！	全世界人民一定把帝修反彻底埋葬；为解放全人类奋斗到底	学和用（十二）

　　《毛泽东思想教育课》在小学课本体系中，位列最核心课本，部分地区甚至把它作为《语文》的替代本，在以学习毛泽东思想为主要任务的同时，附带学习一些语文知识。例如，江西赣州专区教材编写小组编写的一套一至九年级的《毛泽东思想教育课》（1969），同时也是《语文》课本："语文知识根据实际需要结合课文讲授。写作以写学习毛泽东思想的心得、参加三大革命运动的体会和批判资产阶级为主，朗读、汉语拼音、识字、习字也不能忽视。"❶ 可见，语文知识被当作政治学习的附属品，或者说是学习毛泽东思想的工具。因此，课本的编排也得遵循"统帅文—辅助文"编排结构。

---

❶ 赣州专区教材编写小组. 赣州小学课本·毛泽东思想教育课（六年级）［M］. 赣州：赣州专区教材编写小组，1969：封三.

（2）"政治第一，艺术第二"的小学《语文》课本

小学《语文》暂用课本纯粹是一种政治课本，而新编的小学《语文》试用课本则被定性为政治的工具。如河北省中小学教材编写组认为："新编的语文教材，是学习、宣传、贯彻、捍卫毛泽东思想的工具，是'团结人民，教育人民，打击敌人，消灭敌人的有力武器'。必须成为学习、宣传、执行和捍卫毛泽东思想的坚强阵地，成为教育学生永远忠于毛主席，永远忠于毛泽东思想，永远忠于毛主席革命路线的有力工具。"❶ 因而，它的首要特性还是政治性，是以学习毛泽东思想为政治目的，以毛泽东著作为课本基本内容，用战无不胜的毛泽东思想武装学生。其次才是它的工具性，新编小学《语文》课本较暂用课本更强调要使学生学到三大革命运动所需要的语文知识，对学生进行识字、作文、看书报等多种能力的培养，以便使学生能够更好地学习、宣传、执行和捍卫毛泽东思想，❷ 培养学生"成为有社会主义觉悟的有文化的劳动者"。浙江省小学试用课本《语文》的"说明"中对小学语文课本的"政治性"和"工具性"作了较精确的总结：

> 新编语文教材，是学习、宣传、贯彻、捍卫毛泽东思想的工具，是"团结人民、教育人民、打击敌人、消灭敌人的有力的武器"。因此，它的首要任务是用战无不胜的毛泽东思想武装学生，同时，也要使学生学到为三大革命运动所需要的语文知识，培养学生"成为有社会主义觉悟的有文化的劳动者"。❸

《山东小学语文教学大纲》中更明确地把选文的标准确定为毛主席的伟大教导——"政治第一，艺术第二"：

> "以政治标准放在第一位，以艺术标准放在第二位"为原则，力求"革命的政治内容和尽可能完美的艺术形式的统一"。毛主席的这个伟大的教导，是我们编选语文教材唯一正确的标准。入选的文章首先在政

---

❶ 河北省中小学教材编写组. 河北省小学语文第八册［M］. 石家庄：河北人民出版社，1970：说明.

❷ 浙江省小学教材编写组. 浙江省小学试用课本·语文·第七册［M］. 杭州：浙江人民出版社，1969：62.

❸ 浙江省小学教材编写组. 浙江省小学试用课本·语文·第七册［M］. 杭州：浙江人民出版社，1969：62.

治上要过得硬，要符合毛泽东思想，具有鲜明的无产阶级立场和观点。❶

"政治第一，艺术第二"的原则在河南省革委会文教卫生局中小学教材编辑室编写的小学《政治语文》（共 10 册，1970）的课本名称上也得到非常形象的诠释。《政治语文》，顾名思义这是一本政治性的语文课本，政治是目的，语文是工具，首要目的是促进学生的思想革命化，其次才要学习一些语文知识为思想革命化服务：

这套《政治语文》课本是在毛主席教育革命路线指引下，由工农兵作主编编选出来的，用毛泽东思想作统帅，以毛主席著作为基本内容，目的是促进革命师生思想革命化。

《政治语文》用毛泽东思想作统帅，以毛主席著作为基本内容。革命师生要发扬理论联系实际的好学风，促进思想革命化。

这强调小学阶段学习识字和学习语文知识是一项重要任务，教学中应注意：在毛泽东思想统帅下，认真进行识字教育和语文知识的教育，并指导学生以社会为课堂，到三大革命运动中去练习写作。❷

"政治第一，艺术第二"的原则，在实际编选时"政治第一"是很容易做到的，但"艺术第二"却没有很好的操作标准，各地更多是像辽宁省的小学《语文》（1970）一样把一些不易犯政治错误的语言知识作为"艺术第二"编选入了课本，一般增设"语文知识"的单元，并在"学和用"中应用语文知识。如在《语文》第八册的"学和用"中开始出现了语文知识和能力的练习：用"下面的词造句""给下面一段话加上标点符号"等，这在暂用课本中是极少见的。

既然政治性是第一位的，要以毛泽东思想为统帅，于是全国各地的小学《语文》试用课本仍是按照统帅文—辅助文的标准结构编排的。

（3）为三大革命实践服务的《算术》《常识》

1969 年至 1971 年之间，各地小学《算术》《常识》试用课本的编

---

❶ 山东中小学教材编选组. 山东中小学一至五年级《语文》教学大纲［M］. 济南：山东中小学教材编选组，1969：2.

❷ 河南省革委会文教卫生局中小学教材编辑室编. 河南省小学课本·政治语文·第十册［M］. 郑州：河南人民出版社，1970：封三.

写和修改延续暂用课本的特点——"用毛泽东思想统帅课本，联系生产实际"。

1）为三大革命实践服务学必要的算术知识

各地在暂用课本之后相继编写试用课本《算术》，相较暂用课本，内容有所增加，算术知识更完善了一些，但其突出政治，为三大革命实践服务的特性没有改变。

《算术》课本的首要任务是用毛泽东思想武装学生。课本如何渗透毛泽东思想教育，是编者首先要考虑的问题，在全国各地《算术》试用课本上多数采用两种方式：

一是形式上维持暂用课本的"红色"形式，但特点、元素发生了一些变化。与暂用课本的封面以红太阳、红旗、毛泽东像等为设计元素不同，试用课本封面的变化是突出学习毛泽东思想与参加三大革命实践的编排特色，封面多以红小兵手捧"红本"放于胸前、学工学农学军等形象为主要图案。辽宁省1971年版《算术》第七册的封面图案就反映了这种编排变化。

二是不仅文中有毛泽东语录和歌颂词，而且列举与毛泽东思想有关的例子，在练习中尽量用各种形式突出学习"毛泽东思想"。

课本中有的内容直接歌颂和学习毛泽东思想。如：上海小学《算术》三年二期（1969），第一课的开头先歌颂：

第一课　整数除法

大海航行靠舵手，干革命靠毛泽东思想。

毛主席啊！

您是中国人民的大救星，

您是世界革命的灯塔。

您的话，世界革命人民最爱听；

您的书，世界革命人民最爱读。❶

课本中的举例和练习都渗透着歌颂和学习毛泽东思想的任务：

❶ 上海市中小学教材编写组. 上海小学试用课本·算术·三年二期［M］. 上海：上海市中小学教材编写组，1969：1.

[例1] 解放军支左部队赠送东方红纺织厂革命委员会75套《毛泽东选集》，革命委员会把红色宝书平均分发给4个车间，每个车间发到几套？余下的放在政宣组里，政宣组里有几套？❶

为渗透无产阶级政治教育，举例多以毛泽东著作选集，学生学毛主席语录和著作，阶级斗争，反帝反修等为主题。如：黑龙江省小学试用课本《算术》第十册（1970）"比"中举的例子是"毛泽东思想学习班"：

例1 红旗生产队办了"提高警惕 保卫祖国"毛泽东思想学习班，六月份办了3期，七月份办了6期，七月份办学习班的期数是六月份的几倍？六月份办学习班的期数是七月份的几分之几？❷

河北省小学试用课本《算术》第九册（1970）"乘法"内容中用的图例是毛泽东选集，红小兵学毛泽东选集等。练习中用阶级斗争、反帝反苏修作内容。

算术课本的第二个任务是"为生产实践服务"，编选为生产实践服务的内容，因此，除了基本的算术知识外，一般还增加与生产实践相关的内容：各种算术应用、统计表、珠算等。如吉林省小学试用课本（四年级用）（五年级用）（1970年）的主要内容：

一、比和比的应用（1. 比的意义和性质；2. 比例尺；3. 农药的配制；4. 按比例分配）；

二、比例（1. 比例的意义和基本性质；2. 正比例；3. 反比例）；

三、简单统计图表（1. 统计表；2. 统计图）；

四、简单的记账常识（1. 单据；2. 账簿）；

五、几何初步知识（1. 直线和角的认识及测量；2. 长方形、正方形的认识及其周长、面积的计算；3. 平行四边形的面积；4. 三角形的面积；5. 梯形的面积；6. 地积；7. 圆的周长和面积；8. 长方体、正方体的认识和体积的计算；9. 圆柱体的侧面积和体积；10. 圆锥体的体积）。

---

❶ 上海市小学教材编写组. 上海市小学课本·小学算术课本（三年级二期用）[M]. 上海：上海市小学教材编写组，1969：1-4.

❷ 黑龙江省中、小学教材编写组. 黑龙江省小学试用课本·算术·第十册 [M]. 哈尔滨：黑龙江省中、小学教材编写组，1970：1.

以上内容中的农药的配制、统计表、统计图、简单的记账常识等内容都是为生产实践服务的知识。

除了选用与生产实践相联系的内容外，一些简单或基本的算术知识如数的认识和加减法又如何联系生产实践呢？河南省小学课本《算术》（1970）第一册中，仅从数的加减法中难以推断知识的生产实践性，但以学工学农学军为图例，却可实现与生产实践相联系，如第一页的"1、2 的认识"："1"用一个工人手捧毛泽东著作选集表示；"2"用两个农民表示；练习也是把铁锤、铲子、锄头、手榴弹、拖拉机、机枪、坦克等作为元素。在所有的算术课本中列举三大革命实践的例子，是联系三大革命实践常见的方法，因而算术课本中基本找不到诸如"一支铅笔加上四支铅笔等于几支铅笔"等与三大革命实践无关的例子。

除举例外，大多数《算术》课本内容的开头一般采用突出"三大革命运动的需要"的叙述定式：在阶级斗争、生产斗争和科学实验三大革命运动的实践中，常常要用到……，常见如：

"在阶级斗争、生产斗争和科学实验三大革命运动的实践中，常常要用到分母是一百的分数。例如：……"❶

2）扩大服务领域的《常识》（或称《科学常识》）

《常识》课本编写在全国各省的情况并不相同，有的省份一直沿用其他省的课本，直到 1970 年才自己开始编写，而有的省份则在 1969 年编写后，迅速在 1970 年开始改编，例如：福建、辽宁、山东、湖南等省。《常识》的编写，其"政治第一"的特性没有变化。如上海市中小学《科学常识》教学大纲指出："《科学常识》应担负起宣传、捍卫毛泽东思想，培养学生无限忠于毛主席，无限忠于毛泽东思想，无限忠于毛主席的无产阶级革命路线的无产阶级感情；批判刘少奇的反革命修正主义路线在工农业战线上的流毒，树立全心全意为人民服务的思想……"❷

---

❶ 西安市教材编写组. 西安市小学试用课本·算术·五年级下册［M］. 西安：西安市教材编写组，1969：1.

❷ 上海市中小学教材编写组. 上海市中小学《科学常识》《工农业基础知识》教学大纲［M］. 上海：上海市中小学教材编写组，1969：2.

《常识》课本在继续暂用课本"政治第一"编选原则的基础上，内容选材更加丰富了，除编排学工、学农、学军内容之外，另外增加了历史、地理、自然、卫生等内容。如山东省小学《科学常识》（1970）增加第一单元（地理）、第二单元（自然）、第七单元（卫生）、第八单元（历史）内容；吉林省小学《常识》（四五年级用）（1970）增加了第一单元（地理）、第二单元（自然）、第五单元（卫生）等内容（详见表1–11）。

表1–11　吉林省小学《常识》（四五年级用）（1970）主要内容

单　元	课　文
第一单元　胸怀祖国 放眼世界	伟大的社会主义祖国；祖国的首都——北京；革命圣地；新吉林；革命烈火熊熊的世界；欧洲的一盏伟大的社会主义的明灯——阿尔巴尼亚；革命风暴席卷的亚洲、非洲、拉丁美洲；觉醒中的欧洲、北美洲、大洋洲；附录：怎样看地图
第二单元　改造自然 人定胜天	太阳系；地球、四季的形成；月亮、日食和月食；自然界水的循环；风；雷电与避雷；天气预测；防火
第三单元　毛泽东思想照亮了我国工农业发展的道路	我国发展国民经济的总方针；农业学大寨；农业八字宪法；农作物的生活；我省几种农作物的用途和特性；防治病虫害；植树造林；为革命养猪，附表：（一）常用化学肥料表、（二）常用肥料混合情况表、（三）常用杀虫农药表、（四）常用杀菌农药表；工业学大庆；大炼钢铁；煤；简单机械；电；有线广播与无线电
第四单元　提高警惕 保卫祖国	全国都要学习解放军；步兵常用武器；原子武器；人民防空；战地救护；人民战争胜利万岁
第五单元　讲究卫生 预防疾病	积极开展爱国卫生运动；除四害；讲卫生；常见疾病的防治

河南小学《常识》课本（1970）甚至单列历史、地理、自然、卫生等分册，第一册军体卫生，第二册史地，第三册工业，第四册农业，供五年制小学四、五年级使用。辽宁中小学教材组编的《常识》课本（1970）主要供五年制小学四、五年级使用，课本从原初的综合课本，即学工、学农、学军合编在一本，分编成四册：历史地理部分、工业部分、农业部分、卫生部分。

各地改编的《常识》所增加的历史部分内容主要是中国的阶级斗争史，包括古代的农民起义、近代的反帝反封建、中共革命根据地、抗日战争、解放战争、新中国的诞生，突出只有共产党才能救中国。黑龙江省的小学《常识》（历史部分）（1970）讲述的是一部中国革命斗争史；辽宁省小学《常识》（1970）历史部分讲述的是阶级斗争史：古代的封建社会和农民起义，近代中国的反帝反封建革命运动，中国共产党的诞生和井冈山革命根据地的建立，抗日战争的胜利，解放战争的胜利和中华人民共和国的诞生；上海市把历史部分从《常识》中独立出来，编写了小学六年级用的《历史》课本（1971），此课本将历史编纂成中国历史上两条阶级路线的斗争史，根据对旧《历史》课本"重古代，轻现近代，重帝王将相，轻人民群众"的批判，课本以学习近代史为主，以中国人民反帝反封建反压迫为主线。

　　增加的地理部分，一般包括祖国、首都、台湾、珍宝岛、本省或者国际上主要社会主义国家等，内容选择都是基于"政治第一"的考虑，本书称之为"政治地理"，即所选内容是带有阶级性的地理知识。例如吉林省小学《常识》的地理部分，每个地区、国家之前都有政治修饰语，如伟大的、祖国的、革命圣地、革命烈火熊熊的、一盏伟大的社会主义的明灯、革命风暴席卷的、觉醒中的等；江西省小学《常识》地理部分有"伟大的社会主义祖国、红色的江西、跟着毛主席 世界一片红"；四川省小学《常识》的地理部分有"伟大的社会主义祖国、革命圣地、祖国的首都、四川很有希望"；辽宁省小学《常识》的地理部分有"地球、我们伟大的祖国、辽宁在前进、世界革命形势大好、欧洲伟大的社会主义明灯——阿尔巴尼亚"。

　　为加强服务于生产实践，部分省市的《常识》除学工、学农内容外，也增加或恢复了一些自然知识。

　　3）为工农兵服务的《革命文艺》

　　小学的《革命文艺》课本在少量省市有编写，课本主要是由原来的《美术》和《音乐》课本合并而成，把两本课本合并在一起，取名为"革命文艺"，突出革命性，即突出文艺是为工农兵大众服务的阶级性。《革命文艺》课本作为为革命服务的工具，正如毛泽东所说："要使文艺很好地成为整个革命机器的一个组成部分，作为团结人民、教育人民、打击敌人、消灭敌人的有力的武器，帮助人民同心同德地和敌人作斗争。""我们的文学艺术都是为人民大众的，首先为工农兵的、为工农兵而创作的、为工农兵所利用的。"❶ 因此《革命文艺》课本与新中国初17年的《美术》和《音乐》课本的区别就在于：强化了文艺的政治功能，革命大批判、思想教育贯彻课本的始终。例如选择"红小兵爱唱革命歌"，其意图是通过学唱"红小兵爱唱革命歌"，使学生懂得文艺是"属于一定的阶级，属于一定的政治路线的。"懂得革命儿歌的深刻的教育意义，从而使学生热爱革命儿歌，自觉抵制和批判坏儿歌。❷ 选择"毛主席万岁（美术字）"，通过本课学习使学生领会毛主席的教导："在现在世界上，一切文化或文学艺术都是属于一定的阶级，属于一定的政治路线的。"从而懂得美术字同样具有鲜明的阶级性。教育学生无限热爱毛主席，以深厚的无产阶级感情，严肃认真地写好"毛主席万岁"这五个金光闪闪的大字。❸

黑龙江省小学试用课本《革命文艺（美术）》（1970）（如图1-3），封面以工农兵手捧、高举"红本"为主题，喻示这是一本以毛泽东思想为统帅，为工农兵服务的革命文艺课本。课本内容不是为了纯粹地教学生绘画技巧，更重要的是对学生进行思想教育，所以内容都是政治主题，如"没有贫农，便没有革命"主题，有三个绘图：大批判专栏图；高架线图；陕北农民图。其中以陕北农民图为核心，图中陕北农民肩扛锄头，手拿毛泽东选集，在初升的太阳下露出了幸福的笑容。

图1-3 黑龙江省小学试用课本·革命文艺（美术）（1970）

❶ 黑龙江中小学教材编写组. 黑龙江小学试用课本·革命文艺（美术）[M]. 哈尔滨：黑龙江人民出版社，1970：封二.

❷ 上海市中小学教材编写组. 革命文艺教学情况交流 [M]. 上海：上海市中小学教材编写组，1970：1.

❸ 上海市中小学教材编写组. 革命文艺教学情况交流 [M]. 上海：上海市中小学教材编写组，1970：2.

上海小学《革命文艺》课本（1970）则是涵盖毛主席语录、音乐和图画等的文艺课本，共两册（分供一二三和四五六年级使用），课文都以毛主席有关文艺方面的语录为统帅文，围绕统帅文编排各种文艺作品，并分成单元。如第二册共分成三个单元："文艺必须为工农兵服务"、"如何去服务"和"文艺批评的两个标准"。围绕这三个主题单元安排各种不同的文艺作品：文艺理论、革命歌曲、政治图画等。辽宁省小学试用课本《美术》（1970）虽然沿用旧名称，但内容却与旧课本有天壤之别，革命性的政治主题特别显眼，课本中"毛主席是我们心中的红太阳"主题下的两种"红太阳"绘画分别代表毛主席万岁、东方红，红小兵高举"红本"在光芒四射的太阳照耀下，其政治喻意不言自明。

4）向世界宣传毛泽东思想的《英语》

编写小学《英语》试用课本，当时只有在极少数相对发达城市如上海、广州、南京等地才有能力和需求。

1969年，广州市中小学教材编写组编写出版的广州市小学课本《英语》（1969），课本第一页即指出"为革命学好英语"：

为革命学好英语

……为了更好地向世界革命人民宣传毛泽东思想，为了更好地和帝、修、反进行针锋相对的斗争，我们要学习外国语。

……为了向外国朋友介绍我们的伟大成就和丰富经验，为了吸收外国好的东西，我们也要学好外国语。❶

……

正是出于以上两个原因，课本的内容主要以歌颂和忠于毛主席、宣传毛泽东思想为主：

Contents

Lesson 1 Long Live Chairman Mao!

Lesson 2 A Long, Long Life to Chairman Mao!

Lesson 3 English Letters

---

❶ 广州市中小学教材编写组. 广州市小学课本·英语［M］. 广州：广州市中小学教材编写组，1969：1.

Lesson 4 Wish Chairman Mao a Long Life!

Lesson 5 We Love Chairman Mao

Lesson 6 A Chinaman Mao Badge

Lesson 7 I Love Chairman Mao

Lesson 8 A Portrait of Chairman Mao

Lesson 9 English Letters

Lesson 10 Serve the People

Lesson 11 Learn from the Workers, Peasants and Soldiers

Lesson 12 Never Forget Class Struggle

Lesson 13 Chairman Mao Is Our Great Leader

Lesson 14 Long Live the Communist Party of China!

Lesson 15 Read and Write

Lesson 16 We Are Loyal to Chairman Mao

Lesson 17 They Are Our Good Teachers

Lesson 18 We Are Good Pupils of Chairman Mao

Lesson 19 Revolutionary Slogans

Lesson 20 We Are Little Red Soldiers of Chairman Mao

New Words and Expressions

Revolutionary Songs

20 课中有 11 课的标题直接有 "Chairman Mao"，学工农兵两课，关于中国共产党、阶级斗争、为人民服务、革命口号各一课，另有三课英文字母的读和写。

每篇课文编排设计上，也非常有 "红色" 特性，上面是忠于毛主席、毛泽东思想的插图，中间是中文的最高指示或语录，下面三分之一部分才是课文内容。

1969 年 8 月，上海市中小学教材编写组编写了小学英语课本，其选文的内容和结构特点与广州的英语课本基本相同。"政治第一" 的选文要求，使得它们第一册第一课、第二课的选择都近乎不约而同：Lesson 1 Long Live Chairman Mao! Lesson 2 A Long, Long Life to Chairman Mao!

二、中学试用课本的类型化

复课闹革命，特别是中学复课后，按"五·七"指示的要求，在"斗私批修"过程中，一些地方和学校也开始探索无产阶级政治的新教育，试图建立一个红彤彤的教育新世界。其中尤以兰州第五中学、吉林梨树县的教改被党报党刊宣传后引起的反响和影响较大，被作为示范典型在全中国推广。

1. 全国各地的中学课程改革探索

1969 年 1 月 27 日，《红旗》杂志第二期发表文章，介绍兰州第五中学实行半工半读的经验，师生每周 2 天学习，其余 4 天则半天学习、半天劳动，并把原来中学的 17 门课合并为 6 门课，即毛泽东思想、工业基础、农业基础、革命文艺、军事体育、劳动课，学校也改名为兰州铸造厂厂办中学。后经全国推广，不少城市中学也实行了类似改革，实行厂校合一、工厂办校或定厂办校，采用相似的课程。

1969 年 5 月 12 日，《人民日报》发表吉林梨树县的《农村中、小学教育大纲》，并加编者按。《大纲》指出，农村中小学必须高举毛泽东思想伟大红旗，突出无产阶级政治，全面落实伟大领袖毛主席的"五·七"指示。遵照毛主席关于"课程设置要精简。教材要彻底改革，有的首先删繁就简"和"以学为主、兼学别样"的教导，指出在课程设置上要坚持突出无产阶级政治，理论联系实际和少而精的原则，因此，小学设五门课：政治语文课、算术课、革命文艺课、军事体育课、劳动课。中学设毛泽东思想教育（包括中国近代史、现代史、党内两条路线斗争史）、工农业基础（包括数学、物理、化学、经济地理）、革命文艺课（包括语文）、军事体育（包括学习毛主席的人民战争思想，加强战备观念和开展军事体育活动）、劳动课。（对中学课程设置的另一种意见是设毛泽东思想教育课、农业常识课、数学课、物理课、化学课、语文课、革命文艺课和军事体育课。）从课程设置的重要性上，政治、劳动和文化基础知识相比，政治是主要的，是统帅。但在时间安排上，《大纲》认为文化基础课的比例应大些，中学应占 60%左右，小学以不少于 70%为宜（第二十四条）；同时提出教材编写要遵照毛主席

"教材要有地方性、应当增加一些地方乡土教材"的教导，除国家统一编写的教材外，各地都要组织工农兵和革命师生自编乡土教材，充实教学内容（第二十六条）。❶《人民日报》的编者按高度评价了这个《大纲》，认为"它为今后农村教育革命讨论指出了方向"❷。在之后的一段时间里，吉林省梨树县革命委员会《农村中、小学教育大纲》引起全国各地强烈的反应，《人民日报》陆续发表了支持和拥护这个《大纲》的文章和来信。梨树县的教改经验，对各地教育革命是一个很大的推动，不仅已经成为农村中小学改革的权威典型，也被城市中小学作为教学改革的参考依据。

1969 年 6 月 18 日上海市革命委员会扩大会议上通过的《上海市中、小学教育革命纲要》对城市中学如何办，提出了革命性的改革方案，其中课程和教材部分"纲要"提出：

课程和教材要突出无产阶级政治，贯彻理论联系实际和"少而精"的原则。各门课程的基础知识要反映社会主义革命和工农业生产与自然科学的新发展，要合乎人类认识过程的客观规律，要培养学生的辩证唯物主义的世界观。

中学设 7 门课：毛泽东思想教育课（包括中国近代史、党内两条路线斗争史、社会发展简史和地理知识），语文课（包括学点语法、逻辑），数学课，革命文艺课，工农业基础知识课，外语课，军事体育课。❸

从以上各种教育革命方案的课程设置上看，城市中学与农村中学的差异不大，都有毛泽东思想教育课，语文课，数学课，工农业基础知识课，革命文艺课，军事体育课，城市中学一般多了一门外语课，但也不是作为重点课程。具体的教育革命实践中，各校也不是完全一样，例如北京第二十三中学仅开设了政治、语文、工农业生产知识（数理化打

---

❶ 《人民日报》编辑部. 农村中、小学教育大纲（草案，供讨论）[N]. 人民日报，1969 – 5 – 12（1）.

❷ 《人民日报》编辑部. 必须实现贫下中农对学校的政治领导 [N]. 人民日报，1969 – 5 – 19（3）.

❸ 袁振国. 中国当代教育思潮（1949～1989）[M]. 上海：生活·读书·新知三联书店上海分店，1991：178 – 179.

通，结合工农业生产知识学习）、外语（不作为学习重点）等五门课程，❶ 不同于上海的课程。

依据课程，各省市适时编写了相应的课本。此时，全国的情况是：

有的地区一度把政治、语文、历史三科合并，以毛泽东著作为基本教材。有的语文课本紧跟当时的政治形势，把大批判稿也选入课本。历史课本成了农民战争史、儒法斗争史。多数地区取消了物理、化学、生物课，改设"工业基础知识"和"农业基础知识"，强调"典型产品带教学"，以生产为主线安排教学内容。物理部分讲三机一泵（拖拉机、柴油机、电动机、水泵）；化学部分讲土壤、农药、化肥；生物部分讲三大作物（稻、麦、棉）一头猪，等等。❷

有些地区把音乐、美术合编为《革命文艺》课本；数学与物理删节后插入工业基础知识课本，主要讲"三机一泵"（拖拉机、柴油机、电动机、水泵）；化学与生物删减后插入《农业基础知识》课中，主要讲四大作物（粮、棉、油、麻）；语文、音乐、美术合并为革命文艺课本；政治、历史、语文合并为毛泽东思想课本；体育改为军事体育课，以军训代替体育。球类、田径、体操一度取消，口令也以毛主席语录代替"一、二、三、四"。也有地区恢复编写传统课本《历史》、《地理》、《英语》、《俄语》。

总体看，复课闹革命的后期，中学课程从最初的 3～4 门课程，增加到 7～8 门，大致可分成两类课程：阶级斗争类课程，生产斗争类课程，或者说只有一种性质的课程，即为三大革命实践服务的课程。因此，课本编写也要为三大革命实践服务，大致分成两大类：阶级斗争类课本；生产斗争类课本（科学实验一般在生产斗争类课本中）。毛泽东思想课、语文等文科课本属于阶级斗争类，数学、工业基础知识、农业基础知识等理科课本属于生产斗争类。

2. 两类中学课本

新编的中学试用课本在封面设计上与暂用课本并无大的区别，主要

❶ 从北京二十三中看城市普通中学的教育革命（调查报告）[N]. 光明日报，1968 - 12 - 9（2）.

❷ 《中国教育年鉴》编辑部. 中国教育年鉴（1949 - 1981）[M]. 北京：中国大百科全书出版社，1984：489.

的变化是有的课本封面增加了与当时的政治活动相关联的农业学大寨、鞍钢宪法等图案。千篇一律、不约而同的政治化封面设计，只能说明存在一套视觉控制的秩序，它规定只能用什么色彩、图案，或不能用什么。在这套视觉秩序背后隐约潜藏着一套决定性的"思想的秩序"（或者称"话语的秩序)，不仅控制着课本的封面设计，也决定了课本的分类与编写。

（1）阶级斗争类课本

阶级斗争类课本，是指宣扬毛泽东思想，以阶级斗争为内容或为阶级斗争服务的课本。一般又分成两类，一是直接以毛泽东思想、阶级斗争为内容的政治课本，主要包括《毛泽东思想教育课》（有的称《毛泽东思想教育》）和《历史》等；二是以毛泽东思想为统帅，主要为阶级斗争服务的课本，包括《语文》《英语》（《俄语》）《革命文艺》《地理》等。

1）以阶级斗争为内容的课本

阶级斗争类课本中全国又以《毛泽东思想教育课》为主要或是统帅课本。"毛泽东思想教育课，是在无产阶级文化大革命中批判了叛徒、内奸、工贼刘少奇修正主义教育路线之后，开创的一门崭新的重要课程。"❶ 只有少数省市如黑龙江省仍沿用《政治》课本名，其内容和功能基本与《毛泽东思想教育课》相同，目的是掌握阶级斗争的思想武器。

由于中学复课较晚，1969 年学生才基本回到课堂。复课初期，多数地区是用毛泽东著作等作为毛泽东思想课的教材或参考资料，少数地区编有《毛泽东思想课辅助读物》，到"九大"后，党和国家进一步要求以"毛泽东思想挂帅"，号召"要深入开展活学活用毛泽东思想的群众运动，继续办好各种类型的毛泽东思想学习班，按照毛主席一九六六年的《五·七指示》，把我们全国真正办成毛泽东思想大学校"❷。此后，各地着手编写正式的中学《毛泽东思想课》课本作为学习毛泽东

❶ 山西中小学教材编写组. 初中课本·毛泽东思想教育课·二年级 ［M］. 太原：山西人民出版社，1971：封三.

❷ 中共九大政治报告（一九六九年四月一日报告，四月十四日通过）［EB/OL］. http：//www. 360doc. com/content/10/0901/13/391890_ 50369527. shtml.

思想用书，已经成为全国各地编写中学课本的规定动作。关于《毛泽东思想课》的产生背景，河南省的《毛泽东思想课编选提纲》有过较详细的说明：

在伟大的战无不胜的毛泽东思想的指引下，史无前例的无产阶级文化大革命，已经取得了伟大的胜利。工人阶级和贫下中农满怀革命的战斗豪情，登上了上层建筑斗、批、改的政治舞台，使上层建筑的各个领域发生了极为深刻的变化。无产阶级文化大革命焕发出来的革命精神，已经结出了丰硕的果实，毛泽东思想大普及，工农业生产战线热气腾腾，社会主义的科学文化不断发展，我国的社会主义革命和社会主义建设正在出现新的飞跃。全国亿万军民热烈响应伟大领袖毛主席的战斗号召，在党的"九大"的光辉照耀下，正为"在全国取得更大的胜利"而奋斗。我省和全国一样，到处呈现一派大好形势。《毛泽东思想课》就是在这样的大好形势下，根据广大工农兵的意见和要求编选出来的。❶

《毛泽东思想课》"是以毛主席著作、最新指示、语录和毛主席的亲密战友林副主席的指示为基本内容"，以毛主席著作和毛主席语录为基本教材，以活学活用毛泽东思想的文章为辅助教材，因而形成了课本以毛泽东思想为统帅的结构定式：基本教材—辅助教材。

河南省中小学教材编选会议中学组于 1969 年 5 月编选的《毛泽东思想课编选提纲》（河南省中等学校用书）中列出了编选的内容及其结构：

《毛泽东思想课》，以毛主席著作为基本教材……

林副主席是毛主席的亲密战友和接班人。他的报告、讲话、文章闪耀着毛泽东思想的光辉，是《毛泽东思想课》的重要组成部分。

在教材中，还选入了一部分无产阶级文化大革命的历史文献和中央"两报一刊"的有关社论，以及工农兵活学活用毛泽东思想的文章。❷

---

❶　河南省中、小学教材编选会议中学组. 毛泽东思想课编选提纲·河南省中学学校用书（征求意见稿）［Z］. 郑州：河南省中、小学教材编选会议中学组. 1969：1.

❷　河南省中、小学教材编选会议中学组. 毛泽东思想课编选提纲·河南省中学学校用书（征求意见稿）［Z］. 郑州：河南省中、小学教材编选会议中学组，1969：2.

根据提纲，同年7月河南省中小学教材编选会议中学组编写《毛泽东思想课》课本4册，其主要单元涵盖了提纲中所规定的三个方面的内容。

广西初中试用课本《毛泽东思想教育课》共有四册，每册基本都是毛泽东、林彪的文章和语录。1970年12月，根据工农兵和革命师生的意见，这套课本又经改编，课本只是根据形势需要增加内容，仍按毛主席的基本观点分单元编排，同时为更加活学活用毛泽东思想，课本结构突出了"辅助读物"。如第一册，"为人民服务"单元，基本教材是"老三篇"，"辅助读物"包括：继续革命永向前；努力学习"老三篇"革命到底志不移。

陕西省初中《毛泽东思想课》是按毛泽东思想的观点编排的，如第二册分成四部分：伟大、光荣、正确的中国共产党；活学活用毛主席的哲学思想；发扬革命传统 争取更大光荣；全世界人民团结起来，打败美国侵略者及其一切走狗！各单元用毛泽东的语录、著作作为主体内容，以黑体字凸显，单元后附辅助材料、学用建议。

贵州省中学教材编写组选编的一套《毛译东思想教育课》（1969）（2册），供四年制中学一、二年级试用。课本按毛泽东的观点分专题（单元）。1970年贵州省中学教材编写组又对此套《毛泽东思想教育课》进行改编，分成基本教材与辅助教材，基本教材以毛主席语录和著作、林彪的指示为主，目录中标题用黑体字凸显；辅助教材围绕基本教材的观点编选课文。改编后的课本增加了活学活用毛泽东思想的内容——"学用的建议"，如初中第二册第三讲：

第三讲 走与工农兵相结合的道路

为了方便教学，为了帮助师生更好地活学活用毛泽东思想，许多地区把《毛泽东思想课》普遍使用的"基本教材—辅助教材"结构分列开来，编成独立的两本课本。如云南省教育局中学教材编写组，结合《毛泽东思想课》一、二册的内容，选编了《毛泽东思想课辅助读物》（1970）一册和二册；云南省少数民族地区——红河哈尼族彝族自治州的革命委员会政工组自编的红河州初中课本《毛泽东思想教育》课本（1969）和辅助读物，"以帮助师生深入领会毛主席关于无产阶级专政下继续革命的伟大学说"❶。

《毛泽东思想教育》课本"基本教材—辅助教材"结构的形式较多样，特别是辅助教材，有与基本教材合编的，也有像云南省、红河州那样编写辅助读物，还有单独取名的辅助读物，主要学习活学活用毛泽东思想的事迹，如山东省的中学课本《用毛泽东思想武装起来的战士所向

---

❶ 云南省红河哈尼族彝族自治州革命委员会政工组. 云南省红河州初中试用课本·毛泽东思想教育［M］. 红河：云南省红河哈尼族彝族自治州革命委员会政工组，1969：封三.

无敌》（1969）主要学习"用毛泽东思想武装起来的"英雄事迹。还有内蒙古选编的辅助读物《大海航行靠舵手·毛泽东思想教育课辅助读物》（1970），甘肃中学课外读物《毛泽东思想育英雄》（1970），这些课本也是主要讲毛泽东思想武装的英雄事迹。上海市中学毛泽东思想教育课学习材料《中国古代近代阶级斗争史》（二年级用），则主要谈论阶级斗争史。

另外一种阶级斗争类课本是《历史》课本。

对"旧"历史课本的批判，归纳为一句话即"满书都是封建王朝的更替兴衰，为帝王将相歌功颂德"❶，其中 1969 年 8 月 19 日《人民日报》刊登的史颂劳的文章《劳动人民是历史的真正主人——对编写历史课教材的几点意见》比较有代表性，文章批判"解放二十年来，史学界由于没有按照毛主席的指示去办，不论是学校的历史课本或史学专著，真正是用毛泽东思想的立场、观点来写的，还没有。因此，编写出无产阶级需要的历史教材，是摆在我们面前的一项严肃的政治任务"❷，文章同时指出历史课本的三大问题：对"农民的起义和农民的战争"不清楚；对党的历史，党的两条路线斗争史不了解；对解放以后的一些重大政治运动和重大政治事件不知道。"旧"中学《历史》课本的问题归结起来就是违背毛泽东的阶级斗争学说，因而文革刚开始就被废除。自毛泽东在 1968 年 11 月 25 日在《人民日报》发表指示"历史的经验值得注意。一个路线，一种观点，要经常讲，反复讲。只给少数人讲不行，要使广大群众都知道"后，中学加快了恢复历史课的步伐。新《历史》课本的编写和出版则一般到 1970 年后，部分省市如湖南、山东等省陆续出版《历史》课本。重编的历史课本，是根据毛泽东的阶级斗争史观编写的，形成了以阶级斗争为线索的编写特色。在史颂劳文中提出的具体编写思路反映了这种特色，就是用马克思主义、列宁主义、毛泽东思想来统帅历史课本的编写工作；编写古代史和近百年史要突出"农民的起义和农民的战争"；编写现代史尤以中国共产党史为重要，解放后的历史也应该编写。都要突出两条路线的斗争和毛主席革命

---

❶ 江苏常熟县教育革命大批判小组. 批判旧教材［N］. 人民日报, 1969 – 12 – 12（3）.

❷ 史颂劳. 劳动人民是历史的真正主人——对编写历史课教材的几点意见［N］. 人民日报, 1969 – 08 – 19（4）.

路线的伟大胜利，要歌颂毛主席的伟大革命实践和丰功伟绩，使历史课成为阶级斗争课、两条路线斗争课。❶

　　各地新编的中学《历史》课本一般分成两部分：古代近代史和现代史。古代近代史只说历史中的农民起义和战争，现代史只说中国共产党史。中国共产党史基本是两条路线斗争史，多数地区就把这部分历史直接编入《毛泽东思想教育课》，并以毛主席著作为主线编写中国革命史，历史知识只能戴着阶级斗争史的面具出现在《毛泽东思想教育》课本中。

　　湖南中学试用课本《历史》（1970）基本上就是按照阶级斗争的线索展开的，从奴隶社会阶级诞生，封建社会农民革命运动，至近代的反帝反封建的革命运动，再到共产党的革命史，描绘了一个革命斗争的中国历史轨迹：

第一课　没有剥削没有阶级的原始社会

第二课　奴隶社会是人类历史上第一个阶级社会

第三课　古代封建社会和农民革命运动

第四课　我国古代劳动人民的创造发明

第五课　三元里人民的反侵略斗争

第六课　沙俄、美帝对近代中国的侵略罪行

第七课　近代中国人民反帝反封建的三次革命运动

第八课　中国无产阶级的产生和成长

第九课　中国共产党的成立

第十课　第一次国内革命战争

第十一课　井冈山革命根据地的建立

第十二课　二万五千里长征和光芒万丈的遵义会议

第十三课　抗战初期两条不同路线的斗争和平型关大捷

第十四课　抗日军民的游击战争

第十五课　抗日战争的伟大胜利

第十六课　用革命的两手反对反革命的两手

---

❶ 史颂劳. 劳动人民是历史的真正主人——对编写历史课教材的几点意见［N］. 人民日报，1969－08－19（4）.

第十七课 解放战争的伟大胜利

第十八课 中华人民共和国的诞生

黑龙江省中学课本《中国古代近代史》的内容是按照马克思主义的阶级分析法，把社会发展分成原始社会、奴隶社会、封建社会、资本主义社会、社会主义社会不同的阶段，强调以阶级斗争为纲的框架构建历史。山东省出版两本《历史》课本，分别是《历史·中国古代、近代史》《历史·中国现代史、国际共产主义运动简史》（1970）。两本课本也是"以阶级斗争为纲"，如《历史·中国古代、近代史》第四章古代的封建社会主要讲几次重大的农民战争；第五章半殖民半封建社会主要讲反帝反封建的斗争。

历史课本的编写摒弃了帝王将相史，突出阶级斗争，这种编纂法也不是什么新创，例如近代史中的"三大革命高潮"❶ 20 世纪 50 年代就提出并在中学课本中使用，在文革时期的历史课本中也得到反映。这种编纂法在文革时期"以阶级斗争为纲"的指导下走向了极端，导致历史上的经济、文化、历史人物在历史课本中销声匿迹，因而历史基本上变成了阶级斗争的政治史。

2）为阶级斗争服务的课本

经过把中学暂用课本《语文》编成《政治》课本的临时过渡阶段后，有人曾对《语文》课本的完全政治化提出反思。《人民日报》曾刊发辽宁省中小学教材编写组座谈纪要"编写新教材中的几个问题"，编写组成员曲永礼、燕庚茂认为："在编写新教材的过程中，由于我们对毛主席'政治是统帅，是灵魂'的伟大教导理解不深，一度曾片面地在数量上强调政治内容，而忽视了社会主义文化科学知识。例如，'语文'教材，只注意从政治教育的角度编选课文，没有把必要的语文知识编进去，课文体裁也比较单一。"❷ 青岛教材编写组的《"由近及远"

---

❶ "三次革命高潮"的论断，是胡绳 1954 年提出并为多数人接受的一种理论观点。胡绳指出：太平天国革命运动是第一次革命运动的高涨；甲午战争以后出现第二次革命运动的高涨；义和团失败后开始的第三次革命运动的高涨归结为辛亥革命。胡绳. 中国近代历史的分期问题［J］. 历史研究，1954（1）.

❷ 编写新教材中的几个问题——辽宁省中、小学教材编写组座谈纪要［N］. 人民日报，1969－7－21（4）.

"由浅入深"——编写无产阶级教材中一个重要问题》对《语文》课本完全政治化问题也作了反省，并提出改进意见。

对《语文》暂用课本的批评主要集中在"过度政治化"，即政治代替知识的问题："工农兵看了这样的教材，一针见血地指出：'政治要统帅文化知识，而不能代替文化知识'。"❶ "新教材的根本特点是'政治第一'，为无产阶级的政治服务。'政治第一'，不是取消社会主义的文化科学知识，而是要用无产阶级政治统帅文化知识。"❷

因此，新编的中学《语文》试用课本与暂用课本相比较，《语文》课本的任务有了变化，在力求突出无产阶级政治的前提下，使学生学到必要的文化科学知识，特别增加了语文知识的教育和读说写能力的训练。如山东省中学试用课本语文教学纲要中提出，语文教学的根本任务除了政治教育外，"……同时，语文教学必须在毛泽东思想的统帅下，努力提高学生学习、宣传马列主义、毛泽东思想，批判资产阶级，参加三大革命运动所必需的阅读和写作、分析问题和解决问题的能力，要加强语文知识教育和读、说、写能力的训练，培养理论联系实际的学风和革命文风"❸。成都中学《语文》（一年级）（1969）提出，这本课本"要使学生正确掌握和使用祖国的语言文字，逐步提高读、写、说的能力，学习、宣传和捍卫毛泽东思想，为阶级斗争、生产斗争和科学实验三大革命运动服务"❹。

在编者看来，使学生掌握语言文字的知识及能力，目的也是政治性的，编写必须遵守"政治第一，艺术第二"的原则和要求，因而中学《语文》表现出以下两个方面的特点：

一是从政治角度选文。与暂用课本相似，课文内容基本以政论文为主，突出政治，其中以毛主席文章为基本教材。黑龙江省中小学教材编

❶　编写新教材中的几个问题——辽宁省中、小学教材编写组座谈纪要［N］. 人民日报，1969－7－21（4）.

❷　青岛市教材编写组. "由近及远""由浅入深"——编写无产阶级教材中一个重要问题［N］. 人民日报，1969－7－21（4）.

❸　山东省中小学教材编选组. 山东省中学试用课本·语文教学纲要［M］. 山东省中小学教材编选组，1970：1－2.

❹　成都市中学教材编写组. 成都市中学课本·语文·一年级［M］. 成都：成都市中学教材编写组，1969：212.

写组二连中学语文班在"语文教材怎样突出无产阶级政治"中提出课文"以思想内容划分单元"的政治编排原则，指出："按照思想内容划分单元，还是按照文章的体裁划分单元，这是新、旧教材的一个原则区别。"❶ 他们所编的黑龙江省中学《语文》第二册（1970）的单元划分，六个单元分别是围绕《毛泽东思想》再版前言（热爱领袖）、无产阶级、人民战争、爱国主义和国际主义、反对自由主义、批评和自我批评、看了《逼上梁山》以后写给延安平剧院的信等毛泽东主要观点和著作编写的。

文革时期的名校上海控江中学❷对自编的《语文》课本如何突出"政治第一"采取了以下的办法：❸

（1）单元的教材以毛主席著作领先，用毛主席的著作来统帅这一单元的教材；

（2）每册教材不仅选有大批判文章，而且附有毒草，让学生自己批，以锻炼其对香花、毒草的辨别能力；

（3）每册教材都有几课"活教材"，如"忆苦思甜"、"一月革命风暴"等等，都是请工农兵同志直接来上课的。

与暂用课本不同的是，除了按毛泽东思想观点分单元、设统帅文外，试用课本增选了一些作者的文章和一些古文。

北京市中学《语文》课本第三册（1970）的统帅文除了毛泽东的著作外，另加了列宁、江青的文章和谈话。与暂用课本很少有署名文不同的是，这本课本多出现了几个署名作者：列宁、江青、陈永贵和鲁迅。除了前三者为政治人物外，唯独鲁迅这个当代作家能够走上语文课本的"金色大道"。当然，选用鲁迅的文章作课文也是因为政治性，像《论'打落水狗'》之类的文章被认为具有彻底革命精神：

当时，鲁迅正对帝国主义、反动军阀及其御用文人进行坚决的斗

---

❶ 黑龙江省中、小学教材编写组二连中学语文班. 在语文教材编写中正确处理政治与文化知识的关系 [J]. 教育革命资料：教材改革专辑，1969（13）：9－12.

❷ 上海控江中学是解放后1953年成立的中学，文革时期一直被列为教育革命的典型学校，它的教育革命事迹也经常被列为报刊宣传教育革命的重点内容。

❸ 蔡汝馨. 选编语文教材的一些体会 [N]. 人民日报，1969－07－21（4）.

争。有些反动文人提出在中国应该提倡所谓"费厄泼赖"精神，就是说对失败者不应再施攻击，妄图麻痹革命人民的斗志。鲁迅针对这种谬论加以揭露和驳斥，指出对敌人斗争必须坚决彻底，决不能妥协宽容。❶

各地的中学《语文》试用课本首次增选了少量的古代文学内容，如《卖炭翁》《曹刿论战》《触龙说赵太后》《狼》《刻舟求剑》等，但选文也是政治所需。《卖炭翁》选入课本，意图明显，阶级斗争的需要，在这篇课文所附的"学和用"中引用了林彪所说的话："不懂得什么是阶级，不懂得什么是剥削，就不懂得革命。不弄清过去的苦，就不知道今日的甜，还会把今天的甜误认为是苦。"表明了选此文的目的。❷再如辽宁《语文》课本第三册（1971），课文"狼"的选入，课文"提示"说明了原委：

本文是写屠夫同狼作斗争的故事。今天我们可以用这个故事说明帝、修、反的凶恶、残暴、狡猾的反动本质，启发我们要识破他们的阴谋诡计，剥去他们伪善的画皮，针锋相对地与之斗争。否则，就要吃大亏，上大当，遗祸无穷。❸

语文课本中选用的古文范围较窄，大多只是毛泽东著作中曾经引用、使用的古文、成语、典故。如《叶公好龙》《黔之驴》这两个古代寓言，以及古文《关于共工头触不周山的故事》等都是因毛泽东在著作中使用过：

伟大领袖毛主席在《湖南农民运动考察报告》、《一个极其重要的政策》这两篇光辉著作中，给"叶公好龙"、"黔之驴"这两个古代寓言以全新的思想内容，极其深刻地阐明了革命的真理，给了我们极大的教育，为我们树立了批判中国古代文化遗产的光辉典范。❹

❶ 上海市中学课本·语文·一年级第二学期用［M］.上海：上海市中小学教材编写组，1971：88.

❷ 济南市中学教材编选组.济南四年制中学·语文·第一册（试用本）［M］济南：济南市中学教材编选组，1969：41.

❸ 辽宁省中小学教材编写组.辽宁省中学试用课本·语文·第三册［M］.沈阳：辽宁省中小学教材编写组，1971：40.

❹ 上海市中学课本·语文·一年级第二学期用［M］.上海：上海市中小学教材编写组，1969：91.

经典古文《曹刿论战》的选入也是因毛主席在《中国革命战争的战略问题》中说:"春秋时候,鲁与齐战,鲁庄公起初不待齐军疲惫就要出战,后来被曹刿阻止了,采取了'敌疲我打'的方针,打胜了齐军,造成了中国战史中弱军战胜强军的有名战例。"❶山东省中学试用课本《语文》(二年级上册)(1970)最后一篇课文《武松打虎》(选自《水浒》第二十三回),选编的理由正是毛泽东在《论人民民主专政》中提到"……我们要学习景阳冈上的武松。在武松看来,景阳冈上的老虎,刺激它也是那样,不刺激它也是那样,总之是要吃人的。或者把老虎打死,或者被老虎吃掉,二者必居其一",这一段文字作为"毛主席语录"放在《武松打虎》课文前,其选用目的明确。

刊登在《人民日报》上的辽宁省中小学教材编写组成员李发的发言"中学语文应选一点古文"解释了中学选用古文的原因和范围、比例:

伟大领袖毛主席教导我们:"中国的长期封建社会中,创造了灿烂的古代文化。清理古代文化的发展过程,剔除其封建性的糟粕,吸收其民主性的精华,是发展民族新文化提高民族自信心的必要条件"。根据上述的教导,中学生学一点必要的古文还是需要的。

毛主席著作中引用的成语典故很多,适当地选学一点古文,有利于学生阅读毛主席的光辉著作。学点古文也有助于理解毛主席的诗词。

有些古典词语已为今用,特别是有些语句在特定的情况下引用很有力量。例如中央两报一刊发表的一些重要文章有时就有所引用,战斗力非常强。因此,学点古文也是从事三大革命斗争所需要的。

我认为,古文要精选,不要选那些颂古非今、赞扬封建制度的东西。古文一般以占语文教材总量的百分之十左右为宜。❷

从"政治第一"角度选文,因而也使得全国大部分地区《语文》课本选文的情况雷同,以山东省中学《语文》课本的课文结构为例

---

❶ 黑龙江省中、小学教材编写组. 黑龙江省中学课本·语文·第二册 [M]. 哈尔滨:黑龙江省中、小学教材编写组,1970:71.

❷ 编写新教材中的几个问题——辽宁省中、小学教材编写组座谈纪要 [N]. 人民日报,1969-7-21(4).

（见表1－12），虽然选文的多样性较明显了，但政论文、毛泽东著作的比例，依然是最高的。

表1－12　山东省中学语文课本（2～7册）的课文类型结构

类　型	二	三	四	五	六	七	共计	比例（%）
毛泽东文章	3	3	5	6	5	4	26	28
毛泽东诗词	1	1	1	1	1	1	6	6
政论文章（主要选自党报党刊）	8	7	9	8	8	11	51	54
样板戏文	1	1	1	1	1		5	5
古文	1	1		1			3	3
马列文		1					1	1
鲁迅文		1					1	1
爱国教育文		1					1	1
共计课文篇数	14	16	16	16	16	16	94	

以论说文为主，体裁单一的课文结构，显然并不适合培养中小学生的读、写、记、叙的语文能力。毛泽东的诗词、文章与政论性文章的比例过多，特别是政论性文章取自党报党刊，适用对象是有较高知识、政治水平的成人，过多地进入中学语文课本显然也不能适合学生的发展水平。

二是增加了语法知识、习作知识。《语文》课本之所以没有被《政治》（或《毛泽东思想课》）课本取代，在于它还有其他的功用——培养语文能力，这是一种能为政治服务的工具性能力。因此，试用阶段的《语文》课本被定性为一门政治思想性很强的社会主义文化课本❶。《山东中学语文课本教学纲要》对课本中思想政治教育和语文能力培养作过一番论述：

在课本编写中需要处理好思想政治教育和语文能力培养的关系。思想政治教育和语文能力的培养两者是对立的统一，是统帅和被统帅的关系。思想政治教育决定语文能力培养的政治方向，也是提高语文能力的保证，是第一位的；语文能力是完成政治任务的一种手段，是第二位。

❶ 山东中小学教材编写组. 山东中学语文课本教学纲要［Z］. 济南：山东中小学教材编写组，1970：1.

既要防止以政治代替文化知识，成为"空头政治家"，又要坚决反对以文化知识冲击政治，成为"迷失方向的实际家"。❶

语文能力被定位为第二位的，即能写立场鲜明、观点正确、战斗性较强的论说文和一般的通讯报道；继续学习一点语法、修辞和写作知识，并学一点逻辑知识，是中学《语文》课本的一个次重要任务。因此，各地所编的《语文》试用课本在单元后附上"语文知识"就成为它与"暂用课本"相区别的一个重要特征。广西高中《语文》课本第一册（1970）的"说明"中更清楚地说明课本"以政治思想内容为单元"和"增加语文基础知识"的两个编写特征：

语文课，以毛主席的文艺思想为指导思想，它担负着为埋葬帝、修、反，解放全人类，培养和造就无产阶级革命事业接班人的光荣使命。语文教材，以政治思想内容为单元，在文章体裁方面，诗歌、记叙文、议论文等都作了一定安排，在原有基础上，增编了一些语文基础知识，如：应用文、写作基础知识、语法、修辞和逻辑知识。❷

云南红河哈尼族彝族自治州的初中《语文》（1969）课本增加的"语文知识"（见表1-13）教育侧重于能"用"的文法和文体，与"政治教育"一起作为《语文》课本的双重任务。

表1-13　云南省红河州初中试用课本《语文》四册语文知识汇总

课　本	语文知识
第一册	标点符号的用法；几种常用的词类
第二册	修辞：比喻、排比、拟人、成语的使用；应用文 专用书信：介绍信、证明信、申请信、贺信、决心书
第三册	怎样写记叙文；应用文 计划与总结
第四册	破在要害处立在根本上；应用文 请示报告

如前所述，思想政治教育和语文能力的培养两者是对立的统一，是统帅和被统帅的关系。这种被统帅关系表明语文知识也是有阶级属性

---

❶　山东中小学教材编写组. 山东中学语文课本教学纲要［Z］. 济南：山东中小学教材编写组，1970：1.

❷　广西壮族自治区革命委员会中、小学教材编写组. 广西壮族自治区中学试用课本·语文·高中第一册［M］. 南宁：广西人民出版社，1970：封三.

的，无产阶级的语文课本并不是不要语文知识，它反对的是脱离无产阶级政治的语文知识教育，选编的是为无产阶级政治服务的语文知识。因此，新编的《语文》对语文知识也是有选择的。黑龙江省中、小学教材编写组二连中学语文班就对选编语文知识提出"删繁就简"和"理论联系实际""用毛泽东思想统帅语文知识"的原则。❶ 保留最多的是能为三大革命运动实践服务的语文知识，如写应用文等。

与暂用课本相比，中学《语文》试用课本虽然政治教育的色彩依旧浓烈，但至少在语文教育方面前进了一步，把语文知识教育作为语文课本的一个重要任务。课本编写也试图在政治教育与语文教育两个方面寻求一个平衡，最后形成统帅与被统帅关系，并对后续的《语文》课本编写起到了示范作用。

与《语文》课本一样，为阶级斗争服务的试用课本《英语》《俄语》在复课闹革命后期开始普及起来。

从 1969 下半年开始，各地陆续编写外语课本。一直到 1971 年，外语课本的编写特点并没有多大变化，"宣传毛泽东思想，使全世界的无产阶级联合起来"是首要的革命任务，因此"为革命学好英语"成为外语学习最普遍的话语形式，甚至把英文字母歌都改成了"为革命学好英语"。如江苏镇江专区教材编写组"在毛泽东思想光辉的照耀下，在专区革命委员会领导下，编写了这册课本"，提出"为中国革命和世界革命学习外语"❷。可以断定，这些外语课本是一种以宣传毛泽东思想为己任的课本，所选课文紧紧围绕颂扬毛主席和毛泽东思想、马克思主义、社会主义祖国等展开。如云南省中学试用课本《英语》（1970）第一册包括：

> 毛主席万岁！马克思；恩格斯；列宁；斯大林；马克思主义；列宁主义；毛泽东思想；毛泽东思想万岁！毛主席的庄严声明；英雄的话；雷锋日记一则；红太阳是毛主席；最好的武器是毛泽东思想……

---

❶　黑龙江省中、小学教材编写组二连中学语文班. 在语文教材编写中正确处理政治与文化知识的关系 [J]. 教育革命资料·教材改革专辑，1969（13）：9－12.

❷　镇江专区教材编写组. 镇江专区中学试用课本·英语·第一册 [M]. 镇江：镇江专区教材编写组，1970：1.

辽宁中学试用课本《俄语》第一册包括：

1. 毛主席万岁！2. 这就是北京；3. 北京是我们的首都；4. 红太阳就是毛主席；5. 毛主席是我们伟大的领袖；6. 我们热爱北京；7. 他们是毛主席的好战士；8. 最好的武器是毛泽东思想；9. 毛主席是我们的伟大导师；10. 我们的好老师；11. 我们的党是伟大的党；12. 最高指示；13. 人民公社；14. 毛主席的红卫兵；15. 军事用语；16. 好好学习，天天向上；17. 最高指示；18. 革命家庭；19. 向尉凤英同志学习；20. 东方红；21. 革命口号；附录：1. 革命歌曲（一首）；2. 课堂用语；3. 总词表。

所有外语课本的第一课不是从字母开始，基本都从"毛主席万岁！"开始，"毛主席"这三个字更是以句中主词遍及课本中的章头节尾、字里行间。江苏省中学《俄语》课本（1971）一、二册，课文共二十篇，除了"伟大的中国共产党万岁！"和"中华人民共和国万岁！"两篇没有"毛主席"外，每篇课文都是与毛泽东相关的（见表1-14），要么是歌颂，要么是语录、著作，要么是毛泽东思想。

表1-14　江苏省中学课本《俄语》第一、二册（1971）主要课文

课 本	课 文
第一册	毛主席万岁！敬祝毛主席万寿无疆！战无不胜的毛泽东思想万岁！伟大的中国共产党万岁！中华人民共和国万岁！毛主席语录；好好学习 天天向上！我们永远忠于毛主席；我们爱学毛主席著作；决心书
第二册	毛主席语录；向雷锋同志学习；林副主席指示；毛主席语录；最珍贵的礼物；毛主席语录；毛主席说：无论如何也不要忘记阶级斗争；毛主席语录；毛主席语录；日记

外语试用课本的"政治第一"，还表现在用无产阶级的政治语言宣传、学习毛泽东思想，文中充斥的是军事用语、政治用语、工农兵用语等政治语言，旧课本的生活语言在课文中是看不到的。

为阶级斗争服务的课本中还包括《地理》课本。全国在学习吉林省梨树县革委会《农村中、小学教育大纲》（草案），并根据《人民日报》编者按的要求，就农村中、小学课程设置问题，进行过讨论，有人认为中学还是要为阶级斗争的需要单独设政治地理课。❶

---

❶ 李祥霆. 对课程设置的几点意见［N］. 人民日报，1969-05-06（3）.

　　《地理》课本在1970年后，由个别地区如山东、广东等省市最早恢复编写和出版，其性质定位为"政治地理"（所以本书将之归为阶级斗争类课本），是为满足三大革命需要而编写的课本。以地图知识为例，山东省中小学教材编写组认为"地图是我们学习毛主席著作、了解国内外革命形势的有力工具"，"为了参加三大革命运动，把中国革命与世界革命进行到底，我们应当掌握使用地图的基本技能"。❶

　　《地理》课本的主要内容一般分成三块：地理的基本知识，中国地理和世界地理（见表1－15）。课本的中国地理与世界地理是从社会主义和资本主义两大阵营阶级斗争的政治视角编选和解释的。中国地理，介绍伟大的祖国、首都北京、宝岛台湾和本省；世界地理，按世界政治版图介绍，包括社会主义的国家，亚、非、拉的民族解放斗争的国家，资本主义国家和苏修。对国家的解释和修辞带有政治倾向，如对我国地理充满自豪之情，用词多如伟大的、欣欣向荣的、飞跃发展的，等等，对社会主义国家也不吝赞美之词，如明灯、蓬勃发展的，而对资本主义国家皆是否定性的语言，如风雨飘摇中的、军国主义复活的、最腐朽的，等等。

表1－15　山东中学《地理》（1970）、广州中学《地理常识》（1970）主要内容

部　分	山东中学《地理》课本（1970）	广州中学《地理常识》课本（1970）
地球知识	地球；地图	第一章　星球及其运动；第二章　地图知识
中国地理	祖国优越的位置和辽阔的疆域；伟大的人民；壮丽的山河；伟大祖国的首都——北京；欣欣向荣的社会主义农业；飞跃发展的社会主义工业；四通八达的交通运输；祖国首都的门户——山东省	第一章　伟大的社会主义祖国；第二章伟大祖国的首都——北京；第三章　蒸蒸日上的社会主义建设；第四章　我们一定要解放台湾；第五章　祖国的南大门——广东
世界地理	世界地理概述；欧洲的社会主义明灯——阿尔巴尼亚；民族解放斗争蓬勃发展的亚、非、拉；风雨飘摇中的美帝和苏修；军国主义复活的日本和西德	第一章　社会主义、共产主义一定要在全世界胜利——世界政治地图概述；第二章欧洲的一盏伟大的社会主义的明灯——阿尔巴尼亚；第三章　坚持抗美救国战争的越南；第四章　世界上最腐朽的资本主义国家美国和全面复辟资本主义的苏联；第五章　亚、非、拉人民要解放

　　❶　山东省中小学教材编写组. 山东省中学试用课本·地理［M］. 济南：山东人民出版社，1970：10.

中学与小学的《革命文艺》性质上是一致的，都是复课闹革命后诞生的一本专门学习毛泽东文艺思想、学习在毛泽东思想指导下的艺术知识的课本，主要内容包括毛泽东文艺思想、革命歌曲、革命现代京剧选曲、乐器知识、绘画的知识技巧。每篇课文编排都有明确的政治目的性，音乐课文《红色娘子军连歌》，目的是使学生领会毛主席关于"革命的文艺，应当根据实际生活创造出各种各样的人物来，帮助群众推动历史的前进"的教导，并要求学生学习娘子军连战士的革命英雄主义精神，为无产阶级革命事业贡献出自己的力量；❶ 美术字"是宣传毛泽东思想，为无产阶级政治服务的重要工具，如写在编头上的毛主席语录，大幅标语，出大批判专栏，办黑板报等都要用到它。因此，我们必须学好美术字，用它来更好地为各个阶级的政治斗争和中心工作服务"。❷

（2）生产斗争类课本

文革初各地最先编出的工农业生产类暂用性课本，片面地在数量上强调政治内容，而忽视了知识，《人民日报》刊登的辽宁省中、小学教材编写组座谈纪要"编写新教材中的几个问题"中谈到："《数学》《工农业基础知识》教材，在每章、每节之前，都编选毛主席语录及其他的政治内容。有的语录用的不很妥当，有的政治内容与课文内容衔接不好。工农兵看了这样的教材，一针见血地指出：'政治要统帅文化知识，而不能代替文化知识。'"❸ 所以，后来改编的工农业生产类课本纠正了前一阶段的偏向，力求在突出无产阶级政治的前提下，使学生学到必要的科学知识（实际是与生产实践相关的知识）。

《编写新教材中的几个问题》中，还提出"怎样把理论与斗争实践联系起来呢？"

在编写"工业基础知识"教材时，我们曾片面地强调了讲工业生产中的实际知识，要求学生学了就能用。因此，把从机械设备到构造原

---

❶ 上海市中小学教材编写组. 革命文艺教学情况交流［M］. 上海：上海市中小学教材编写组，1970：30.

❷ 江苏镇江专区教材汇编组. 镇江专区中学课本《革命文艺》（六、七年级）［M］. 镇江：江苏镇江专区教材汇编组，1969：34.

❸ 辽宁省中、小学教材编写组. 编写新教材中的几个问题——辽宁省中、小学教材编写组座谈纪要［N］. 人民日报，1969–07–21（4）.

理，从生产工艺过程到重要产品的性能和用途，以及技术革新的新成就等等，都编进书里。这部教材充分反映了工业生产中的实际知识，但内容过多过杂，专业性太强，结果是学校的老师讲不了，学生也听不懂。这一情况使我们认识到，理论联系实际，并不是把工业生产中很多具体的知识（如设备、构造原理、生产工艺过程、操作方法等）不经选择地编到教材里；而是应该从工业生产中选择一些典型的实例，从中讲授有关的基础理论知识。理论要联系实际，但实际知识不能代替理论知识。问题在于把两者紧密结合起来。❶

暂用课本的过度致用倾向，使得一些生产工艺过杂、专业性过强的知识难以为教师和学生所接受。大多数暂用性质的《工农业基础知识》的工业部分，只讲工业生产中的典型产品与设备，并没有基础知识内容。正如青岛教材编写组对暂用课本的反思中所说："只是孤零零地编写了塔吊、水泵、车床、三十五马力柴油机四章，由于没有简单机械像杠杆、滑轮、斜面等知识作为基础，所以对这些复杂机械就只能就事论事，构造原理讲得笼统难懂，学生学习起来是囫囵吞枣，知其然而不知其所以然。"❷ 有人批评说："这样的教材只有个性没有共性，基础知识是星星点点，支离破碎，不是什么工业基础知识教材，而是一些没有基础的工业生产知识。学生还没有掌握简单的机械理论，怎么能够理解那么复杂的机械原理呢？"❸因此，对"理论联系实际"的理解又进行一次新的校正——"理论联系实际，实际知识不能代替理论知识"。"原来物理、化学课程中的一些基本理论知识（如物理中的力、声、光、电、热；化学中的化合和分解等），不能不学，学了可以帮助学生将来到生产劳动中去加深理解和运用。"❹ 于是，在新编的工业基础知识课本中，增加一些基础知识成了大势所趋。

---

❶ 辽宁省中、小学教材编写组. 编写新教材中的几个问题——辽宁省中、小学教材编写组座谈会纪要［N］. 人民日报，1969－7－21（4）.

❷ "由近及远"、"由浅入深"——编写无产阶级教材中的一个重要问题［N］. 人民日报，1969－7－21（4）.

❸ "由近及远"、"由浅入深"——编写无产阶级教材中的一个重要问题［N］. 人民日报，1969－7－21（4）.

❹ 辽宁省中、小学教材编写组. 编写新教材中的几个问题——辽宁省中、小学教材编写组座谈会纪要［N］. 人民日报，1969－7－21（4）.

增加的基础知识主要是根据工业的学科类别，从学科基础知识中遴选出工业生产的基础知识。机械部分主要讲解机械运动的基本形式和定律、机械传动等理论知识，电工部分主要讲解电的基本知识，化工部分主要是与化工有关的基础知识。这些工业生产的基础知识一般安排在课本的第一章节，作为基本部分，或者在编排电工、机械，化工等章节时把各部分的基础知识分别安排在前。如广西中学课本《工业基础知识》（1970），在讲机床和农村机械之前先介绍"简单机械"（杠杆，滑轮，功 功的原理，斜面 螺旋千斤顶，功率，摩擦力 机械效率）；在讲照明电路、发电与输电、电动机、农村有线广播之前，先讲"电的基本知识"。

山东中学《工业基础知识》（1970），讲"照明电路"一章时，先从电路、电压、电阻、电流定律、电路的串联并联、电功电功率、电热现象等基本知识讲起；讲"发电和输电"先从磁场、电磁感应、交流电的产生讲起。讲"化工"部分，先从"物质和物质的变化""空气""物质结构基础知识""水和溶液"等基础化学知识讲起。

湖南初中课本《工业基础知识》（初中化工部分）（1970）在前言——"高举毛泽东思想伟大红旗，发展我国化学工业"中对学习哪些化工基础知识有明确的解释："我们学习化工基础知识就是研究物质的组成、结构、性质和变化，研究这些知识在生产、生活上的应用。掌握它的变化规律，使它为无产阶级政治服务，为三大革命服务。"[1] 看来课本是根据是否能在生产、生活上应用的标准，来选择化工基础知识的，换句话说，是从理解工农业典型产品、设备的角度编选的。

这些有选择增加的基础知识，都是根据后面要学的三大革命实践中常见、常用的机械、化工用品产品、电工设备、作物等选择的，然后再运用这些知识去进一步认识某种机械、化工产品、电工设备等的构造、原理、使用方法，尽量能帮助学生对几种最常用的生产机械、化工产品等有个比较全面的了解，为将来参加三大革命实践打下基础。因此，依据"三机一泵"（电动机、柴油机、拖拉机、水泵）等讲机械、电工基

---

[1] 湖南中学试用课本·工业基础知识·初中化工部分 [M]. 长沙：湖南人民出版社，1970：5.

础知识，根据土壤改良、农药化肥使用等讲化工基础知识，大量削减了原物理、化学课本中大量讲述但在工业生产中暂时用不到或用得较少的基础知识内容。本书称这些为理解生产知识而增加的基础知识，为生产基础知识。

针对《农业基础知识》暂用课本只讲生产知识、"三大作物（稻、麦、棉）一口猪"和被冠以毛主席招牌的农业八字宪法，改编后的试用课本内容有了扩展，增加了作物种类的介绍、农业气象的内容等，但最明显的变化还是增加了一些植物的基础知识，如山东的《农业基础知识》（1970）要求"通过学习，六七年级学生初步掌握植物基础知识……"，广西中学课本《农业基础知识》（1970）提出："以毛主席关于农业的论述为指导思想，以阶级斗争和两条路线斗争为纲，传授必要的农业生产基础知识，并结合介绍一些我区先进的农业生产技术。"❶山西《农业基础知识》暂用课本（1968）与试用课本（1971）两个版本最显眼的差异也在"植物的生活"部分，即试用课本增加了一些植物基础知识：植物体的构造；种子的构造及萌发；根、茎、叶；花、果实和种子；植物的生长和发育。

湖南省中学《农业基础知识》（1970）第一册的第一章至第四章基本上都是植物的基础知识，第二册的第六章是动物的基础知识，包括：组织和哺乳动物——猪的解剖和生理。选择这些动植物的基础知识，当然是为了更好地理解后面农作物和畜牧养殖的内容。

安徽中学课本《农业基础知识》（1971）第一册编排的"第二章植物的基础知识"（植物体的构成，种子，根，茎，叶，花和果实）是暂用性课本中所见不到的。选用这些知识，也是因为"高等植物与农业的关系密切，是我们学习和研究的主要内容"❷。

北京中学课本《农业基础知识》上册（1970）的"第二编 作物的生活"作为生物基础知识部分，包括：作物的构造；根、茎、叶；花、果实、种子。

────────────

❶ 广西壮族自治区革命委员会中小学教材编写组. 广西中学课本·农业基础知识·高中下册［M］. 南宁：广西人民出版社，1970：封三.

❷ 安徽省中小学教材编写组. 安徽初中课本·农业基础知识·第一册［M］. 合肥：安徽人民出版社，1971：7.

山东中学课本《农业基础知识》(1970)的"第二编 植物基础知识",这是暂用课本中所没有的。

以上《农业基础知识》和《工业基础知识》试用课本竞相增加生产基础知识,并不是要回到传统的课本知识体系,而是为了服务于生产实践的需要。如同课本名所昭示的那样,两种课本都是以"致用"于生产为目的的,其特点仍然是重生产而轻学科基础。这种生产"致用"式的知识体系(或称生产知识体系),对学科基础知识的削弱还是很严重的,所选的基础知识体系也是偏狭和浅显的,或许能帮助学生认识几种典型产品和农作物,却无法提供给学生一个较全面的自然科学基础知识系统。这种生产"致用"式知识体系的形成,毋庸置疑,也是源自"为三大革命实践服务""与生产劳动相结合"的话语秩序。

中学试用课本《数学》的编写原则与《工业基础知识》《农业基础知识》一样,除了要用毛泽东思想统帅课本外,另一个重要的编写原则是能否"学以致用",为三大革命实践服务,例如在编选河南省高中《数学》课本(1969)时,"编者力求做到'毛泽东思想统帅'和'为三大革命运动服务'"❶。

《数学》课本强调为三大革命运动服务,特别是为生产实践服务,所以也可将《数学》课本列入生产斗争类课本。与上述两种课本一样,《数学》也具有明显的生产"致用"性特征,以山东中学试用课本《数学》(1970)为例:

首先,每个单元一般都有明确的"用"的目的,且每一单元都要有"用"的内容。讲勾股定理时,开头就表明勾股定理的作用,学习勾股定理的目的是为了"勾股定理的应用",后续又有勾股定理"用"的例子:

在工农业生产中经常遇到直角三角形,如房屋的梁架中就有直角三角形(图4-1)。木工在制造梁架时,如果确定了立柱和横梁的尺寸,需要计算八字木的尺寸。由图4-1可以看出,梁架构成了两个直角三角形,要解决这个问题,就需要研究直角三角形中三边之间的关系。

---

❶ 河南省中小学教材编选会议中学组. 河南省高中课本·数学·一年级用(试用本)[M]. 郑州:河南省中小学教材编选会议中学组,1969:封三.

在三大革命运动的实践中经常用到勾股定理，例如，木工师傅要加工一根截面是矩形的梁，长为16cm，宽为12cm，遵照毛主席"要节约闹革命"的教导，计算一下选用多大梢径（即木材小头直径）的木材最省？❶

其次，增加"应用型"的学习单元，包括：农业会计常识，识图，水准测量等。

第三，重视练习。"课后练习"是联系三大革命运动的学用练习。

黑龙江中小学教材编写组在总结编写数学教材理论联系实际的几点体会中提出，"要根据三大革命运动的需要选择数学课本内容"：

> 数学是劳动人民在三大革命实践运动中总结出来的一门科学，我们就要通过数学教学使数学知识更好地为三大革命运动服务。这样，就要从三大革命运动的实际需要出发，选择有关的内容编入教材，使学生能够得到比较系统的最基本的数学知识，同时对某些数学知识在生产中的应用有个一般的了解，为参加三大革命运动打好基础。❷

黑龙江中学《数学》课本在以下方面作了处理，新课本"删去了旧教材中那些脱离实际、用途不大以及对进一步学习和参加生产劳动关系不大的内容，删去了那些不重要的重复内容，简化了那些过于繁琐和不易为学生所理解的内容"。例如，删去绝对值、不等式、多次方程、排列组合、反三角函数以及脱离实际的几何空间作图题和用途不大的尺规作图题、过于繁难的证明题等。

以是否能服务三大革命实践（即能否"用"）作为标准来决定什么内容可选入《数学》课本，其中最具典型性的内容恐怕要算全国各地《数学》都选入的"农村会计"，一些地区如云南玉溪专区甚至专门编写了一本《数学·农村会计》课本（1970），以响应毛主席的号召："知识青年到农村去，接受贫下中农的再教育"，服务于农村的三大革命实践的需要，培养贫下中农的红管家。

---

❶ 山东省中小学教材编选组. 山东省中学试用课本·数学·第二册 [M]. 济南：山东省中小学教材编选组，1970：1–2.

❷ 黑龙江中小学教材编写组第三连. 编写数学教材理论联系实际的几点体会 [J]. 教育革命资料，1969（13）：13–16.

不同于暂用课本完全摒弃传统数学体系、以生产体系编排课本的做法,《数学》试用课本以数学学科体系为基础联系生产实际,如吉林省中学课本《数学》(1971)第一、二册内容(见表1–16),除了第一册第一章、第二册第七章是明显的实践知识外,其他内容单从章头上判断仍可认为是系统的数学学科知识,但如再看其具体内容,就会发现这些数学知识的"致用"目的和特征,基本上每个章节都有服务于三大革命实践的具体内容,如:一元一次方程在三大革命实践中的应用;二元一次方程在三大革命实践中的应用;分式方程在三大革命实践中的应用;一元二次方程在三大革命实践中的应用;平行线的画法和判定;三角形的画法和全等;解直角三角形的应用;测量倾斜角和高度;估堆、估图等等。

表1–16 吉林省中学课本《数学》第一、二册(1971)主要内容

课 本	章
第一册	简单图形的画法和土地丈量;正负数的运算;一元一次方程;二元一次方程组;一次函数;分式方程
第二册	勾股定理和一元二次方程;三角形和四边形;相似形;圆;解直角三角形;柱、锥、台、球;农村会计常识

具体到数学知识的组织和叙述,各地《数学》课本通常采用"在三大革命实践中,我们经常会遇到……"的语式,引述知识在三大革命实践中的作用,如安徽省初中课本《数学》第三册(1971)"第七章画圆弧线":

在生产实践和日常生活中,我们还会遇到许多圆形物体,例如车轮、皮带轮、齿轮、碾盘、水桶底等。加工制造这类圆形制品,要画圆弧线。

画线时,经常要遇到找圆心、等分圆周和连接的问题。这些问题的解决,是以圆的一些重要性质为根据的。因此本章介绍有关圆的一些性质和划圆弧线的方法。❶

---

❶ 安徽省中小学教材编写组. 安徽省初级中学试用课本·数学·第三册[M]. 合肥:安徽人民出版社,1971:1.

江西省中学课本《数学》第一册（1969）"相似形的意义"中提到"在工农业生产和日常生活中，我们经常能看到一些形状相同的图形，如：……"。

再如辽宁省中学《数学》第二册，选用的"十字线、平行线、三角形和圆等知识"：

是劳动人民在长期的阶级斗争、生产斗争、科学实验中逐渐地积累起来的，并在实践中得到了广泛的应用，无论是船体样板的制造，机械零件的加工，房屋桥梁的建筑，农田水利的修建……都要经常用到上述知识。

这些语式的频繁使用，也从一方面说明课本内容编写都取自三大革命实践。

在为生产服务的课本体系中还有一种较特殊的课本，它是以与疾病作斗争为主要内容、间接为生产服务的《卫生》《群防群治知识》课本。

文革初期，《动物学》《植物学》课本取消后，生物中的动物知识和植物知识只在各地编写的《农业基础知识》课本中或多或少地讲述了一些，而原属《生物》范围的《卫生》（或称《生理卫生》）课本在多数地区保留了，主要原因是我国长期受各种传染性疾病的困扰，防病灭病一直是"毛主席的无产阶级卫生路线和卫生工作方针"，因此，《卫生》从原来的讲授生理解剖（人体生理结构）、普通的卫生知识转向以防病灭病、群防群治为主。中小学的卫生教育从原来的学生发展需要，转为服务于三大革命的政治需要。

在文革时期中小学教育秩序稍微恢复正常后，各地都纷纷开设卫生课，并编写各地自用的《卫生》课本，主要学习防病治病的知识，设置的部分人体解剖知识只是为了理解防病治病知识，删减了文革前《生理卫生》的很多人体解剖知识内容。为编写以防病治病为主旨的卫生课本，河南省甚至编有《群防群治知识》课本（1970）。这本课本强调"通过课本的学习，教育学生用战无不胜的毛泽东思想武装头脑，坚决贯彻执行毛主席的无产阶级卫生路线，立足于战备，立足于农村，学会预防常见病和治疗小伤小病，开展群防群治，为三大革命运动服务"❶。课本内容中"人体基础构造和功能"和"疾病的防治"两部分内容的重要性,完全颠倒过来了,原来是作为《生理卫生》主体内容的"人体基础知识和功能"在《群防群治知识》中只作为一章基础内容,仅为学习后面的防病治病知识服务;而原来的辅助内容"防病治病"在这本课本中成为主体内容,包括了四章:第四章发扬祖国医学遗产;第五章传染病的防治;第六章常见病与地方病的防治;第七章用毛泽东思想战胜疾病。

河北省中小学教材编写组于1970年编写了河北省中学《卫生》课本,目的在于使学生领会毛主席的无产阶级卫生路线和卫生工作方针,了解卫生战线上的阶级斗争和路线斗争情况,掌握一般卫生知识,学会战地救护本领,更好地为战备服务,为三大革命运动服务。❷ 内容按目的分成四块:学习毛主席的无产阶级卫生路线和工作方针;掌握一般卫生知识(防病治病知识);学会战地救护知识;继承祖国医学遗产。这本《卫生》课本的人体知识更少,仅一节,大部分都是防病治病、救护的知识。

山西省、吉林省、四川省、南通市、无锡市等省市编写了中学《卫生》课本(无锡市是把军体与卫生合编成一本《军体卫生》),其基本内容和特点与上述省份基本相同,都是根据"毛主席的无产阶级卫生路线和卫生工作方针",根据三大革命运动和战备需要选编,以防病治病、救护为主要内容,一般包括以下五个部分:一是毛泽东关于我国医疗卫生事业的路线;二是预防为主的伟大方针和以除四害为中心的爱国卫生运动;三是人体生理卫生知识,如何防治常见病;四是战地救护和急救知识;五是祖国医学宝贵遗产。

至1971年底,以上各地所编的名目复杂、种类多样的中小学课本,基本组成了一个特色鲜明、功能各异、学科完整的中小学"红色"课本体系,实现了"破中立"革命课本的红色蓝图。换言之,复课闹革命后在全国各地基本上建立了一套为三大革命运动服务的革命课本(或

---

❶ 河南省革委会文教卫生局中小学教材编辑室. 河南中学试用课本·群防群治知识[M]. 郑州:河南人民出版社,1970:封三.

❷ 河北省中小学教材编写组. 河北省中学试用课本·卫生[M]. 石家庄:河北人民出版社,1970:21.

称斗争课本），即为阶级斗争服务的阶级斗争课本（以文科课本为主）和为生产斗争服务的生产斗争课本（以理科课本为主）。

我们在分析复课闹革命中中小学课本的演变过程中发现，虽然课本随政治形势变化不断被重编和改编，加强了生产基础知识的学习，但万变不离其宗的是"为三大革命运动"服务。这一"红色"特质使得这些基础知识的增加是有限度的和狭隘的。申言之，"在课本中，突出无产阶级政治，以毛泽东思想挂帅，搞好人的思想革命化，反对突出业务知识，反对读书至上和'智育第一'"的革命话语下，基础文化科学知识势必要成为一个"弱势知识"，任何强化智育和传统学科知识体系的学习都是不可接受的。因此，文化科学知识的弱化、生产化和"政治卫生化"就不可避免了。

第二章 "整顿"与"反回潮"中"红色"课本的反复

　　1971年4月15日至7月31日国务院召开的全国教育工作会议，主题是"学习了马、列关于教育革命的论述，和《毛主席论教育革命》，批判了刘少奇一伙长期推行的反革命修正主义教育路线，总结了教育领域的两条路线斗争的历史经验，着重讨论了大学教育革命中的问题，……也初步讨论了中小学教育革命的若干问题"❶。会议的基调是"两个估计"：解放后17年"毛主席的无产阶级教育路线基本上没有得到贯彻执行"，"资产阶级专了无产阶级的政"；大多数教师和解放后培养的大批学生的"世界观基本上是资产阶级的"。会议既宣告了17年教育中"黑线专政"的终结，又对"文化大革命"五年来的"教育革命"经验进行总结和概括，标志着"教育革命"的建设任务基本完成。但在现实中，新编写的红色课本在使用过程中并没有得到好评，仍然存在一些未能解决的问题，特别是不重视基础知识的弊病，让学生在实践（上山下乡）中更难理解和解决问题的现象越来越被社会大众、知识青年所诟病。被政治话语压抑的学术话语始终蠢蠢欲动，如果没有突然发生的重大政治事件，学术话语也许会永远"噤声"下去，课本的问题也会长期存在下去。然而，借助一次政治事件的契机，学术话语与政治话语之间又开始了一场角力，随着政治运动惊涛骇浪的此起彼伏，使得课本编写也随波逐流，并在课本中上演了一场"讲政治"和"讲质量"的话语争夺和"回潮"与"反回潮"的政治斗争。

第一节　课本整顿（1972—1973），增理论联实际

　　1971年"九·一三事件"发生后，全国全面展开批林整风运动，原来所谓"黑色专政"的经济、文化、教育路线有点峰回路转，又现新机，按后来批判的说法是"回潮"。

一、质量话语与两大关系

　　"九·一三"事件后，在毛泽东的支持下，周恩来主持党中央的日

---

❶　全国教育工作会议纪要［M］//袁振国. 中国当代教育思潮（1949—1989）. 上海：生活·读书·新知 三联书店上海分店，1991：227.

常工作。1972 年间，周恩来充分地利用了毛泽东认识上的积极变化，抓住时机，适时地把批林整风引向批判极左思潮、纠正"左"的错误方向。全国批林整风、纠"左"的核心之一实际上是强调业务"质量"，纠正只讲政治不讲质量的极"左"路线。"质量"话语于 1972 年骤然提高了声调，并遍布于报刊的刊头与字里行间，"质量"意识的提升也相应要求恢复了一些关于知识分子的政策。

1. 教育整顿中的质量话语

虽然周总理对教育的整顿并没有明确的指示和要求，但各级各类学校在批林整风过程中，率先开始了教育整顿，而且整顿的第一炮就对准了文化课教学、基础理论教育等教育质量方面的问题。❶《人民日报》《光明日报》等重要党报对教育质量问题的探讨陡然增多，一致批评政治代替业务的问题，呼吁加强教育、教学质量，学好文化课。从 1972 年 3 月 1 日起，《人民日报》开始刊登提高教育质量的文章：《狠抓路线教育 不断提高教学质量——营口市建设小学上好社会主义文化课的经验》（3.1），《努力提高文化课的质量》（3.1），《狠抓路线教育 提高教学质量》（4.24），《提高教学质量的重要一环》（8.20），《分清路线是非 狠抓教学质量》（10.29），《鼓励教师大胆抓教学质量——广西博白县水鸣公社贫下中农来信》（11.2），《调动一切积极因素 努力提高教学质量》（11.2），《镇平县县城高中党支部结合实际对师生进行路线教育 改进教学工作 提高教学质量》（11.15），等等。这些文章反映了现实中存在的问题，如"工人和贫下中农普遍反映：'近几年毕业的学生，政治觉悟高，劳动好，就是科学文化知识少一些。'许多毕业生也反映：文化基础知识缺少，适应不了三大革命运动的需要"❷。1972 年 3 月 21 日，《光明日报》头条发表了《加强领导，认真上好社会主义文化课》一文。文章说：由于林彪路线的影响，"不少单位出现了政治与业务分离的、形'左'实右的倾向。有些教师不敢抓智育，不敢对学生提出严格要求，学生的基础知识较差"。

---

❶ 程晋宽. "教育革命"的历史考察：1966－1976［M］. 福州：福建教育出版社，2001：418.

❷ 晨光. 分清路线是非 狠抓教学质量［N］. 人民日报，1972－10－29（2）.

　　问题出在哪里呢？晨光认为"在批判了'智育第一'的修正主义教育路线之后，有的教师受了'政治可以冲击其他'的影响，在课堂上不敢讲文化知识，害怕抓教学质量会滑到'智育第一'的老路上去。有的学生由于受'读书无用'论的影响，错误地认为'学不学文化知识无关紧要'。学校领导方面虽然早已发现这种情况，但不敢向师生提出提高教育质量的要求，一度放松了对教学的领导，因而严重地影响了教学质量"❶。甘肃省中小学教育革命参观学习小组在参观广东、江西、浙江、上海、江苏、山东、辽宁、北京、天津等省市后，总结经验得出：

　　各地认为，教学质量不高的主要原因是极'左'思潮的影响和干扰……在处理政治与业务关系上，不少同志路线是非不清，有的把教改和政治运动对立起来；有的认为先搞运动，后搞教改；有的认为抓政治出了问题是认识问题，抓教学出了问题是立场问题、路线问题。在对待干部和教师上，也是宁"左"勿右，党的干部政策和知识分子政策也很不落实，教师的积极性调动不起来。老教师不敢抓教学，新教师不去钻研业务，直接影响了教学质量的提高。教材编写上，对知识的系统性，由浅入深，循序渐进的原则考虑不周，基础理论知识和基本技能的教育有所忽视…… ❷

　　自1972年以来，教育界在全面反省和整顿教育中极"左"问题的同时，各地都针对教学质量不高的问题，大抓全面落实"五·七"指示，上好社会主义文化课，提高教学质量的问题。如天津市的口号是："以路线教育为纲，以提高教学质量为重点，全面落实党的教育方针。"山东乳山县提出："普及教育，提高质量，打好基础。"❸

　　1972年7月2日，周恩来会见美籍中国学者杨振宁时，表示赞赏他关于加强中国的基础理论研究的建议，要求在座的北京大学革命委员会副主任周培源"提倡一下理论"，这个政治性事件，为中小学教育提高

❶ 晨光. 分清路线是非　狠抓教学质量［N］. 人民日报，1972 – 10 – 29（2）.
❷ 甘肃省中小学教育革命参观学习小组. 甘肃省中小学教育革命参观学习小组赴兄弟省、市参观学习汇报材料［J］. 教育革命（甘肃师大训练部），1973（1）：29 – 38.
❸ 甘肃省中小学教育革命参观学习小组. 甘肃省中小学教育革命参观学习小组赴兄弟省、市参观学习汇报材料［J］. 教育革命（甘肃师大训练部），1973（1）：29 – 38.

质量、加强基本理论学习提供了政治保障。

以上文章和事件对要提高教育质量基本形成了政治和专业上的共识，就是抓好社会主义文化课，才是真正的无产阶级的教育。如何上好文化课，提高教育质量，面临的首要问题是学生应当以到三大革命运动中学习为主，还是应当以在课堂上学习书本知识为主？河北省怀来县沙城中学的文章《分清路线是非，狠抓教学质量》作了进一步的探讨，并得出结论：

> 片面地强调理论而忽视实践，或者片面地强调实践而忽视理论，都是错误的。教学结合三大革命运动"走出去、请进来"是必要的，但是，中学是打基础的阶段，应当以课堂教学、学习书本知识为主，保证学生掌握好基础知识，练好基本功。❶

主张加强基础知识、书本知识的学习又面临着政治怎么办的问题。实践还要提倡吗？1972年10月15日《人民日报》发表张家口市第二十二中学党支部《加强基础知识和基本理论教学》的文章，对这个问题进行了探讨：我们在实践中体会到，要提高教学质量，必须在毛主席革命路线指导下，处理好政治与业务、理论与实践的关系，加强基础知识和基本理论的教学。❷文章探讨了两个问题：

一是如何正确处理政治教育与知识教育的关系，加强基础知识教学？文章认为，先要解决认识问题，关键是要划清两条路线的界限：首先，划清在政治统帅下抓基础知识、基本训练和所谓"纯知识传授"的界限。其次，划清政治统帅业务和"政治可以冲击其他"的界限。

二是如何加强基础知识和基本理论教学，正确处理理论联系实际的关系，提高教学质量？文章认为，要正确处理理论和实践的关系，必须从中学培养目标和基础教育的实际出发，一方面努力教好学好规定开设课程的基本理论，另一方面教学必须坚持理论联系实际的原则，要教育广大师生充分发挥主观能动性，创造条件，尽量联系实际。但是，必须反对形式主义和实用主义的倾向。

---

❶ 晨光. 分清路线是非 狠抓教学质量 [N]. 人民日报，1972 – 10 – 29（2）.
❷ 张家口市第二十二中学党支部. 加强基础知识和基本理论教学 [N]. 人民日报，1972 – 10 – 15（4）.

为了正确处理理论联系实际的关系，注意区分两种界限：

一种是划清从实际出发讲理论知识和"书本中心"、轻视实践的界限。第二种是划清"以学为主"和关门教学的界限。❶

这篇文章基本上回答了如何提高质量的问题——"要提高教学质量，必须在毛主席革命路线指导下，处理好政治与业务、理论与实践的关系，加强基础知识和基本理论的教学。"❷ 虽然只是一个学校的实践体会，却可管中窥豹，在"全国一盘棋"的教育大局中，它是一个相当典型的"质量话语"下的教育革命的新现象。与其他的报道、文章和学校一样反映了教育整顿时期纠正"复课闹革命"中的种种做法，恢复"文化大革命"前教育领域里的一些有效措施，加强文化课教学和基础理论教育、提高教育教学质量。

这场因突发的"九·一三"政治事件引发的教育整顿，引起的又一轮政治话语与学术话语的争斗中，学术话语以"质量"为名开始抨击政治的过度社会化造成的质量低下，并逐渐从"政治话语"中夺回一些在复课闹革命中的失地，重新拥有了教育革命的权力。但在"教育必须为无产阶级政治服务，必须与生产劳动相结合"的教育方针的指导下，学术话语只是有限得势，政治话语只是有限退让，所有的学术话语，还是必须在毛泽东思想统帅下，或是"政治第一"话语下继续在教育中闹革命。

2. 课本质量的"两大关系"

在全国教育整顿，加强文化课教学、加强基础理论教育、提高教育质量的呼声和行动中，反映到课本编写上的变化，一是大部分地区恢复传统学科课程，编写传统课本，用《化学》、《物理》取代《工业基础知识》，用《政治》取代《毛泽东思想课》；二是大量增加了基础知识，例如，语文增加了语文知识，数学增加了难度和系统性，政治增加了基础理论观点等。编写加强基础知识的课本并不是要完全摆脱政治话语，

❶ 张家口市第二十二中学党支部. 加强基础知识和基本理论教学［N］. 人民日报，1972－10－15（4）.

❷ 张家口市第二十二中学党支部. 加强基础知识和基本理论教学［N］. 人民日报，1972－10－15（4）.

而是要在遵从教育方针和"五·七"指示这一套革命话语体系的前提下提升质量、加强理论，因而编写课本要面临和回答政治与业务、理论与实践两者关系的核心问题。

对编写课本的核心问题，1972年4月29日《人民日报》刊登的苏州地区教材编写组的《正确处理编写教材中几个关系的问题》中有过详细解答。此文从政治教育与基础知识关系，理论与实践关系，体系等探讨如何编写新教材。

要编写好新教材，必须正确处理好下面三个关系问题：

一是正确处理政治教育和基础知识教学关系的问题。

……

在编写教材中，所谓"知识第一"或者"政治可以代替文化知识"，都是极端错误的。政治和业务的关系，只能是统帅和被统帅的关系。最近编写教材，我们注意了以下几点：

选教材时，把政治标准放在第一位，艺术标准放在第二位，坚持革命的政治内容和尽可能完美的艺术形式的统一。对原课本中一些基本观点正确，文采较好，但某些提法欠妥的课文，进行了认真的修改。对一些政治、艺术水平都比较好的传统课文，也适量进行挑选。

二是正确处理理论和实践关系的问题

……

三大革命运动的实践是编写新教材的源泉。我们深入工厂、农村、学校，接受工农兵的再教育，进行调查研究，搜集素材，把阶级斗争、生产斗争和科学实验的新形势、新成就及时反映到教材里。

根据小学基础教学的特点，我们加强了基础知识教学的内容。如为了使学生掌握祖国的语言规律，将来更好地学习和宣传马列主义、毛泽东思想，在四、五年级语文中增加了语法、修辞的练习。五年级算术中的百分数部分，增加了分数、小数、百分数的互化，为计算百分数的三类应用题打下基础。

……❶

---

❶ 苏州地区教材编写组. 正确处理编写教材中几个关系的问题 [N]. 人民日报，1972 - 4 - 29（4）.

　　教育整顿后的中小学课本改革，为了贯彻"教育必须为无产阶级政治服务，必须与生产劳动相结合"的方针（或称教育的两个基本话语），与之对应分别要处理政治与业务、理论与实践的两大关系。为无产阶级政治服务，就要把政治与业务的关系确定为"统帅与被统帅"的关系，既要批判"政治可以代替文化知识"的左倾教育路线，又要否定"知识第一""智育第一"的修正主义教育路线，一句话，就是在"选教材时，把政治标准放在第一位，艺术标准放在第二位，坚持革命的政治内容和尽可能完美的艺术形式的统一"。与生产劳动相结合，就是把理论与实践的关系确定为加强基础理论知识的同时，联系三大革命运动实践。

　　除两大基本关系外，还有批判与继承的关系、体系、紧跟形势和相对稳定的关系等问题。它们都是衍生关系，即在基本关系中生长出来的关系。如，批判与继承关系衍生自政治和业务关系，政治上批判，业务上继承；体系问题衍生自理论与实践的关系，理论是有体系的。中小学课本改革一般又主要集中在处理两种基本关系，但阶级斗争与生产斗争课本（文、理科课本）改革在两种基本关系处理中却各有侧重。

二、课本的"政治与业务"

　　政治与业务的矛盾可以说是当时社会的主要问题之一。教育整顿要提高课本的质量，必然要在批评"红色"课本过度政治化的同时，诠释清楚课本的政治与业务的关系，使课本能为无产阶级政治服务。

1. "红色"课本的政治化问题

　　1967—1971年复课闹革命时期的中小学"红色"课本，受极"左"思潮的干扰，在处理政治和业务的关系上存在"过度政治化"倾向，编写者表现出了"抓政治保险，抓业务危险"的思想。在1972年天津中小学教材会议上，有编者说："我宁犯十次突出政治过头的错误，也不愿犯一次突出业务的错误"。因此，"在文科课本中就出现了某些形式主义的倾向，把政治与业务割裂开来、对立起来，甚至以政治代替业务，取消或削弱了必要文化科学知识的编写，实际上是歪曲、破坏了政治统帅业务这一原则"❶。这次会议列举了各种课本的问题,例如语文课本体裁单一,题材狭窄,政论文多,记叙文少,必要的语文知识不敢编写;外语教材中只讲政治用语,不讲生活词汇;历史教材的封建社会部分,只讲几次农民起义,不敢涉及朝代,不敢涉及代表人物……结果造成教材的"深"、"难"、"跳",教师不好讲,学生难接受,学生学了几年后,还不知道中国有个秦始皇,不知道"三个臭皮匠合成一诸葛亮"中的"诸葛亮"是何许人……❷

黑龙江省中小学教材编写组中学语文组于 1972 年 12 月曾对复课闹革命的语文课本的编写情况作过总结:

在开始编写文革新教材时,特别注意课文内容的政治性,努力体现无产阶级政治挂帅的原则。但是由于路线是非不清,理解片面,教材一度出现了"政治化"倾向,使语文教材同政治教材界限不清。表现在选篇上:政论文多,记叙文少,"紧跟形势"的篇目多,稳定的篇目少,写真人真事的多,艺术加工较多的文艺作品少,写给成人看的东西多,适于青少年看的东西少。这种忽视语文课特点,用政治代替知识的偏向,不仅削弱了语文知识教学,也不利于思想教育。❸

概言之,对复课时期中小学课本的批评集中在"过度政治化"、否定了基础知识教育,即"眼前用什么就学什么,不考虑三大革命运动发展的需要,不考虑中小学应当进行基础教育,应当掌握必要的基础知识,这是政治上的近视眼"❹。

2. 文科课本的"个性与共性"

1972 年 10 月 17 日,国务院科教组召开教材工作座谈会,讨论大、中、小学教材的改革和建设问题。确定由科教组分大区交流编写教材的

---

❶ 学习北京、辽宁、吉林、山东、江苏五省市文教科教材编写经验的汇报 [Z]. 天津:天津中小学教材会议,1972.

❷ 学习北京、辽宁、吉林、山东、江苏五省市文教科教材编写经验的汇报 [Z]. 天津:天津中小学教材会议,1972.

❸ 省中小学教材编写组中学语文组. 正确处理语文教材中政治和知识的关系 [J]. 教育革命(黑龙江),1972 (12):18–21.

❹ 学习北京、辽宁、吉林、山东、江苏五省市文教科教材编写经验的汇报 [Z]. 天津:天津中小学教材会议,1972.

经验，组织协作编写。会后，国务院科教组先后在 6 个大区召开教材改革经验交流会。在天津召开的会议就是其中的一次。1972 年 10 月在天津市中小学教材会议上，五省市（北京、辽宁、吉林、山东、江苏）的与会人员对"文科教材中应如何处理转变学生的思想和进行知识教育的关系"进行讨论，并就这个问题达成共识："转变学生思想是各科教材的共同任务。这一点必须坚持，不能有所动摇。但是，文科教材在完成任务中的手段都有其特殊性，都有其特点。共性寓于个性之中，通过个性，共性才能表现出来，各科教材应当通过该教材本身的特点达到转变学生思想的目的，取消了个性也就取消了共性。"换句话说，课本中毛泽东思想、思想政治教育是共性的东西，是每本课本都应体现的，而思想政治教育又是通过不同学科、不同知识性质的"个性"化教育才能实现的，这就是政治与业务关系的"个性与共性"说。例如文科类课本，可以通过选择反映和歌颂工农兵形象的课文，如工农兵故事、工农兵音乐、工农兵美术等不同的学科知识，以达到热爱人民、领袖，爱劳动、爱集体的无产阶级阶级感情教育。

根据"共性和个性"说，共性通过个性来实现，那么课本的个性化就非常重要。课本的个性化，实质是恢复了课本的一些本质属性或基本功能，如语言类课本重视语言基础知识、基础文化、语言能力的培养，艺术类课本重视艺术基本技能的训练，政治类课本重视辩证唯物主义的基本观点、基本理论教育。

（1）作为基础文化课本的《语文》

"个性说"实质上是把语文课定性为一门基础文化课。虽然它是对学生进行政治思想教育的重要阵地，但学好语文，掌握祖国的语言文字，是学习革命理论和参加三大革命运动的重要基础。[1] 因此，《语文》被定性为基础文化课本，而不是政治类课本。

语文教学"个性"化的主要任务是在转变学生思想的前提下，培养学生阅读、写作、批判、表达能力，在培养这些能力中达到转变学生思想的目的。因此，教育整顿后全国新编的语文课本在编排内容、

---

[1] 山东省中小学教材编辑组. 山东省小学语文教学意见［M］. 济南：山东人民出版社，1973：1.

单元组织上，都尽量考虑了政治思想教育和语文知识教育的统一，在安排上又有一定的灵活性，在政治思想教育同语文知识教育发生矛盾时，斟酌情况，或以思想教育为主，或在局部范围内以语文知识教育为主。

小学语文课本的"个性"特征主要在两个方面：

一是重视语文基础知识和基本技能。在字词、拼音、写字、查字典、标点符号、语法修辞、阅读、口头表达、写作等方面都有要求。如《山东省小学语文教学意见》（1973）提出的各年级如此具体的语文知识要求在复课阶段是见不到的。

二是语文课本的选文扩大了选材面，不受真人真事的局限，课文的选材类型多样，文章的体裁、题材和风格较丰富。文章体裁以记叙文为主，编选了部分政论文、诗歌、故事、寓言、童话、谜语、应用文等。有意识地选取了结合学生实际，适合学生特点的文艺小说之类的文章。如江西小学《语文》课本（1972）第十册，共 22 课，选文体裁有：政论文，故事，寓言，诗词等，作为高年级课本特别增加了古文《寓言二则》。黑龙江小学《语文》（1972）第二册，全册有看图识字 14 课（占34%），按思想内容分别编在各单元中，毛主席语录 5 课，韵文 14 课，散文 8 课（包括 1 篇童话）。这些课文，结合学生实际，通俗具体，故事性强，篇幅短小。

增强语文的"个性"之外，课本仍然以"共性"为前提，重视思想政治教育，并以思想政治主题设置单元。是否按前阶段课本设"统帅篇"的做法，不同省市存在差异，部分地区的语文课本改变了过去每单元设"统帅篇"的做法，有些单元中选有毛主席著作或马、列著作，但不是作为"统帅篇"选入的，而是以毛泽东思想渗透贯穿到所有课文中，统帅全部教材内容。每一单元都设有一个思想政治教育主题。如黑龙江小学《语文》（1972）第二册，全册共 41 课。按思想内容分为 7个单元：第一单元向学生进行热爱领袖、热爱党的教育；第二、三、四单元是向学生进行"工业学大庆，农业学大寨，全国学人民解放军，解放军学全国人民"的教育；最后三个单元向学生进行"团结起来，争取更大的胜利"的教育。

《山东省小学语文教学意见》（1973）所提出的课本编写原则在一

定程度上反映了这一时段小学《语文》课本的"共性与个性"的编写特点：

（1）以无产阶级政治统帅业务，把政治思想教育与语文知识的教学有机地结合起来。选材要坚持"以政治标准放在第一位，以艺术标准放在第二位"，"革命的政治内容和尽可能完美的艺术形式的统一"的原则，入选的文章，思想性要强，富有战斗力、感召力，语言鲜明、准确、生动、合于规范。

（2）要理论联系实际。入选的文章应能反映我国三大革命运动的新形势，突出路线教育，贯彻革命大批判精神。教材体系、分量的安排，要根据学生的接受能力及语文知识的内在联系，由浅入深，由近及远，逐步展开，避免偏深偏难的现象。

（3）入选文章的体裁、题材和风格力求丰富多彩，适合学生年龄特点。文章体裁以记叙文为主，适当编选部分政论文、诗歌、故事、寓言、童话、谜语、应用文等。

（4）根据"古为今用"、批判地继承的原则，在高年级编选部分简单的、适合学生接受水平的、带有革命性和民主性的我国古典作品。

（5）各册教材主要根据思想教育内容，同时兼顾语言学习的需要组成教学单元。重点教育内容，反复出现，逐步加深，其他内容灵活安排，互相配合。

（6）为了加强写作指导和语文知识的学习，从三年级起，结合课文内容，编选部分浅显的语法知识及写作知识短文。从二年级起编选部分应用文及农村常用词汇。为了提高学生的阅读能力，从四年级起，增加部分阅读课文。

较之小学《语文》，复课闹革命时期中学《语文》课本过度政治化的情况更严重，以至于1972年后各地都重编中学《语文》课本，重编的焦点集中在处理政治与业务（思想政治教育与语文知识）即"共性与个性"之关系上。

如何处理政治与业务的关系，以山东中学《语文》课本（1973，共八册）为例。这套课本，是在"以马列主义、毛泽东思想为指针，阶级斗争、路线斗争为纲，力求正确处理政治与业务、理论与实践、批判与继承、紧跟形势与教材相对稳定等四个方面的关系"❶，以及批判极左倾向的背景下编写的。

新编中学《语文》课本共八册，选入课文 149 篇（讲读课文 131 篇——初中 71 篇，高中 60 篇，阅读课文 18 篇——初中 9 篇，高中 9 篇），选材分量比 1970 年版课本增多 23 篇（讲读课文 11 篇，阅读课文 12 篇）。保留课文，占 1970 年版教材篇目总数的 42%。

这套中学《语文》课本的编写充分考虑了共性与个性的关系，在选材上坚持"政治标准第一，艺术标准第二"的原则，力求"政治和艺术的统一，内容和形式的统一，革命的政治内容和尽可能的艺术形式的统一"，❷ 表现在以下两方面：

一是编入各单元的课文，既注意了课文的思想性，有计划地编排各册的思想教育内容（见表 2-1），又编排了较多的语文知识专题。

表 2-1　山东省中学《语文》（1973）各册思想政治教育内容安排

册　序	思想政治教育内容
一年级上册	进行阶级斗争、路线斗争的教育，大好形势的教育和完全彻底为人民服务的教育
一年级下册	进行无产阶级国际主义、团结战斗的教育，反帝反修的教育和一不怕苦、二不怕死的革命英雄主义的教育
二年级上册	进行毫不利己、专门利人、一心一意为革命的教育，捍卫毛主席的文艺思想和坚持开展革命大批判的教育
二年级下册	进行巩固无产阶级专政、防止资本主义复辟的教育，谦虚谨慎、艰苦奋斗、永远革命的教育和知识青年走与工农相结合道路的教育
三年级上册	进行反帝斗争的教育，革命文风的教育
三年级下册	进行巩固无产阶级专政，反对现代修正主义的教育
四年级上册	进行学习毛主席一贯倡导的理论联系实际的革命学风、深入调查研究的教育
四年级下册	进行学习毛主席关于文艺批评的标准的教育

---

❶ 山东省中小学教材编辑组. 山东省中学语文教学意见 [M]. 济南：山东人民出版社，1973：24.

❷ 山东省中小学教材编辑组. 山东省中学语文教学意见 [M]. 济南：山东人民出版社，1973：24.

表 2－1 中各册的思想政治教育内容并不相同，它围绕毛泽东思想，形成一个分门别类的完整的思想政治教育体系，突出了语文课本共性即"政治标准第一"的政治属性，以转变学生的思想。

"艺术标准第二"反映到语文课本上，最突出的特征是重视知识，所选课文有利于学习语文知识，在各册每个单元后面均安排语文知识专题，突出语文课本的个性，即学科属性。语文知识，按两条线索作了系统安排：一条是语法知识，从字到词，到单句、复句，共编写了6个专题；另一条是写作知识，主要是三大革命运动中常用的文体常识，如怎样写家史、小评论、革命大批判文章、通讯、调查报告等，同时也讲授一些写作基础知识，如中心和材料，记叙的顺序，论点和论据，立论和驳论，诗歌、小说、戏剧的一般常识等，共编写了14个专题；另外，还编写了"逻辑常识"两个专题。课本共编写语文知识专题24个。修辞知识，没有单独编写专题，而是分散到各册中，结合课文后的练习题进行讲授和练习。一、二年级主要讲比喻、夸张、拟人、排比、对偶、设问等几种常用的修辞格，三、四年级主要讲反语、反问、象征、双关等几种常用的修辞格。

二是课文中各类文章选材范围扩大，从单一的毛著，增加了鲁迅作品、外国作品和乡土教材的课文，体裁更多样，小说、散文等形式也是新增的（详见表 2－2，表 2－3）。无论是选材范围的扩大还是体裁更多样，选材都是依照"政治与艺术的统一"标准。

表 2－2　山东省中学《语文》（1973）选材范围比例表

类型	马恩列斯	毛主席著作	鲁迅	文言文	外国作品	乡土教材	其他	合计
篇数	5	30	13	16	5	4	58	131
比例	3.8%	22.9%	10%	12.2%	3.8%	3.1%	44.3%	100%

表 2－3　山东省中学《语文》（1973）各种文体篇数及比例表

类型	记叙	论说	说明	诗歌	小说	戏剧	散文	合计	阅读课文	语文知识	附录
篇数	40	47	2	18	11	6	7	131	18	24	12
比例	30.5%	35.9%	1.5%	13.7%	8.4%	4.6%	5.4%	100%			

《山东省中学语文教学意见》（1973）曾对这个选材的标准作了详细的说明和阐释：

毛主席和马恩列斯著作,是革命内容和完美形式高度统一的典范,是我们学习的最好教材;为了使学生认真学习鲁迅先生的彻底革命精神、运用语言的艺术和战斗的文风;革命样板戏是实践毛主席文艺思想的光辉样板,从内容到形式都是我们学习的典范;工农兵立场坚定,爱憎分明,语言朴素有力,生动活泼,要引导青少年向工农兵学立场、观点、感情,学工农兵新鲜有力、生动活泼的语言;为了培养学生初步阅读文言文的能力,并逐步提高学生的分析、批判的能力,要选用古典文学;遵照毛主席"洋为中用"的教导,新编教材选入进步外国文学作品……❶

北京、河南等省市的中学《语文》课本,对"政治与业务"关系的处理,类同于山东省中学《语文》课本,不设统帅篇,但按单元划分政治教育专题。文章体裁多样,包括诗歌、故事、论说文、古文等,重要文章的作者除毛泽东外,还增加了鲁迅、列宁、高尔基、马克思等。除每篇课文后的语言知识练习和巩固外,语文知识的专题也是课本的重要内容。

江苏、四川、山西、陕西、辽宁等省的中学《语文》课本对政治与业务关系的认识与处理形式上有所不同。仍按政治思想内容划分单元,继续设有"统帅篇"。尽管各地的语文课本在处理政治和业务关系的一些具体做法上存在一些差异,但课本在坚持"政治第一,艺术第二""政治思想教育与语文知识教育的统一"的原则下,重视语文知识这点是各地区共通的,每个单元后都附语法知识,每篇课文后都附语言文字的练习和巩固,课文体裁多样,等等。

对于"如何正确处理语文教材中政治和知识的关系",黑龙江省中小学教材编写组中学语文组曾经对自己的编写工作进行过总结,其三个方面的观点和做法也反映了当时政治运动的影响下各地对重编课本的共同态度和方法。

首先,坚持政治挂帅,但又防止语文教材"过度政治化"的偏向,处理好课文的政治性和艺术性的关系。他们以为,能否处理好课文的政治性和艺术性的关系,选取"革命的政治内容和尽可能完美的艺术形式

❶ 山东省中小学教材编辑组. 山东省中学语文教学意见 [M]. 济南:山东人民出版社,1973:24.

的统一"的作品作为课文，是课本能否体现语文教学目的任务的关键问题。所以他们从选入一定数量的政论文、报刊文章、写真人真事的文章、工农兵的优秀作品或写工农兵的文章等作课文。

其次，坚持政治和知识的统一，反对政治和知识相割裂，处理好知识内容的思想性和科学性的关系。关于怎样处理好政治和知识的关系，他们得出用无产阶级世界观概括知识，按照人们的认识规律，用实践第一的观点指导学生应用知识的编写体会。❶

再次，坚持政治结合知识一道去做，克服"单打一"的倾向，在教材编排上处理好政治思想教育同语文知识教学的关系。即把政治思想教育同语文知识教学的要求统一起来安排，全面体现语文教学的目的任务，从教学对象的实际出发，组成由浅入深、循序渐进的体系：

（1）同一单元的课文安排，要尽量做到思想内容相近，文体相近。修改后的教材每册都有三至五个这样的单元。

（2）前后单元之间的配搭上，要尽量做到内容上互相照应，知识上互相联系。

（3）册与册之间，教学内容的安排要有分工，有循环，由浅入深，互相补充。❷

以上对编写中学语文课本的经验总结，概言之，就是要遵照毛主席教导"政治第一、艺术第二"、"革命的政治内容和尽可能完美的艺术形式的统一"来编写语文课本，与复课闹革命的语文课本相比，其改进只是为了避免过度政治化，而增加一些语文的"艺术"或知识而已。

（2）增加生活语言、重视基础知识的外语课本

1972年以后，随着与苏联关系的交恶，以及与美国关系的缓和，中学课程大部分以英语为主，但仍有少部分地区还在开设俄语课，外语课本的编写大部分省市以编写《英语》课本为主，辅之《俄语》课本。

教育整顿运动的全面展开，对复课闹革命时期外语课本的反思和批

---

❶ 省中小学教材编写组中学语文组. 正确处理语文教材中政治和知识的关系 [J]. 教育革命（黑龙江），1972（12）：18 –21.

❷ 省中小学教材编写组中学语文组. 正确处理语文教材中政治和知识的关系 [J]. 教育革命（黑龙江），1972（12）：18 –21.

评不绝于耳,有人认为:"过去认为多用语录,多用政治口号就是政治性强,而语录、口号中的单词复杂,句型特殊。开始学这样复杂的内容,显然违反认识事物的规律,违背毛主席的教导,形式上像是政治挂帅,实际上不能起到政治教育的效果。广大工农群众一针见血地指出,'你们这样搞,实际上是用政治词汇吓唬我们,不让我们掌握外语这门工具'。"❶ 批判的矛头直指外语学习过度政治化的问题,外语课本编写也要重新审视和处理政治与业务的关系。

根据教育革命形势发展的需要,广东省中小学教材编写组英语组1972年对英语课本重新编订,在1971年试用课本的基础上修订出1972学年度中学英语试用课本四册。编者"反复学习毛主席关于'红与专、政治与业务的关系,是两个对立物的统一'的教导,课本按照'政治与业务是统帅与被统帅的关系',在试用课本中以'政治教育为魂'的基础上充实了基础知识,力求使政治思想教育和基础知识教育有机地结合起来"❷。在初一试用课本中《爱护国家财产》一课,既对学生进行爱护国家财产的教育,又使学生学到一些生活词汇和基本句型。初二的《为革命锻炼》一课,以对话形式对学生进行"游泳能够锻炼身体和革命意志"的教育,又使学生学到行为动词一般现在时的疑问式及其回答和一些生活词汇,便于在课后运用。四册试用课本编入了基本的语音、语法知识,课文的题材和体裁也比较广泛,增加了生活性的课文内容,使学生红专化发展的目的更加明确。

黑龙江省中小学教材编写组对在俄语课本中如何处理政治思想内容与语言知识内容关系,坚称要"坚持无产阶级政治挂帅,坚持政治思想内容和语言知识内容的统一",力求做到:

1. 课文的政治方向明确,观点鲜明,以利于对学生进行思想和政治路线方面的教育。2. 注意俄语语言本身的规律性和知识的系统性、连贯性。编写课文时,把政治思想内容和语音、词汇、语法紧密地结合起来。3. 从学生实际出发,课文内容为学生所熟悉,题材广泛,体裁

---

❶ 学习北京、辽宁、吉林、山东、江苏五省市文教科教材编写经验的汇报 [Z]. 天津:天津中小学教材会议,1972.

❷ 广东省中小学教育编写组英语组. 中学英语试用课本简介 [J]. 教育革命参考资料,1972(7):9 – 10.

多样。4. 选用的词汇从日常生活入手，一般是由具体到抽象，并注意常用词汇的反复出现。5. 注意语言的规范化，通俗易懂，容易上口，便于学生背诵记忆和运用。●

　　在处理政治与业务关系上各地所编的外语课本虽说都增加了语言知识，但课本最关键的变化是增加了生活课文和生活词汇，正是它的出现使得新编课本的性质发生改变，从完全的政治课本变成政治统帅课本。这一点在 1972 年版辽宁中学《俄语》第一、二册（是从原第一册分成二册）与 1970 年《俄语》课本第一册相比较中得到验证。新课本多采用与日常生活相关的课文（见表 2 - 4），如字母学习新课；我们班、他、她、它，兄弟，姐妹；这是什么？是和不是；我们在学校学习；我的和你的；打扫；你的东西？学校等这样中性的课文和词汇，在复课闹革命时期的外语课本里是看不到的，也是要批判的对象。虽然新编课本还有如"毛主席——我们伟大的领袖；我们党是伟大的党；学生学习毛主席著作；为革命锻炼身体"等政治教育性课文，意味着课本还是在毛泽东思想的统帅下，但所占比例已不到一半，也就避免了外语课本完全成为宣传毛泽东思想的政治课本，避免了过度的政治化。两个时段的俄语课本的差别，在课本的第一课中也可以看出，1970 年版的第一课是"毛主席万岁"，而 1972 年版的第一课则先是字母。简言之，前者是政治课本，后者是政治统帅的外语课本。

表 2 - 4　辽宁中学《俄语》1970 年版与 1972 年版课文比较

课本	俄语第一册（1970）	俄语第一、二册（1972）
课文	毛主席万岁；这就是北京；北京是我们的首都；红太阳就是毛主席；毛主席是我们伟大领袖；我们热爱北京；他们是毛主席的好战士；最好的武器是毛泽东思想；毛主席是我们的伟大导师；我们的好老师；我们的党是伟大的党；最高指示；人民公社；毛主席的红卫兵；军事用语；好好学习，天天向上；最高指示；革命家庭；向尉凤英同志学习；东方红；革命口号	第一册为字母学习新课；我们班，毛主席——我们伟大的领袖；他、她、它，兄弟，姐妹；这是什么？是和不是，我们在学校学习；我的和你的；打扫；我们党是伟大的党；你的东西？学校；学生学习毛主席著作，对话；为革命锻炼身体
语法	课文后附语法学习	课文后附语法学习

───────────────

● 黑龙江省中小学教材编写组. 中学俄语试用课本第一册介绍 [J]. 教育革命（黑龙江），1972（3）：25 - 26.

与上述《俄语》课本一样，比较复课时期与教育整顿时期的《英语》课本的差别，关键也在处理"政治与业务关系"，具体处理上的差别也是在选文和词汇上，复课时期多政治口号、政治课文，教育整顿时期多了生活语言、生活课文，如甘肃中学《英语》课本 1970 年版和 1973 年版的第一册比较。1973 年版课文有：这是地图；这是钢笔吗？这是什么？书和钢笔；我的家庭；我们的好老师；我们的教室等这种没有政治色彩的课文和词汇。在 1972 年前的英语课本中是难以想象的，编者的自述中也说明了这一点：

我们在初编教材时，并不是这样认识的，片面强调思想性，使一些课文几乎全是纯粹的政治词汇。常用动词、基本句型，很久不能出现。像"你叫什么名字？""多大年纪？"等句子，"父亲"，"母亲"，"朋友"等词汇，在初编教材中就没有。编《祖国》一课时，也不敢出现江、河、湖、海、山川、平原等词汇。这样编出来的课文，看起来思想性很强，但是难度大，不好教，不利于学生自学，不利于开展语言实践活动。❶

大量增加了生活词汇和课文后，课本又如何处理政治与业务的关系呢？承担编写中学英语教材任务的甘肃师范大学外语系认为：

首先，把政治词汇和生活词汇有机地融合起来，赋予生活词汇以政治内容，处理好政治词汇与生活词汇的关系：

严格说来，很难把常用词汇截然划分为政治词汇与生活词汇。例如数词一、二、三……等也可称之为生活词汇，但构成"一个路线，一种观点"；"两个阶级，两条道路"；"三面红旗"，"三大纪律"时，就具有了政治思想内容。

在新编教材中，常用生活词汇和基本动词等约占总词汇量的 80% 左右，并且，着重通过生活词汇编写了政治思想内容较强的课文。如新编第 14 课是描写一个家庭，利用一问一答的形式，把"兄弟、姐妹、母亲、父亲、工人、农民、社员"等词汇编进了课文，构成了简练的句

---

❶ 甘肃师范大学外语系. 用毛泽东思想统帅教材编写工作 [J]. 教育革命（1972 创刊号，甘肃师大训练部），1972（1）：1–4.

型，如："他父亲是干什么的？""他父亲是个工人，是个共产党员。"又如，我们把基数词和具有重大历史意义的年代结合起来，用英语读出"1917"，"1921"等；把序数词和具有重大政治意义的月日结合起来，用英语读出"7·1"，"10·1"，"4·22"，"10·22"等，使学生联系这些重要年代、节日和伟大导师列宁、毛主席诞辰纪念日，既学习了数词，又进行了政治思想教育。❶

其次，在题材方面兼顾政治性和生活性。既有反映社会主义革命和社会主义建设伟大成就的；歌颂共产党、歌颂伟大领袖毛主席的；有歌颂毛泽东时代英雄人物的；新旧社会对比，进行阶级教育的；宣传无产阶级国际主义的；更重要的是增加了反映学校生活、社会生活的内容。

再次，在课文内容安排上，继续坚持毛泽东思想统帅下学习专业基础知识。譬如《我的家庭》课文中，第一部分是"我的家庭"，写今天的幸福生活与过去苦难岁月的对比；第二部分是"一个美国黑人的家庭"，写黑人受资本家的压迫，过着牛马不如的生活，他们为争取生存而斗争。《列宁是个好学生》，既写列宁在青少年时代努力掌握外语这个工具，又写他上大学时，经常深入工农群众，参加阶级斗争的革命活动。这些课文，不仅是为了让学生学到英语基础知识，更重要的是向学生进行政治教育。

总之，这是一套根据"毛主席教导：'红与专、政治与业务的关系，是两个对立物的统一。'在这种对立统一中，'政治是统帅，是灵魂'"❷而编写的课本。虽然英语教学的"个性"或者说"业务"得到了强化，但政治统帅业务的观念仍支配编者，在总结经验时编者也得出"用毛泽东思想统帅教材编写工作"的体会。

（3）用历史唯物主义阐释的《历史》课本

1972 年始，在"提高教学质量"的要求下，各地都陆续恢复编写或重编中学《历史》，新的《历史》试用课本，一方面，历史内容大量

---

❶ 甘肃师范大学外语系. 用毛泽东思想统帅教材编写工作 [J]. 教育革命（1972 创刊号，甘肃师大训练部），1972（1）：1–4.

❷ 甘肃师范大学外语系. 用毛泽东思想统帅教材编写工作 [J]. 教育革命（1972 创刊号，甘肃师大训练部），1972（1）：1–4.

扩充，分编成中国历史和世界历史，新的《中国历史》突出写了农民起义、农民战争和新民主主义革命。课本仍以阶级斗争为纲，突出农民起义和农民战争的历史地位和作用以及新民主主义革命的伟大胜利；新的《世界历史》则突出各国人民反帝反压迫的历史。另一方面，又试图运用历史唯物主义观点，从政治、经济、文化等方面阐述社会历史的发展。

1972—1973 年陆续出版的湖南省中学《历史》课本，较之 1970 年版中国历史，同样是按着阶级斗争的线索编写，但内容篇幅大量增加，历史体系更为完整，特别是在编写课本中突出了一些理论章节，如"从无阶级的原始公社到阶级的产生，中国封建社会的形成和专制主义的中央集权制的封建国家的建立，中国无产阶级的产生和壮大，毛主席开辟的农村包围城市武装夺取政权的革命道路"等，有意运用了历史唯物主义的观点来阐述社会历史的发展，对学生进行思想政治教育，试图让学生学会用历史唯物主义的分析方法来分析历史，这正是此套课本最大的改进之处。

在新编历史课本中，还以大量的篇幅热情洋溢地歌颂了劳动人民的伟大斗争，说明人民群众是阶级斗争、生产斗争和科学发展的决定力量，使学生在学习具体历史事实中，受到"人民，只有人民才是创造世界历史的动力"这一历史唯物主义基本观点的教育。

广东中小学教材编写组历史组在编写《历史》课本时，得出"两个编写中国历史教材的体会：一是阶级斗争是历史发展的动力；二是人民群众是历史的主人。❶ 根据马克思主义历史唯物主义的基本思想（社会发展各个阶段上被剥削阶级和剥削阶级之间、被统治阶级和统治阶级之间斗争的历史），广东中学《历史》课本（1973）特别强调：阶级斗争是阶级社会发展的动力；阶级斗争对历史的推动作用，不仅突出地表现在阶级社会更替的质变过程，而且也表现在同一社会形态发展的量变过程；阶级斗争存在于政治、经济、文化各个领域，它们互相交错，互

---

❶ 广东中小学教材编写组历史组. 阶级斗争是历史发展的动力 [J]. 教育革命参考资料, 1973 (8)：20 - 22；广东中小学教材编写组历史组. 人民群众是历史的主人 [J]. 教育革命参考资料, 1973 (9)：24 - 26.

相影响，出现了头绪纷繁的历史现象。❶

这本新编的《历史》课本与之前只写阶级斗争的历史事件的课本不同，特别突出用阶级斗争的观点和理论分析历史的发展以及社会结构的复杂性。在处理个人和人民群众关系上也体现了历史唯物观视野，摆脱了《历史》等同政治课本的局限：

经过修改后的课本，力图以人民群众为主体，又对一些历史人物进行阶级的历史的分析，增加了一些必要的历史知识，有利于对学生进行奴隶们创造历史的唯物主义教育。❷

总体上，这一时期各地的《历史》课本基本按阶级斗争史来编写，并形成了一个较完整的历史体系：中国古代史；中国近现代史；世界历史。课本特别重视培养学生的历史唯物观，并增加了中国古代各个时期的文化内容，突出人民群众是创造历史文化的主体，这是与复课闹革命时期课本不同且有进步的地方。

（4）加强政治基础理论的《政治》

教育整顿时期对中小学政治教育的批判，主要集中在政治教育过度形式化，特别是对《毛泽东思想教育》课本作为纯粹的毛主席著作选编本，忽视学生政治基础理论学习的弊病颇有微辞，以至于"把政治课单纯地上成了时事课，认为只有这样才是紧跟形势。……结果，把政治讲得支离破碎，教学效果很不好"。"批判地主资产阶级人性论时，同学的情绪都很激昂，但就是抓不住要害，实在没词时，就说'真是罪恶累累'，再不就是'一千个不答应，一万个不答应'。不上纲，不上线，挖不出根源，找不出危害，讲不出道理。"❸ 随着全国批林整风政治运动全面展开，原来应林彪号召"活学活用毛泽东思想"而诞生的《毛泽东思想教育》课本，在全国各地随即被废除，取而代之的是《政治》课本。虽然《政治》课本的主要内容仍是以毛泽东著作为主体，但其学科性质得以凸现，政治基本理论有了加强。

---

❶ 广东中小学教材编写组历史组. 阶级斗争是历史发展的动力 [J]. 教育革命参考资料，1973（8）：20－22.

❷ 广东中小学教材编写组历史组. 阶级斗争是历史发展的动力 [J]. 教育革命参考资料，1973（8）：20－22.

❸ 刘万才. 政治课要重视基本理论教育 [J]. 教育革命（黑龙江），1972（5）：7－8.

　　黑龙江省中小学教材编写组"遵照毛主席关于'要搞马克思主义，不搞修正主义'的教导，政治教育要使学生从小受到马列主义、毛泽东思想的基础理论观点的教育，逐步树立起无产阶级世界观"❶ 编写了中小学政治课本一套。小学《政治》课本的任务就是"使学生初步了解阶级和阶级斗争，无产阶级专政和无产阶级专政下继续革命，热爱劳动和热爱工农兵，实践第一和一分为二方面的基础理论观点，培养学生热爱中国共产党和热爱伟大领袖毛主席的思想感情"❷。所以，小学《政治》课本除了"政治第一"中心外，增加了学习基础理论观点的要求。

　　黑龙江省小学《政治》课本（1972，共四册，供小学四五年级使用）每册由两部分组成：第一部分基本教材，编选了毛主席的文章和语录；第二部分辅助教材，编选了工农兵学习马列主义、毛泽东思想的体会的文章和清算右倾的批判文章。仅以第一、三册为例（见表 2 - 5）说明。

表 2 - 5　黑龙江省小学《政治》课本第一、三册内容编排

册	章节	主题	内容编排	章节中心
第一册	第一章	千万不要忘记阶级斗争	全章十段毛主席语录，五篇辅助教材	第一节的中心，不忘阶级苦，牢记血泪仇
				第二节的中心，千万不要忘记阶级斗争
	第二章	翻身不忘共产党，幸福全靠毛主席	全章四段毛主席语录，两部分必读教材和两篇辅助教材	第一节的中心，没有共产党就没有新中国
				第二节的中心，毛主席是中国人民的大救星
	第三章	为革命而学习	全章九段毛主席语录，两篇辅助教材	第一节的中心，为革命而学
				第二节的中心，怎样为革命而学

❶ 黑龙江省中小学教材编写组. 小学政治试用课本介绍 [J]. 教育革命，1972（2）：25 - 28.
❷ 黑龙江省中小学教材编写组. 小学政治试用课本介绍 [J]. 教育革命，1972（2）：25 - 28.

续表

册	章节	主题	内容编排	章节中心
第三册	第一章	热爱劳动，热爱劳动人民	全章两节，六段毛主席语录，两篇辅助教材	第一节的中心，劳动创造一切
				第二节的中心，群众是真正的英雄
	第二章	认真学习党的基本路线	全章三节，七段毛主席语录，两篇辅助教材	第一节的中心，讲路线的重要
				第二节的中心，讲党的基本路线的内容和实质
				第三节的中心，讲党的基本路线是我党的生命线
	第三章	学习一分为二的哲学思想	有一篇毛主席著作和三篇辅助教材	重点领会一分为二的观点，批判形而上学"一点论"

从表 2-5 中看出，黑龙江省小学《政治》课本大量选用毛泽东文章与著作，以阶级教育和路线教育为主，辅之以哲学基础理论教育，例如第三册第三章"学习一分为二的哲学思想"。与《毛泽东思想教育》课本相比，此套政治课本加重了理论知识内容，同时重视密切联系国内外阶级斗争形势，联系当时的政治斗争任务，联系学生的思想实际，防止了从概念到概念。

小学《政治》课本辅之哲学基础理论教育，学习毛泽东哲学思想，在全国各地编的小学《政治》课本中都非常普遍，北京小学《政治》课本五年级用（1972）、山东小学《政治》课本五年级上册（1973），淮阴小学《政治》课本五年级一学期用（1972）等，选文大多是关于实践观、认识观、阶级观等，课文有：规律不摸挺奥妙，摸摸就明了；人的正确思想只能从社会实践中来；实践出智慧；姓曹的不都是一家人；人是一家 思想不完全是一家；一分为二看形势；彻底批判"合二为一"的反动谬论等。

中学《政治》课本加强基本理论观点的教育比小学《政治》更加明显。黑龙江省中学《政治》课本（1972）与《毛泽东思想教育》课本相比在编选指导思想上并没有差别，但其编写原则上却增加要求注意基本理论观点的教育：

编选原则："……第二、坚持理论联系实际的原则。在编选教材时，既注意到基本理论观点的教育，把学习马、列著作和学习毛主席著作结合起来，又注意联系当前阶级斗争、路线斗争和学生的实际，克服实用主义和形式主义的倾向。"❶

这套课本由基本教材和阅读材料两部分构成。为了方便教学和引导学生认真看书学习，对基本教材作了一些必要的注释和名词解释。上学期各册基本教材共选入马克思、恩格斯、列宁、毛主席著作 13 篇（包括节选），语录 3 段，其中马克思、恩格斯、列宁著作 3 篇（段）。教材中选入阅读材料 9 篇，附录材料 1 篇。各册基本内容安排见表 2 – 6。每册都有思想教育的主题，从基本篇目上很难看出每册课本都加强了基本理论观点，具体到课文，以第三册《列宁关于阶级的定义》为例，这篇课文实际上是关于"阶级"的基本理论知识的讨论：阶级不是自古就有的，也不是永恒的；划分阶级的原则。第七册是向学生进行辩证唯物论的教育，使学生初步了解哲学的基本问题和辩证唯物论的认识论，分清什么是唯物论，什么是唯心论，如《路德维希·费尔巴哈和德国古典哲学的终结》（节选）论述了哲学的基本问题，批判了唯心主义和不可知主义，提出了实践的观点，指出了马克思主义以前唯物主义的根本缺点。

表 2 – 6 黑龙江省中学《政治》课本一、三、五、七册基本内容安排

册	思想（哲学）教育	基本篇目	说 明
第一册	进行无产阶级革命事业接班人的教育	《毛主席论培养和造就千百万无产阶级革命事业接班人》《纪念白求恩》《为人民服务》《全党团结起来，为实现党的任务而斗争》	4 篇毛主席著作为基本教材，3 篇阅读材料

---

❶ 黑龙江省中小学教材编写组. 中小学政治试用课本介绍 [J]. 教育革命, 1972 (2): 19 – 24.

续表

册	思想（哲学）教育	基本篇目	说　明
第三册	进行阶级、阶级斗争和无产阶级专政下继续革命的教育	《列宁关于阶级的定义》（摘引自《伟大的创举》） 《怎样分析农村阶级》 《马克思、恩格斯关于阶级、阶级斗争的论述》（选自《共产党宣言》第一章） 《两类不同性质的矛盾》 《关于百花齐放、百家争鸣、长期共存、互相监督》	基本教材 5 篇（段），阅读材料2 篇
第五册	进行民主革命时期的党内两条路线斗争史的教育	《中国社会各阶级的分析》 《星星之火，可以燎原》 《统一战线中的独立自主问题》 《抗日战争胜利后的时局和我们的方针》 《〈共产党人〉发刊词》	毛主席 5 篇著作
第七册	向学生进行辩证唯物论的教育	《路德维希·费尔巴哈和德国古典哲学的终结》（节选） 《实践论》	基本教材 2 篇，阅读材料2 篇

　　其他地区的课本也表现了相同的特点，像淮阴地区所编的中学《政治》（1973），更是把系统的马列哲学作为其主要内容：第一章　要认真学习马克思主义哲学；第二章　什么是唯物论　什么是唯心论；第三章　实践第一；第四章　物质变精神　精神变物质；第五章　事物都是一分为二的；第六章　矛盾的特殊性；第七章　集中力量解决主要矛盾；第八章　矛盾诸方面的同一性和斗争性。

　　广东省中学《政治》课本（1972）加强辩证唯物主义理论学习的编写思路更是清晰，其初一第二学期用《政治》课本说明中指出"我们编写了这本以辩证唯物主义常识为内容的教材，供初中一年级下学期使用，本书从初中一年级学生接受能力出发，在论述每个哲学观点时，并不强求在理论上作比较全面的论述，而是着重通过三大革命实践中的具体事例，来帮助学生初步理解辩证唯物主义的一些基本观点"。整套课本表现出当时《政治》课本的典型特征：

　　首先，突出了路线斗争教育，贯穿了革命大批判，具有很明确的目的——为阶级斗争实践服务。

其次，以马列和毛主席著作为基本教材。

再次，在加强思想教育的同时，注意了基础理论知识的传授。❶

这套课本，除了在正文编选时注意改进外，特别在辅助教材中增编了基础理论知识的内容，使学生掌握一些基本的辩证唯物主义理论。如初一的《国家是阶级斗争的工具》一文，从最基本的东西入手，浅显地介绍什么是国家、国家的产生和国家的本质；初二的《什么叫阶级和阶级斗争》，从道理上给学生解说阶级、阶级斗争的定义；高一、高二分别选进了一些资料性的文章和名词解释：如《瞿秋白的"左"倾盲动主义路线》、《李立三的"左"倾机会主义路线》、《哲学》、《实践》、《矛盾》，等等。

为了强化辩证唯物主义理论的学习，辽宁省中小学教材编写组专门编写了一本中学课本《辩证唯物主义常识》；上海、辽宁、山东等省还把社会发展史纳入《政治》课本重点关注的内容，并单编《社会发展史》课本，学习历史唯物主义理论，弄通马列主义关于社会发展的学说，弄清"人类社会是怎样产生和发展的？有哪几个历史阶段？人类社会发展的方向和前途是什么？"❷

（5）突出基础知识和能力的艺术课本

在"提高教学质量，加强基础理论知识"的教育整顿中，艺术类课本也有一些变化。

首先，课本复名。复课时期由音乐、美术两部分组成的《革命文艺》课本，1972年后全国基本单独分编为《音乐》《美术》（小学称《图画》）课本，课本全面复名，说明在政治与业务之间，从"政治"向"业务"一方回调，或者说两者之间达成一种新的平衡，政治教育力量稍式微，学术（艺术）教育力量有所恢复。

其次，《音乐》《美术》课本继续强调作为革命的本色，但"业务"知识的比重加大。新编的《音乐》《美术》课本的编写目的"主要使学生确立文艺为工农兵服务的思想，培养学生音乐、美术基础知识和能

---

❶ 广东省中小学教材编写组. 中学《政治》试用课本简介［J］. 教育革命参考资料，1972（7）：5－6.

❷ 上海市中小学教材编写组. 上海市中学课本·政治·社会发展简史［M］. 上海：上海人民出版社，1973：137.

力。通过'业务'把两方面都结合起来，如通过美术教学，对学生进行思想和政治路线方面的教育，并使学生初步掌握绘画的基本知识和技能，能运用无产阶级的立场观点，去观察、分析和表现各种客观对象的特征，使绘画更好地为三大革命运动服务"❶。

《美术》课本的编写，如广东中学《美术（教师用书）》在"教学目的和要求"中所言：必须以马列主义、毛泽东思想为统帅，既要反对忽视政治思想教育的"纯业务"的观点，又要克服忽视基础知识传授的倾向，紧跟形势，结合三大革命运动实际和学生实际，抓住重点，由浅入深进行教学，使学生学得懂，用得上。❷ 政治与业务的关系，在上海小学《美术》课本强调寓思想政治教育于绘画技巧的学习和训练中实现了统一。美术的主题，无论是典型的政治教育题材，"狠批《三字经》、高唱东方红、毛主席万岁！大寨红花遍地开；狠批《神童诗》；备战、备荒、为人民（美术字）；铁笔怒扫《三字经》；誓做革命接班人等"，还是中性的生活题材，"棉花、滑梯、课余活动、游泳、办公桌、排灌站、小气象站"等，都是强调绘画技能的训练，在"除四害""缴公粮"主题课中，编排有详细的绘画分解的图示，一方面帮助学生学习绘图的基本技巧，另一方面使学生在绘画中受到思想政治教育。

《音乐》课本，要向学生进行思想和政治路线方面的教育，并且使学生掌握音乐基础知识，其内容一般由歌曲和音乐基础两部分组成。长沙市教育局中学音乐辅导站编写的中学《音乐教材》（1972），包括了革命歌曲和音乐基础两个部分。通过学唱革命歌曲培养学生的阶级感情、意识，通过音乐基础知识培养学生为工农兵服务的音乐知识和能力。湖南中小学教材编写组编写的《音乐》课本（1972），也是包括两个部分，歌曲和附在后面的音乐知识、发声练习。所选歌曲全部是进行思想教育的革命歌曲，通过学唱革命歌曲，掌握歌唱能力，培养学生阶级情感。

总之，与《革命文艺》相比，《音乐》《美术》课本更强调培养学

---

❶ 广东省中小学教材编写组. 美术（教师用书）[M]. 广州：广东人民出版社，1972：8.

❷ 广东省中小学教材编写组. 美术（教师用书）[M]. 广州：广东人民出版社，1972：8.

生的音乐、美术的基础知识和基本能力。

3. 理科课本的"政治统帅下讲清基础知识"

教育整顿阶段编写的生产斗争类理科课本，中学主要包括：《数学》《农业基础知识》《物理》《化学》（《工业基础知识》也取消），小学《常识》课本也纳入此类。这一时期的理科课本重编也要首先处理政治与业务的关系。

受到"政治第一"的影响，复课时期理科课本的编写也出现了政治过多知识过少以及语录加知识等严重形式主义、过度政治化的问题。

在1972年10月17~18日国务院科教组召开的教材工作座谈会上对中小学理科课本编写的形式主义进行了纠正，在随后的在天津市召开的中小学教材编写经验交流分区会议上，五省市（北京、辽宁、吉林、山东、江苏）的课本编写人员对政治和业务关系的问题形成了共识："理科课本必须是政治挂帅，用毛泽东思想来统帅。理科是自然科学，有它本身的特点，用毛泽东思想统帅教材，主要是用辩证唯物主义观点科学地分析、深刻地阐明知识规律、对学生进行辩证唯物主义的思想教育。"❶ 理科课本的编写因而转向"在政治统帅下，讲清基本知识"。具体的做法是：第一，用毛主席的哲学思想分析和阐明理论知识；第二，写工农兵的发明创造；第三，反映祖国的新面貌，进行爱国主义教育；第四，结合知识内容进行阶级斗争的教育，但要注意学生的实际情况和知识规律。❷

理科课本编写，对待毛主席语录的运用采取慎重态度，注重恰当和针对性，避免了乱用。过于形式化的语录都去掉了，多数理科课本都取消了章头、节头和习题前的语录。在文中出现的语录，也是与内容密切相关，且能被学生接受的，因而，北京小学的算术课本（1973）从四年级（第八册）才开始在课文中出现语录，也主要是实践、转化、抓主要矛盾等观点方面的语录。

1971年底开始的教育整顿，认为中小学是普遍的基础教育，学生主要学习基本理论知识，主张以基础知识的内在联系为线索安排教材

---

❶ 学习北京等五省市理科教材编写情况的汇报［Z］. 天津：天津中小学教材会议材料，1972.
❷ 学习北京等五省市理科教材编写情况的汇报［Z］. 天津：天津中小学教材会议材料，1972.

内容，注意联系生产实际。因此从工农业生产的需要出发，以一定的生产实践为专题，通过典型组织和带动基础理论知识学习的《工业基础知识》被强调学科知识体系化的《物理》、《化学》课本所取代。

但"必须为无产阶级政治服务，必须与生产劳动相结合"，"政治第一，艺术第二"等仍是数理课本编写的指导话语，注重基础知识体系的《物理》、《化学》课本还是需要在无产阶级政治的统帅下编写，要发挥思想政治教育的功能。不同的是，其政治教育的重点发生转变，是以马克思主义、毛泽东的哲学立场、观点、方法来阐述课本内容，再结合内容进行思想和政治路线方面的教育，把思想政治教育和物理、化学知识结合起来。数理课本思想政治教育重心在哲学立场、观点和方法上，而并不是无限上纲的路线教育。例如，在讲水压机原理时，运用矛盾转化的观点分析以较小的动力可支持较大的阻力的道理，使学生认识其转化的条件就是应用密闭液体中传递压强的规律。在讲浮沉条件时，增加简而易作的实验，使学生具体看到浮力与重力矛盾的主要方面的转化过程，从而决定物体的浮或沉。围绕摩擦、惯性、皮带与齿轮传动等知识内容，培养学生一分为二的观点。

针对《工业基础知识》课本基础知识较弱且支离破碎的情况，《物理》《化学》课本更强调基础理论，课本的编排与《工业基础知识》从"工农业生产需要出发"相反，是以学科基础知识体系为线索，具体联系工农业生产。先且比较湖南《工业基础知识》（1969）和《物理》、《化学》（1972）的主要内容（见表 2 - 7、表 2 - 8）：

表 2 - 7　湖南中学《工业基础知识》（1969）与《物理》（1972）内容比较

课本	工业基础知识	物　理
内容	我国机械工业的巨大变化；运动和运动定律；简单机械；农业机械；锻造机械；金属切削机床；电的基本知识和照明电路；发电和输电；电动机；扩音机；晶体管和收音机	运动和力；简单机械；传动装置；压强和水泵；热现象；照明电路；农村有线广播；机械运动的基础知识；运动规律；物体的平衡；机械能；圆周运动 万有引力定律；振动与波；光的基本知识；热学基础知识；金属的加工

表2-8 湖南中学《工业基础知识》化工部分（1970）
与《化学》（1972）内容比较

课本	工业基础知识（初中，高中化工）	化学（第1，2，3册）
内容	水，空气；溶液；碱酸；化肥农药；钢铁；硫酸工业；物质结构基础知识；电化学工业；合成氨工业	物质和物质的变化；水，空气；溶液；碱酸盐，氧化物；化学肥料；钢铁；卤素；物质结构基础知识；硫酸工业；氨的合成；电离的基本知识；金属；烃；石油和煤；烃的衍生物；农副产品的加工；高分子化合物；炸药，防化学毒剂

物理课本中机械运动的基础知识、运动规律、物体的平衡、机械能、圆周运动、万有引力定律、振动与波、光的基本知识、热学基础知识等是一套物理学科知识体系。化学课本中物质和物质的变化、水、空气、溶液、碱酸盐氧化物、化学肥料、钢铁、卤素、物质结构基础知识、电离的基本知识、金属、烃、石油和煤、烃的衍生物、高分子化合物等是一套化学学科体系，它们是原《工业基础知识》因从生产实践出发而被删繁就简了的物理、化学知识。

把《工业基础知识》复名为传统的《物理》《化学》课本，其主要动机是要强化物理、化学学科体系基础知识的学习。河南省编的初中、高中《物理》课本（1972）根据"物理学的研究对象是力的、热的、声的、电的、光的现象，原子和原子核的运动变化，以及它们的实际应用"[1]，课本内容按物理学的基础知识体系即"力、热、声、电、光、原子"编排，摆脱了《工业基础知识》的"三机一泵"的生产编写体系。

湖南中小学教材编写组1972年编写出版了一套中学《化学》课本，共分三册。此《化学》课本的"为革命学好化学"中指出："我们学习化学，要以毛泽东的光辉哲学思想为指导，逐步学会用唯物辩证法分析问题、解决问题，认识和掌握物质变化的规律。学习化学，要坚持理论联系实际的原则，既要反对脱离无产阶级政治、脱离工农业生产实际、

---

[1] 河南省革命委员会教育局中小学教材编辑室. 河南高中课本·物理·上册 [M]. 郑州：河南人民出版社，1972：1.

死抠书本的倾向，又要重视书本知识的学习，弄清基本概念，掌握基本知识。"**❶** 此语既点出了学习化学的要求，也指明了课本编写的基本原则，从而形成以学科基础知识体系为线索的内容编排，见表2－9。

表2－9　湖南中学《化学》1972年版1~3册主要内容

册	章
第一册	第一章物质和物质的变化；第二章水 空气；第三章溶液；第四章碱酸盐氧化物；第五章化学肥料；第六章钢铁
第二册	第一章卤素；第二章物质结构基础知识；第三章硫酸工业；第四章氨的合成；第五章电离的基本知识；第六章金属
第三册	第一章烃；第二章石油和煤；第三章烃的衍生物；第四章农副产品的加工；第五章高分子化合物；第六章炸药　防化学毒剂

整套课本以政治为统帅，以讲清化学基础知识、基本概念为主要内容：

一方面用毛泽东的哲学思想作为指导编写的重要方法。虽然没有像《工业基础知识》化学部分那样，到处编排毛泽东的教导、指示，但在内封上仍保留作为思想指导的毛泽东语录，在编排化学知识时注意"一分为二""由近及远""由浅入深"等毛泽东哲学思想的指导。

另一方面重视化学基础知识的体系。三册的知识构成体系是依照化学学科基础知识的线索编写的：第一册以分子—原子论为基础理论知识；第二册以元素周期律、原子结构说为基础理论知识；第三册以化学结构说为基础知识体系。依据"删繁就简"的原则，也删去大量的化学基本概念和化学用语、基本定律等，化学基础知识体系仍不完整。

河南省革命委员会教育局中小学教材编辑室编的初、高中《化学》内容和特点与湖南版《化学》课本基本相似，见表2－10。

---

❶ 湖南中小学教材编写组. 湖南省中学课本·化学·第一册［M］. 长沙：湖南人民出版社，1972：封三.

表2-10 河南中学《化学》(1972)主要内容

册序	章
初中《化学》全一册	第一章物质和物质的变化;第二章空气和氧;第三章氢和水;第四章溶液;第五章碱、酸、盐、氧化物;第六章化学肥料;第七章钢铁
高中上册	第一章卤族元素;第二章原子结构 分子结构;第三章元素周期律和元素周期表;第四章氨的合成;第五章电离 电解;第六章金属;第七章硅和硅酸盐工业
高中下册	第八章脂肪烃 石油;第九章脂肪烃含氧衍生物;第十章煤 芳香烃;第十一章农副产品的利用;第十二章 高分子化合物

在政治统帅下,补强基础知识,在各种化学课本中是常见的。江西省在新编《化学》课本还来不及出版的情况下,1972年曾单编过渡性的《化学》课本补强已出版的《化学》课本的基础知识,目的是"为了加强基础知识的教学,……以便使学生获得较完整的知识"。[1] 这本过渡教材中的卤素、金属内容,都是尚未出版的新编高中化学第一册中的第二章、第七章的内容,也是原用高中化学课本第一册(1972年1月出版)所没有的。

此阶段重编的《数学》课本与《物理》《化学》课本相似,在否定"政治可以冲击其他"论的政治背景下,政治教育取消了形式主义的编排方式,而只在学习数学知识的同时进行政治教育,一般是两种方式:一是用辩证唯物主义观点和规律分析数学知识;二是在例题、练习、插图或知识导言中有思想性内容,如,在问题中加入了毛主席的教导:"解放军叔叔遵照毛主席关于'拥军爱民'的教导,帮助生产队插秧。前4天每天插27亩,第五天插30亩,一共插了多少亩?"结合数学内容进行思想政治教育,是《数学》课本处理"政治与业务"关系的基本态度和方式。

山东省中小学教材编写组在《山东省小学算术教学意见》(1973)中提出要坚持无产阶级政治挂帅,主要是用辩证唯物主义观点分析和阐明算术知识:

---

[1] 江西省中小学教材编写组. 江西省高级中学课本·化学(过渡教材)(一年级用)[M]. 南昌:江西人民出版社,1972:封三.

例如，运用"实践的观点是辩证唯物论的认识论之第一的和基本的观点"，引导学生认识十以内的数；运用"比较和对照"的方法，讲解加与减，乘与除之间的关系；运用抓主要矛盾的思想，讲解二、三位数除法的试商；运用"促成事物的转化"的观点，讲解如何把异分母的加减法转化为同分母加减法和分数除法转化为乘法等等。

教材中的应用题、插图和一些知识引言，有一定的思想性。通过这些内容，结合形势，联系学生思想实际，进行思想教育。❶

广东小学试用课本《算术》（1972）从多方面选编具有政治教育意义的例题、习题和插图，对学生进行思想政治教育。例如，课本的应用题就选了反映阶级教育和路线教育的、为人民服务教育的、走"五七"道路教育的、反映节约的、工农业生产的、学生参加文体卫生活动的和儿童生活的应用题，等等，从中引导学生参加有教育意义的活动和关心国家大事。课本的思想政治教育的重点落在对学生进行辩证唯物主义教育，把实践第一、对立统一、抓主要矛盾等基本观点，引进问题，讲解知识，阐明规律。如：一年级的"求比一个数多（少）几的数"，乘法意义、担斤两与丈尺寸的认识等内容，就是运用实践第一的观点去讲解概念和数理的，引导学生认识这些知识来源于实践又服务于实践。二、三年级的除数是一位数、二位数、三位数的除法，就运用了抓主要矛盾的观点，抓住除法中"试商"的规律进行讲解，帮助学生掌握除法的关键。四年级就运用了对立统一观点分析乘除法的关系。

调整"政治与业务"的关系，是此阶段数理课本重编的重点。哈尔滨市教育局小学教学参考资料编写组曾于1973年专门研究北京市小学算术课本（1973），并总结出了一些关于"政治与业务"关系的学习体会，以学习第八册为例，得出的以下几点认识，充分反映了"在政治统帅下，讲清基本知识"的课本编写思想：❷

一是，注意思想政治内容和算术知识的有机结合，以批修整风为

❶ 山东省中小学教材编写组. 山东省小学算术教学意见 [M]. 济南：山东人民出版社，1973：1-2.

❷ 哈尔滨市教育局小学教学参考资料编写组. 一九七三年下学期北京市小学语文、算术学习体会 [J]. 黑龙江教育，1973（7-8）：21-41.

纲，坚持无产阶级的政治方向，观点鲜明，有助于转变学生的思想。例题和习题中的应用题，有的是以"工业学大庆"，工人阶级坚持"自力更生"、"艰苦奋斗"、"厉行节约"的革命精神大搞技术革新，创造新成绩为题材；有的以"农业学大寨"，贫下中农改天换地夺高产，知识青年上山下乡走"五七"道路，和贫下中农一起大搞科学种田为题材；……这些有利于向学生进行思想政治路线方面的教育。

二是，用辩证唯物主义观点阐述知识和揭示规律。例如，通过实验的方法得出圆周率的概念，并导出求圆的周长公式。这体现了实践第一的观点。把求圆的面积转化为求长方形的面积，进而推导出求圆的面积公式，体现了"在一定条件之下，矛盾的东西能够统一起来，又能够互相转化"的观点。

三是，重视基础知识的教学，注意培养学生的计算能力和解题能力。

"政治与业务"的关系概括起来就是政治上重视寓政治教育于数学教育中，业务上重视基础知识、基本技能。对学生进行思想和政治路线方面教育的同时，强调加强数学基础知识的学习是此阶段中学数学课本的普遍特征。中学数学课本已经摒弃了以是否在三大革命实践中"致用"的选文唯一标准，或者说把学科基础知识等也纳入了"致用"的范围，恢复一些传统的代数、几何体系。河南、贵州、湖南等地的《数学》其知识内容体系与"旧"课本已相当接近，从表 2 - 11 可以看出河南中学《数学》课本的内容基本上就是一套数理和几何体系。

表 2 - 11　河南中学《数学》课本（1972）的内容

册　　序	内　　容
初中第一册	有理数；整式；一元一次方程和一次不等式
初中第三册	直线形；圆
高中第一册	二次函数和极值；指数与对数
高中第二册	斜三角形的解法及其应用；简单几何体的面积和体积
高中第三册	视图；数列和数列的极限；排列、组合

在加强基础理论知识教学、提高教学质量的教育整顿中，传统科目的教学纷纷恢复，但唯独没有取消"农业基础知识"课，恢复文革前

的传统生物课程，原因有两个：一是由于面向农村的需要，国家一直号召各行各业都要支援农业，并把国家的工作转移到以农业为基础的轨道上来，在这种强大的国家政治路线的影响下，中学排除"农业基础知识"课在政治上是不能容忍的；二是知识青年上山下乡的需要，知识青年到农村去，他们既要有为人民服务的思想，需要帮助他们提高思想觉悟，接受再教育；也极需要学好为人民服务的本领，特别是掌握一些农业基础科学知识，因此，开设"农业基础知识"课仍是各省市中学课程需要延续的政治任务。《农业基础知识》课本还得继续编写，但由于先前的《农业基础知识》同其他理科学科的课本一样有过度政治化和知识生产化（专门化）的问题，使得学生只知其然，而不知其所以然，很难让学生上山下乡后适应农村农业环境多样化，那么，打好基础就成为一个中学"农业基础知识"教育迫切需要解决的现实问题，加强基础知识的阐述就成为《农业基础知识》课本的编写和改编的重点。

1972 年新编的湖南中学课本《农业知识》（1972），是在批修整风的政治背景下重新编写而成的，其特色是"思想政治与基础知识教育相结合"，既说"八字宪法"，又增加动植物、微生物的基础知识：

《农业知识》阐述了毛主席亲自制定的农业增产的根本大法——农业"八字宪法"；使我们懂得一些植物、动物、微生物方面的基础知识，例如，第一册课本增加了细胞和组织、器官、昆虫等内容，这些为学生学习农作物栽培和农业动物饲养打下一定的基础；学习几种主要作物的栽培技术、动物饲养方法，遗传育种等基本理论；为我们上山下乡、参加农业生产和科学实验打下基础；并有助于提高我们运用辩证唯物主义观点分析问题和解决问题的能力。●

广东省中小学教材编写组农基组介绍自己所编中学《农业基础知识》课本（1973）时，归纳的特点也包括两个方面：一方面重视政治思想教育，重在辩证唯物主义教育；另一方面加强基础理论的阐述。政治思想教育又包括两方面：一是比较注意根据课文内容和学生接受能力，对学生进行阶级教育，宣传社会主义制度的优越性；二是比较注意

● 湖南省中小学教材编写组. 农业知识·第一册 [M]. 长沙：湖南人民出版社，1972：4.

运用辩证唯物主义观点讲解知识，阐明规律。例如，运用变化发展的观念阐明变异的绝对性和遗传的相对性，指出优良品种不是固定不变的。❶ 农业知识教育则加强了基础理论知识的阐述。例如，初中教材增加了植物形态解剖知识和动物解剖生理知识，高中教材增加了细胞新陈代谢、遗传变异、自然选择和人工选择等基础知识，为学生学习农作物栽培和农业动物饲养打下一定的基础，帮助学生更好地理解有关农业措施。

小学《常识》课本与上述课本特点一样，在政治统帅的基础上，基础知识方面有所加强，在此不再赘述。

4. 课本的批判与继承

课本的"政治与业务"关系，可衍生出多种关系，"批判与继承"的关系就是其中重要的一个。提高教学质量，就要面对那些"旧的、或者是资产阶级的文化"，在这个问题上，复课时期课本的编写者存在"怕"字，怕犯"智育第一"的错误，"宁愿让人家说是政治课本，也不愿让人家说走老路"，课本的政治形式主义非常严重。教育整顿后，对"批判什么，继承什么"有了更清醒的认识，编写者对旧课本也不是全盘否定、大砍大删，而是采取一分为二的态度，提出在批判的基础上继承。

批判什么？复课时期对旧理科课本中的知识规律等都烙上"政治"标记，被批判成"洋奴哲学""爬行主义""三脱离"，但在实践中却发现这些知识规律还是很有用的，如论证推理能力，过去认为没有用，在破公理体系的同时被砍掉了，原来想用辩证逻辑代替形式逻辑，实践中却发现代替不了。再如中学《数学》课本的编者认为推理能力在三大革命实践中还是有用的，学习其他有关知识也是需要它的，于是就把它编进了数学课本的"证明"中。为了讲清基础知识，提高教学质量，理科课本都把一些之前定性无用的知识编进了课本，增加了理科课本的系统性。

在理科课本中处理"批判与继承"关系变化的典型事例，是关于

---

❶ 广东省中小学教材编写组农基组. 新编中学《农业基础知识》教材介绍 [J]. 教育革命参考资料，1973（8）：37－38.

定理、定律的命名问题。旧课本用科学家的名字命名，被认为是突出资产阶级学者，容易助长学生成名成家思想和崇洋思想，因此复课时期的红色课本都更改了名称，把"牛顿定律"改为"力学定律"，"欧姆定律"改为"电流定律"等。教育整顿时期新课本的编写者认为这种改法不恰当，自然科学中某些定理定律的命名是历史上形成的，是国际上所通用的，随便改动容易造成混乱，所以在新编课本中又沿用了旧有名称。

　　对古代文学作品的批判、继承问题，是文科课本（主要是语文）处理"批判与继承"关系的焦点。对待古代文学作品，当时社会上有两种意见。一种认为，古代文学作品，就其思想内容来说，是古代剥削统治阶级的政治愿望和思想感情的表现，必须彻底决裂；另一种认为，必须将古代封建统治阶级的一些腐朽的东西和古代优秀的人民文化，即多少带有民主性和革命性的东西区别开来，某些作品在今天还有一定的积极作用（如在一定程度上揭露了矛盾，反映了阶级斗争事实）或借鉴作用（如古代的某些历史事件和有积极意义的寓言故事）。后者意见在新课本编写中占主流，并形成了语文课本中编选古文目的的统一看法：1）借鉴作用。毛主席著作和报刊都引用过一些古文典故，在思想、语言上都有借鉴作用的，应结合选一些，如《愚公移山》《三打白骨精》。2）认识作用。帮助学生认识过去，理解过去，如《卖炭翁》《捕蛇者说》，能帮助学生提高对过去社会的认识。3）培养学生对文言文的阅读能力。❶

　　新课本中增加的古代文学作品，不局限于毛泽东引用过的古文、典故，既有反映阶级斗争的，也有反映古代文化的。北京中学《语文》第六册（1972），18篇课文中就选用了三篇古文《石钟山记》、《木兰诗》、《范进中举》。山西初中试用课本《语文》第二册（1972），选有一篇古文《活板》（选自《梦溪笔谈》）。江苏中学《语文》课本高中第一册（1972），选有《木兰诗》和《曹刿论战》两篇古文。虽然全国各地此阶段中学《语文》课本所选用的古文范围还是有限，但也在一

---

❶　学习北京、辽宁、吉林、山东、江苏五省市文教科教材编写经验的汇报［Z］. 天津市中小学教材会议材料，1972.

定程度上帮助学生理解了中国古代文化，培养了学生的文言文阅读能力。

确定批判与继承的关系，也反映在对"旧"课本的态度发生了变化。教育整顿时期出现了对"旧"课本并不是完全否定的现象，广东省中小学教材编写组英语组对英语课本的编写就吸收了"旧"课本的有用部分：

> 我们对旧教材坚持了批判地继承的原则，执行了"古为今用，洋为中用"、"推陈出新"的方针。我们批判了旧教材的"智育第一"、烦琐哲学和理论脱离实际的部分，批判地吸收它的有用部分来为新教材服务。……对旧教材的课文，我们吸收其中有用的部分，如《矿工和煤》、《披着羊皮的狼》等，经过改写，一方面保存其原有的语言风格，另方面使其更加通俗浅易，切合学生学习的实际。❶

有必要注意的是，此时各种课本的"批判与继承"没有脱离"政治第一，艺术第二"编写原则，依据的仍是"为无产阶级政治服务，与生产劳动相结合"的教育工作方针。

三、课本的"理论和实践"

教育整顿时期，虽然各种课本都存在处理"政治与业务""理论与实践"关系的问题，但文科课本编写要解决的主要矛盾是政治与业务的关系，而理科课本则主要是处理理论与实践的关系。

复课时期的理科课本在理论联系实际方面存在片面性，出现了极端的以干代学、实际代替理论的问题，大多基本不讲或少讲基础知识。生产致用主义左右了课本的编写，以致当时师生普遍反映课本深、难、跳，专业化强，教学质量差。教育整顿要提高质量，就要换一种理论联系实际的思路。

1. 理论联系实际的两种思路

按照毛主席的教育方针中"必须与生产劳动想结合"的要求，理

---

❶ 广东省中小学教材编写组英语组. 中学英语试用课本简介 [J]. 教育革命参考资料，1972（7）：9－10.

科课本编写必须遵守"理论联系实际"的原则，但怎样贯彻这一原则，有不同的主张。有人主张中学数学课本的编写，应紧密联系三大革命实践，以三大革命斗争中的有关内容组成一些专题带动一些几何、三角等知识，以制图为专题带动立体几何有关知识等（这是复课时期试用课本编写的典型模式）。有的则不同意这种主张（主要是1972年后），认为中小学数学主要是进行基本理论知识的学习，力求联系实际，并认为基础知识都是从三大革命实践中提炼出来的。即使是学习制图、测量等内容，也主要是先学它的基本知识，不能搞成专业化知识。教育整顿阶段，全国理科课本编写基本上统一到后一种认识。如湖南中学课本《化学》（1972）编者所写序"为革命学好化学"中，认为"学习化学要坚持理论联系实际的原则，既要反对脱离无产阶级政治、脱离工农业生产实际、死抠书本的倾向，又要重视书本知识的学习，弄清基本概念，掌握基本知识"❶。

　　两种"理论联系实际"的思路，必然导致编写理科课本的两种编排方式：一种意见从工农业生产的需要出发，以一定的生产实践为专题，通过典型组织和带动基础理论知识的学习（复课时期以此种为典型），认为这样有利于打破旧教材由理论到理论、由概念到概念的体系，有利于转变学生的思想，把教学同生产劳动结合起来。另一种意见认为中小学是普遍教育，学生主要学习基本理论知识，主张以基础知识的内在联系为线索安排教材内容，注意联系生产实际，一句话，就是讲基础知识时联系实际。新编的课本都是按后一种意见安排教材内容的。例如物理、化学等课本都是在着重讲清基础知识的基础上，选择适当典型进行综合、联系实际。编写者认为这样比较符合中小学教育的特点和现在中小学的教学实际。❷

2. 讲清基础知识再联系实际

　　如果比较北京市中学课本《工农业基础知识》第一册第二分册（1969）和《物理》第二册（1972）课本（两种课本都是电工部分内

❶　湖南省中小学教材编写组. 化学·第一册［M］. 长沙：湖南人民出版社，1972：1.
❷　学习北京、辽宁、吉林、山东、江苏五省市文教科教材编写经验的汇报［Z］. 天津：天津中小学教材会议，1972.

容),就很容易分辨两个阶段同类课本遵守"理论联系实际"原则的差异:前者强调能直接"用"的知识;后者是学习基础知识的基础上,再联系实践(详见表2-12)。

表2-12 北京市中学《工农业基础知识》课本(1969)和
《物理》课本(1972)部分内容比较

课本	章	节
《工农业基础知识》第一册第二分册(1969)	照明电路	照明电路;照明电路常用的器材;照明电路的安装和检修;安全用电
	发电机和变压器	发电机;交流电;变压器电动机:三相异步电动机的构造和使用;三相异步电动机的原理;三相异步电动机的起动和保护;三相异步电动机的故障排除;常见的几种电动机
	有线广播和无线电常识	有线广播;扩音机的使用;扩音机和喇叭的配接;无线电常识
《物理》第二册(1972)	电流的基本规律和照明电路	电路;电流;电压;电阻;欧姆定律;电阻的串联和并联;电功电功率;电流的热效应;安全用电;照明电路的安装和检修
	电磁运动的基本规律和电机	电流的磁效应和电磁铁;电磁感应;发电机和交流电;三机交流电;高压输电;变压器;三相异步电动机的构造;三相异步电动机的转动原理;三相异步电动机的性能;三相异步电动机的起动和维护
	扩音机的原理和有线广播	几种常用的无线电元件;话筒和扬声器;二极电子管整流;三极电子管放大;扩音机与扬声器的配接;扩音机的使用和维护;农村有线广播网

两种课本的差异,首先,是章节名称的差异,例如前者用"照明电路""发电机和变压器""有线广播和无线电常识",后者用"电流的基本规律和照明电路""电磁运动的基本规律和电机""扩音机的原理和有线广播"。前者是专业化知识(联系实践的知识),后者则是既有理论基础知识也有联系实践的专业化知识。其次,是内容的差异,前者直接讲能用于实践的知识(可以用的知识),或者说是"典型产品、设备带路";后者是先讲基础知识,为后学的联系实践的专业化知识打下基础,或者说是"基础知识带路"。如第二册的第一章是先讲较系统的电流基本规律和知识,再讲应用——照明电路;第二章是先讲较系统的电

磁运动的基本规律，再讲应用——电机。第三章先讲较系统的扩音机原理和元件，再讲应用——有线广播。

黑龙江省中学《物理》（1972）对于物理概念，如力、功、速度、比重等，都是从生产实际引入或从具体现象抽象而得，说明它们是客观实际的反映或从生产实际的需要而提出的。关于物理基本定律，如弹性定律、液体内部压强传递规律、传动的速比关系等，都是从生产实践的经验或物理现象的具体变化过程来加以说明的。课本中对于选取联系生产实际的典型机械不是孤立地把它们放入课本，单纯讲它的实际应用，而是联系所学的物理概念与规律："像磨粉机（车床）的传动，就是分别讨论简单机械和各类型传动后，综合起来认识它的传动与工作情况。水泵的选用是生产上的实际问题，而应用已知的物理概念、规律来讨论这个课题，就把物理基础知识与生产实际有机地结合起来。"❶

湖北省高中《化学》（1973）课本虽是改自《工业基础知识》，但编排体系却大相径庭，与《工业基础知识》依照生产实践要求编排化学知识不同，这本课本的编排基本上是按照化学学科知识体系编选的，以元素周期表为体系讲解化学基础知识，内容包括：第一章 物质结构的基础知识；第二章 离子反应；第三章 卤素 氯碱工业；第四章 元素周期律和周期表；第五章 氮族 合成氨工业；第六章 硅和硅酸盐；第七章 金属；学生实验。

这本课本的理论联系实际，主要是在化学基础知识的基础上讲它在生产实践中的应用，如离子反应中的"水的净化和软化"，卤素基础知识上的"氯碱工业、合成盐酸"，氮族基础知识基础上的"合成氨工业"，元素"硅"中的"硅酸盐"（陶瓷、玻璃、水泥），金属中的"锈蚀、防护、冶炼"等，都是化学基础知识的生产应用。在第二章第四节"水的净化和软化"中较明显地使用了这种编排方式。文中先指出天然水中杂质（主要有泥沙、钙和镁的碳酸氢盐、硫酸盐和氯化物等）的存在对于工业用水和生活用水都是不利的，并根据钙和镁离子的含量区分为硬水和软水。然后解释如何净化生活用水，重点讨论如何软化工业用水，"其中常用石灰纯碱法，即在硬水中加入适量的熟石灰或

❶ 中学试用课本物理第一册介绍［J］. 教育革命（黑龙江），1972（7）：26–27.

纯碱,使它们与硬水中的钙、镁离子作用,生成不溶于水的碳酸钙和碳酸镁沉淀。其离子方程式如下……"❶,可见,这本课本的编写不是脱离离子反应的化学基础知识讲专业知识,而是在学习离子反应、方程式的基础上讲它在生产上的应用。

广东中学《农业基础知识》(1973)新编本对理论性较强的章节,在保持一定基础知识的连贯性、系统性的前提下,注意紧密联系生产实际,点出某一原理在农业生产上的应用;对实践性较强的章节,则注意共性概括,力求讲清科学道理。例如,"动植物的形态和生理、新陈代谢、遗传变异等问题,理论性都比较强,新编本在讲基础理论的同时,注意结合农业生产去讲:讲种子萌发的内部条件和外部条件时,点出选用优良种子、浸种催芽、适时播种、精细整地等农业措施的科学根据;讲茎的输导作用时,点出整枝、摘心对控制作物生长,夺取高产的意义……"❷ 这种"理论联系生产实际"的编写方式,从教育教学的角度,确有利于学生在认识上实现两个飞跃,从而逐步培养学生分析问题和解决问题的能力。

理科课本遵守"理论联系实际"原则,在讲清基础知识的基础上联系实际。但是如何在编排上讲清基础知识呢?根据"实践—理论—实践"的认识过程,全国的中学理科课本新编本的内容编排还是从实际引入,编排上是"实践—理论"模式,或者称是引入模式,即从三大革命实际引入,然后上升理论,体现认识第一阶段。通常的做法是以生产实例引入。以黑龙江中学《数学》(1972)课本为例,课本内容中的概念多是由实际引入,问题由实际提出,从具体实践经验或现象抽象出概念,总结出规律,并指导学生运用所学的知识去解决实际问题。正负数概念就是从齐齐哈尔铁路局嵯岗给水所工人同志节煤的先进事迹引出的。课本内容中所引用的事例,主要来自阶级斗争和生产斗争实际,同时也适当考虑了学生的水平,避免了过于生僻和专业化,以便学生接受。

再如湖南省中学《数学》(1972)课本第七册的第七章中"数列"

---

❶ 湖北省中小学教学教材研究室. 湖北省高中课本·化学·上册 [M]. 武汉:湖北人民出版社,1973:20.

❷ 广东省中小学教材编写组. 新编中学《农业基础知识》教材介绍 [J]. 教育革命参考资料,1973 (8):37–38.

是从生产实践中的例子引出数列的概念。

湖南中学《化学》（1972）课本第二册"卤素"中"第一节 氯气"从生产实践用途引入：

氯气是重要化工原料，在化学工业上用它制造盐酸和漂白粉，并可用来制造各种有机氯农药，如六六六，滴滴涕等；同时也是制造高分子化合物的原料。氯气还是一种很好的消毒剂和漂白剂，因而广泛应用于自来水的消毒和漂白纸浆、棉、麻等……❶

在体现"实践—理论—实践"的认识过程上，课本编写主要注意第二个飞跃，在讲清基础知识的基础上，使学生了解它的应用和怎样用，因而形成了"基础知识—生产应用"的内容编排结构，如，前面所述北京市中学课本《物理》第二册（1972）：电流的基本规律—照明电路；电磁运动的基本规律—电机；扩音机原理—有线广播。这是一种讲清基础知识的基础上联系实际的基本结构。

概言之，理科课本增加和重视基础知识后，采取的理论联系实际的方式主要有两种：一是讲清理论基础知识后，再联系实践，点出知识在实践中的应用，并通过实践的例子和习题来理解和巩固理论。二是从实际的例子中引入理论，从而讲清理论。

第二节　课本反回潮（1974—1976），开门编书、批林批孔

教育整顿的一些纠偏工作，加强了基础知识教育、重视智育。但到1972年底，当这种纠正左倾错误的努力危及到文化大革命的"合理性"时，毛泽东转而开始以"反右倾回潮""批林批孔"取代"批林整风"，全国形势骤然逆转。

一、批林批孔与开门编书

1974年后，教育中的两个基本活动是批林批孔和开门办学，而它

---

❶ 湖南省中小学教材编写组. 湖南省中学课本·化学·第二册［M］. 长沙：湖南人民出版社，1972：1.

们最初的源头却是教育反回潮。

1. 教育反回潮

1972年教育整顿工作刚刚开始不久,《文汇报》于1972年11月连续发表《这样提问题是否妥当》《马克思主义哲学是最基础的理论》《打什么基础理论》等批判"基础风""理论风"的文章,把提倡基础理论、重视基础知识认为是"资产阶级右倾回潮"。1973年,国务院科教组先后三次召开了教育革命座谈会。1973年6月5日至18日,国务院科教组召开了文科教育革命座谈会,会上围绕"文科教育革命怎么办"这个题目进行讨论,在教育路线上试图把批林的极左路线,扭转至批林的极右路线,认为教育战线的主要危险仍然是修正主义,教育战线出现了种种"复辟""回潮"现象,"要警惕老的在新形势下复辟",会议强调要沿着以社会为工厂的道路,改造整个文科。

1973年12月28日至1974年1月7日,科教组又在北京召开了北京、天津、上海、辽宁、河北、江苏、广东、陕西、四川等省市中小学教育革命座谈会。会议认为,在教育领域,"修正主义仍然是当前的主要危险",要"向着资产阶级和一切剥削阶级的意识形态开展新的进攻",要"打退资产阶级右倾势力的猖狂进攻",● 科教组的这些座谈会拉开了"反击右倾回潮"的序幕。

反击右倾回潮矛头指向教育整顿时期的基础、理论风,批判回潮中的"智育第一"。对待教育质量问题,也不同于复课时期完全否定教育质量的做法,而是提出两种质量观:

当前,在如何估价和提高教育质量的问题上,仍然存在两种截然不同的看法。通过回顾这一段历史,许多同志认识到,教育质量问题,历来是教育领域两个阶级、两条路线斗争的一个重要问题。阶级敌人诬蔑和攻击无产阶级教育革命,往往是从教育质量入手的。不同的阶级、不同的路线,对教育质量有不同的要求和标准。我们衡量教育质量的高低,必须以毛主席提出的教育方针和《五·七指示》为依据,从德、智、体三个方面来看,而不能只看其中一个方面。即使衡量文化课的高

● 金一鸣. 中国社会主义教育的轨迹 [M]. 上海:华东师范大学出版社,2000:424.

低，也不能只看书本知识的学习情况，"最重要的，是善于将这些知识应用到生活和实际中去"，是看学生以马列主义、毛泽东思想为统帅，理论联系实际地运用科学文化知识，去分析问题和解决问题的能力。看不到提高文化课质量的正确方向，就会走回头路，犯右的错误。❶

两种质量观在1974年4月14日《人民日报》上的通讯文章《从路线斗争看"教育质量问题"的争论》中被明确为两条路线的斗争："对教育质量问题，不同的阶级有着不同的'尺子'。无产阶级的教育，在地主资产阶级看来，当然是处处不顺眼；对于地主资产阶级的教育，在我们无产阶级看来，就是糟若秕糠。""质量问题的争论，实际上是一场革命与复辟的斗争，两个阶级、两条路线、两种思想的尖锐斗争，突出地反映在对'教育质量'的看法上"❷。

在这篇"争论"中对两种质量观进行了比较：一比学生同工农相结合的热情和决心；二比学生分析问题和解决问题的能力；三比学生健康水平。主要是比学生在德、智、体几方面的全面发展。《人民日报》随后发表的文章《无产阶级教育革命有力地提高了教育质量》（1974－5－30）、《用什么标准衡量学生》（1974－6－9）等也比较两种教育质量。最后得出结论：只有面向农村，开门办学，使学校教育与三大革命运动紧密结合起来，才能真正提高无产阶级的教育质量。两种教育质量观的提出，是无产阶级政治面临"质量"话语威胁下，展开的对"质量"话语权的争夺。对资产阶级的教育"质量"话语的反击，不像复课时期那样纯粹用"政治话语"来打压"学术话语"、以"身体"来打压"质量"的正当性，而是用新的"质量"话语反制旧的"质量"话语，从而掌握"质量"话语权。

1976年1月18日《人民日报》发表的《怎样看教育质量是个路线问题》，对文革教育质量问题进行了定性和历史总结，从而形成了一套新的质量话语体系。"无产阶级教育革命，是一场深刻的社会革命，不可避免地会遇到资产阶级和旧习惯势力的顽强反抗。他们攻击教育革

---

❶ 北京市第三十一中学党支部. 坚持提高文化课质量的正确方向［J］. 教育革命通讯，1973（8）：8－11.

❷《人民日报》通讯员. 从路线斗争看"教育质量问题"的争论［J］. 人民日报，1974－4－14（3）.

命，往往是从所谓教育质量问题入手。""我们讲质量，首先要讲政治质量，看方向，看路线，只能以毛主席制定的教育方针为依据。从德、智、体几方面看，不能只看智育一方面，首先要看学生的政治思想觉悟。即使是衡量文化课质量的高低，也不能只看死啃了多少书本，得了多少分数，而要看学生所学的书本知识是用那个阶级的政治来统帅的，要看学生是否善于把这些知识融会贯通，应用到实践中去，看他们分析问题和解决问题的能力。"❶ 一句话，无产阶级教育质量观就是要贯彻"必须为无产阶级政治服务，必须与生产劳动相结合"的教育方针，是用政治质量观去反对学术质量观。

2. 教育中批林批孔与开门办学

反右倾回潮的同时，"批林批孔"运动、"评法批儒"的政治运动也在全国蔓延，教育战线自然成为这次运动的主战场。1973 年 9 月 8 日至 11 日国务院科教组召开了教育战线批判孔子问题的座谈会，把批孔与批林结合起来，把批林批孔与批判修正主义的教育路线结合起来，1974 年 2 月 5 日至 8 日，国务院科教组又召开了第二次"批林批孔"座谈会，传达贯彻中央国家机关"批林批孔"动员大会精神，宣传《林彪与孔孟之道》这份材料，介绍"批林批孔"的经验，进一步推动学校的"批林批孔"活动。自"批林批孔"运动开展以来，全国各地教育战线又笼罩在政治批判的阴影中，与之前的"反击右倾回潮"合流后，大中小学开始普遍大搞"开门办学"、教育教学工作似乎又回到1968～1969 年时的状态。❷

全国各地教育战线深入开展批林批孔运动，批判"智育第一"的右倾教育路线，其实质还是政治话语再一次全面压制学术话语，用政治质量否定学术质量，延续文化大革命以来教育领域的阶级斗争的主调，认为中国教育仍存在两种路线斗争：

教育界的资产阶级偏见特别顽固。从孔老二到刘少奇、林彪，历代剥削阶级一直把教育阵地虚伪地宣传为单纯传授知识的场所。林彪一伙

---

❶ 陈虎，王定一. 怎样看教育质量是个路线问题［N］. 人民日报，1976 - 01 - 18（2）.

❷ 程晋宽."教育革命"的历史考察（1966 - 1976）［M］. 福州：福建教育出版社，2001：463.

就利用这个骗人鬼话，恶毒攻击教育革命"乱、糟、偏"，教学质量"今不如昔"，向无产阶级猖狂反攻倒算。他们的骗人鬼话，禁锢着革命队伍中某些人的头脑，使他们在资产阶级进攻面前，路线是非不清，斗争不力，不是有的人丢掉阶级斗争和路线斗争这个纲，去抓什么提高"质量"吗，结果文化大革命，被批判了的"智育第一"又乘机泛滥，干扰了毛主席的无产阶级教育方针的贯彻落实。❶

因此，教育领域必须全面贯彻无产阶级教育方针，批判林彪反革命修正主义路线的极右本质，使学校成为无产阶级专政的工具。贯彻无产阶级教育方针，是强调阶级斗争，把批判资产阶级的任务放在首位，但并非完全排斥文化知识，而是以"无产阶级政治"的有色眼镜去筛选文化知识，将被选用的知识披上无产阶级的合法外衣；无产阶级教育方针，强调与生产劳动相结合，理论联系实际，也并非完全排斥书本知识，而是重视如何学用这些知识。因此，无产阶级教育方针强调的阶级斗争和理论联系实际，其实质也是教育和教学两个基本问题：要选什么样的文化知识？通过什么途径或方式去学习文化知识？

其实，作为复课闹革命的方针——毛主席的《五·七指示》早就给出了答案："学工、学农、学军"，即要学真正能为三大革命斗争服务的知识，要在实践中学，反对关门办学，搞好开门办学；"批判资产阶级"是要教育坚持无产阶级政治挂帅。

遵照《五·七指示》开展的"批林批孔，开门办学"运动，其实还是围绕教育方针进行的教育革命，在政治上为无产阶级政治服务，主要是批林批孔，而实践上与生产劳动相结合，则是开展开门办学运动。1974年9月29日国务院科教组与财政部联合发出开门办学通知，认为：开门办学是无产阶级教育革命的新生事物，是上层建筑领域的一场深刻革命，始终把转变学生思想放在首位，以工农兵为师，以厂（社）校挂钩为主，多种形式办学，注意到中小工厂和农村中去。在开门办学运动的推动下，教育发生了一些变化：一是精简课程，改革课本内容；二是组成了许多大大小小的专业培训班，以适应三大革命实践的需要；三是增加了许多的实践基地。以辽宁的农村中学为例：

---

❶ 辽宁省教育局. 深入批林批孔 推动教育革命 [J]. 教育革命通讯, 1974 (2)：41–43.

辽宁一些农村中学在批林批孔运动推动下，以培养农村三大革命需要的人才为目标。他们精简了课程，改革了教学内容，根据农村三大革命的需要，把学生统一组成了农业机械、农业技术、电工、木工、赤脚医生、通讯报导等班组。各学校还普遍加强了厂（队）校挂钩，巩固和建立校办工厂、农场，据不完全统计，批林批孔运动以来，全省中小学校办小工厂、小农场、小饲养场、小林场，共增加了一万一千多个，以落实《五·七指示》，搞好开门办学。❶

3. 课本编写批林批孔与开门编书

随着批林批孔和开门办学运动的深入开展，各地课本也按批林批孔和开门办学的要求展开改编或重编，国务院科教组 1974 年 11 月 6 日也发出通知，要求各地根据充分反映无产阶级文化大革命的成果和开展批林批孔的要求，检查修订课本。随后，国务院科教组又召开了部分省市教材改革座谈会。会议"以党的基本路线为纲，以批林批孔为中心，认真学习毛主席、党中央关于批林批孔和教育革命的指示，分析教育革命和教材改革的形势，交流新经验，研究新问题，讨论检查、修订教材的原则和措施"❷。

会议认为，"三年多来的批林整风和批林批孔运动，又强有力地推动了教材改革的发展，取得了很大成绩。但是，有些教材，例如有些地区的中小学历史、语文课本，还没有较好地反映无产阶级文化大革命的伟大成果，体现普及、深入、持久地开展批林批孔运动的要求也很不够。这种情况，应予以足够的重视"❸。

会议通过对中小学历史、语文和大学文、史、哲几种教材的解剖，着重讨论了教材要充分反映文化大革命成果、体现批林批孔要求的问题。为了推进教材改革工作，会议要求各地教育部门和学校，遵照毛主席关于"教育要革命""教材要彻底改革"的指示，对现行教材进行一次认真的检查、修订，有的要重写。要先抓中小学历史、语文、政治课本和大学文科教材，对其他各科教材也要有重点有步骤地检查、修

---

❶ 辽宁省教育局. 深入批林批孔 推动教育革命 [J]. 教育革命通讯, 1974 (2)：41-43.
❷ 国务院科教组召开部分省市教材改革座谈会 [J]. 教育革命通讯, 1974 (12)：64.
❸ 国务院科教组召开部分省市教材改革座谈会 [J]. 教育革命通讯, 1974 (12)：64.

订。教材改革工作，要在各地党委的统一领导下，坚持群众路线，发动广大革命师生与工农兵相结合，发挥中央和地方有关部门两个积极性。❶

　　会后各地纷纷就课本编写举办座谈交流经验，当时著名教育期刊《教育实践》（1975 年第 2 期）编辑部曾举行"教育如何适应三大革命运动的需要"笔谈会，以上海为主的南方省市中小学教材编写人员一致认为，"目前的课本也存在一些问题"：

　　一是有些学科尚缺实际斗争需要的教材，例如语文，知识青年迫切需要掌握新闻报导、大批判、评论、总结、调查报告、革命故事等文章的写作，但现在的教材并没有按这种需要来编。二是有些教材比较繁琐，如何删繁就简，还需要研究。例如工基教材，以《机械传动》一章为例，书中用不少篇幅讲什么是皮带传动和齿轮传动，其实这些问题学生一到实际中去就可懂得了。……三是有些教材跟不上三大革命斗争发展的需要。在我们这个日新月异的社会主义国家里，新的事物不断涌现，我们就应该根据工农业生产的需要，不断地在教材中增加这些新的东西。毛主席十分重视教材改革，强调"教材要有地方性。应当增加一些地方乡土教材"。并且指出："科学的发展，由低级到高级，由简单到复杂，但讲课不能按照发展顺序来讲。"这些指示告诉我们，教材编写一定要从三大革命斗争的实际和发展出发，不断增删，不断改革，否则就会出现理论脱离实际的现象。❷

　　针对大量的类似批评，1974 年至 1976 年各地的课本重编，表现出两个基本特征：一是增加批林批孔的内容；二是从三大革命需要出发，开门编写课本。

　　批林批孔主要增加政治内容，而开门编写课本，则是要走群众路线，发挥中央和地方有关部门两个积极性，不仅由省市的中小学教材编写组负责编写课本，地方（包括中小学校）还可对现有省编课本进行"增删补换"或编乡土教材以适应三大革命的需要。例如：湖南岳阳的桃林中学对课本的改革，是在批林批孔运动中，根据三大革命的需要，

❶　国务院科教组召开部分省市教材改革座谈会［J］. 教育革命通讯, 1974（12）：64.
❷　庄涛. 要立足于"改"［J］. 教育实践, 1975（2）：40－43.

对现行省编课本进行"删、换、补、并、调",并编写补充教材。政治课本除主要学习马列著作和毛主席著作,深入批林批孔,研究儒法斗争和整个阶级斗争的历史以外,还学习党的基本路线和党在农村的各项经济政策。理化课本根据农业"四化"的需要,着重讲授农用机械、农村用电、有线广播、化肥、农药等有关基本知识和技能。❶

上海川沙县六团中学,根据农村三大革命运动的实际需要,对原有的课程课本进行"增、删、减",除语文、数学、政治、外语、体育等文化课外,每个年级还试开了一门专业课:中一学养猪,中二学菌肥农药,中三学"四大作物"栽培,中四学农机修理。另外还开设土记者、电子技术、医学卫生、革命文艺等选修课。他们还根据当地农业生产的实践经验,编写了《四大作物栽培》《猪的饲养》《五四零六菌肥的土法生产》等乡土教材。❷

由于全国各省市主要在围绕批林批孔与开门办学两大主题,进行教育改革,普设专业课和地方课程,所以各省市的教育情况并不一致,甚至同地区各校之间的课程设置也可能不统一,因此,中小学课程可谓多种多样,所编的专业课本也不尽相同,五花八门。而较统一的是传统课程和课本,它们或重编或改编自前一阶段的课本,如北京、河北、辽宁、天津、山西五省市共同编写的主要课本,小学包括数学、语文、常识、政治、音乐、美术等课本,中学包括语文、数学、物理、化学、农业基础知识、音乐、美术等课本(1974—1975)。这些课本中有部分是改编自前一阶段(1972—1973)所编的课本,如,北京、河北、辽宁、天津、山西五省市教材组于1973年共同修改了1972年版的北京小学《算术》课本。从1974年下半年起,五省市又自行作了些小的修改再次出版。山东省中小学语文课本(1974)也是对1972年编写的语文课本作了部分修改,修改后,课本的分量有所减轻。上海教育部门重新编写、出版了中小学13门学科的新课本,包括小学《语文》《算术》《常识》《图画》,中学《语文》《数学》《政治》《工业基础知识》《农业基础知识》《军体》等课本。新编课本具有比较鲜明的阶级性和实践

❶　湖南省、岳阳地区、临湘县教育局联合调查组. 一所农村中学的新变革——桃林中学按照三大革命需要改革教育的调查 [J]. 教育革命通讯, 1974 (9): 50-53.

❷　钟晓学. 六团公社党委是如何抓教育的 [J]. 教育实践, 1975 (8): 30-32.

性，体现了当时教育革命的现实和成果。这些课本在各地使用过程中，各学校还可根据三大革命运动、批林批孔、开门办学和上山下乡的需要，随时抽换或补充一些篇目。

总之，在批林批孔、开门办学的运动中开展的课本革命，各地都沿着一条共同的道路，积累了一个共同的经验：课本革命必须要从方向路线上改，要学习马列主义、毛泽东思想，改造世界观，要开展革命大批判，破旧立新；要开门编书，走群众路线。

二、批林批孔与课本

批林批孔运动是 1974 年后最重要的政治运动，渗透到各行各业，"批林批孔"的话语开始成为整个社会、工作及生活的"口头禅"和逻辑秩序。批林批孔在教育体系中也不能例外，批林批孔此时被定义为"两种阶级路线的斗争"，是教育史上儒法斗争的延续，作为阶级斗争的核心，渗透于教育中，影响教科书的编写，一方面编"批林批孔"的课本，另一方面在课本中"批林批孔"。

1. "批林批孔"课本

批林批孔的任务在中小学课本中主要由《语文》《政治》《常识》《历史》课本承担。编写"批林批孔"的课本，一般有两种形式，一种是编专门的"批林批孔"课本，另一种是编"批林批孔"补充教材。前一种如北京小学《常识》课本《反孔和尊孔斗争的故事》（1974），山西小学《常识》课本《反孔和尊孔斗争的故事》（1974）等。后一种如山西省中学《历史》补充教材《反孔批儒斗争史话》（1975），浙江省中学《历史》补充教材《反儒和尊儒斗争史话》（1975）等。这些课本的内容基本上编写反孔和尊孔的"斗争历史"或故事，北京小学《常识》课本《反孔和尊孔斗争的故事》包括课文：

吃人的奴隶制度；孔丘顽固地维护奴隶制；柳下跖痛骂孔老二；商鞅变法革新；孟轲反对社会变革；秦始皇领导的反复辟斗争；农民英雄投出反孔第一枪；孔老二的吹鼓手——董仲舒；王充伐孔；柳宗元和《封建论》；王安石反对司马光的斗争；孔孟之道的忠实信徒——朱熹；

刘六、刘七捣孔庙;闯王起义大破孔学鬼话;太平天国的反孔斗争;章太炎从反孔到尊孔;"打倒孔家店";农民运动横扫"四权";反共尊孔头子蒋介石;鲁迅痛批中外尊孔派;刘少奇是尊孔派;林彪是地地道道的孔老二信徒。

浙江省为了在教育、教学中"深入批判林彪推行的反革命路线,批判腐朽没落的孔孟之道,肃清流毒",编写了《反儒和尊儒斗争史话》作为中学各年级的历史课本:

批林批孔运动正在普及、深入、持久地展开。为了使历史教学更好地为现实的阶级斗争和路线斗争服务,并使学生了解一些儒法斗争的历史,暂定于 1975 年上半年,本省中学各年级历史课学习《反儒和尊儒斗争史话》。❶

为了使外语教学紧密结合革命斗争形势,上海市中小学教材编写组 1974 年编了一套英语批林批孔课本——上海市中小学课本《英语·批林批孔教材》,按语言程度深浅分为上、中、下三册。上册相当于上海市中小学英语课本第一至三册,中册相当于第四至六册,下册相当于第七至十册。主要课文包括:

Lesson One What Time Is It? Lesson Two An Announcement;Lesson Three Use the Pen as a Weapon;Lesson Four Learn from Huang Shuai;Lesson Five A Visit to Fankua Lane;Lesson Six The Chengtu – Kunming Railway;Slogans;Expressions Used in Criticizing Lin Piao and Confucius。

江苏、辽宁等省为了使语文跟上批林批孔运动发展的形势,但又来不及重新编写课本,于是就编写中学《语文》课本补充教材(1974),增补批林批孔的补充材料,供全省初二、高一和高二年级学生学习。江苏省中学语文课本补充教材(1974)的主要课文有:

一、毛主席语录 ……………………………………… (1)
二、在现代中国的孔夫子 ………………………… 鲁迅 (4)
三、林彪与孔孟之道 ……… 北京大学;清华大学大批判组 (16)

---

❶ 浙江省中小学教材编写组. 浙江省中学历史补充教材·反儒和尊儒斗争史话 [M].杭州:浙江人民出版社,1975:封三.

所有批林批孔课本，讲述的都是批林批孔的故事或讨论孔子、林彪的反动实质，基本上是一种批林批孔的政治课本，而无任何学科课本"个性"。

2. 课文"批林批孔"

1974 年后新办的全国性教育期刊《教育革命通讯》在 1974 年第 9 期发表评论《夺取中小学批林批孔的新胜利》，指出：

两千多年来，孔孟之道无孔不入，教育战线流毒更深更广。中小学的批林批孔如不及时抓紧，对青少年儿童不利。象《三字经》之类的东西，就是孔老二的信徒对少年儿童编写的。其目的就是为剥削阶级培养忠顺的"奴才"与"接班人"，对劳动人民子女毒害也很大。必须予以批判。

要把批《三字经》、《闺训千字文》、《弟子规》、《改良女儿经》、《神童诗》、《名贤集》等一类东西作为一项重要的任务来抓。坚持阶级分析，清除反动阶级思想对劳动人民子女的毒害。

要注意根据中小学和高低年级的不同特点，开展社会调查、讲故事、编歌谣等各种形式的批林批孔活动。在发动群众的基础上，为中小学编写一些和《三字经》一类书针锋相对的宣传马克思主义、批判孔孟之道的韵文启蒙读物，这是一项很有意义的工作。编得好的，可以选入教材。❷

所以，批林批孔除了编写专门的课本外，把批林批孔的内容选入中

---

❶ 江苏省中小学教材编写组. 江苏省中学课本·语文·补充教材［M］. 南京：江苏人民出版社，1974：1.

❷ 《教育革命通讯》编辑部. 夺取中小学批林批孔的新胜利［J］. 教育革命通讯，1974（9）：3－4.

小学课本是当时课本的主要变化之一，上文所述的"批《三字经》《闺训千字文》《弟子规》《改良女儿经》《神童诗》《名贤集》"就成了课本新编的内容。《教育革命通讯》1974 年第 11 期，选登部分中小学批林批孔部分教材内容，希望各地能选入课本，并发表"编者按"：

> 新教材要反映无产阶级文化大革命的胜利成果，体现批林批孔的精神，适应教育革命的需要，对现用教材应认真检查。有的要重新改写。在批林批孔运动中，工农兵写了大量的诸如批判《三字经》、《神童诗》的好文章，要择优选入中小学课本。历代反动统治阶级非常重视教材的编写，象《三字经》的版本就有一百多种。与之相比，我们搞得少了。希望各地教育部门抓紧这件事。❶

同期选登了几篇样本课文，例如北京市小学常识课本（1974），选有《闯王起义大破孔学鬼话》课文，颂扬李自成领导革命农民，推翻明朝，扫荡孔学，立下不朽的功绩等。上海市中学历史课本第一册（1973）中的"战国时期法家和儒家的论争"，褒"法"贬"儒"，儒法两家的斗争，反映了当时时代的动向，是两个阶级、两条路线的斗争。文中同时指出，"革命儿歌"新文体，这是孩子们在批林批孔运动中的一个创造。小学语文课本中，也常见这种新的革命文体，北京小学语文课本第三册（1974）课文《祖国建设跨骏马》，就是这样一篇批林批孔的革命新文体：

> 小记者，乐哈哈，书包一背就出发。一路歌声一路笑，祖国遍地开红花。先去大庆走一趟，工人叔叔干劲大。石油滚滚流不尽，生产月月超计划。告别大庆到大寨，农民伯伯干劲大。稻谷穗大粒饱满，层层梯田好庄稼。记者越看越高兴，提笔写下激情话：批林批孔结硕果，祖国建设跨骏马。❷

在编排上，选编批林批孔的文章组成一个批林批孔的教学单元是《语文》课本较常见的编排方式。例如山东省中学《语文》第一册

---

❶　《教育革命通讯》编辑部. 中小学教材选登［J］. 教育革命通讯，1974（11）：43 – 49.
❷　北京市中小学教材编写组. 北京小学语文·第三册［M］. 北京：北京人民出版社，1974：22.

（1975），14篇课文中，有4篇批林批孔的课文组成的单元：《工农兵批林批孔短文篇》（历史的车轮决不能倒转；卑贱者最聪明）；《官禄布风波——洪秀全砸孔子牌位的故事》；《论衡二则》（孔子不能先知；人死不能为鬼）；《〈三字经〉批注》选。

辽宁小学《语文》课本第九册中也有一个单元是针对性批林批孔，包括课文《毛主席语录》，《决不许'万童坑'悲剧重演——溪潭公社贫下中农和革命师生批林批孔侧记》，《反动谚语的批判》。

为适应政治运动的需要，各省的语文课本都特别增加了批孔的内容。其中尤以对"《三字经》反面教材"的批判最多，各地基本都把它纳入了语文课本的内容，矛头直指代表"封建思想"的孔夫子。山东省初中《语文》课本第三册（1975）对选择《三字经》批判作为课文提出了自己的理由：

> 青少年是无产阶级革命事业的接班人。我们必须从小能粗知一点马克思主义，敢于批判孔老二，敢于同资产阶级和一切剥削阶级的思想作斗争。因此，在普及、深入、持久开展的批林批孔运动中，把《三字经》这个反面教材拿出来，用马克思主义的立场、观点、方法，加以分析批判，清除其流毒，对于提高我们的阶级斗争和路线斗争觉悟，坚持无产阶级专政下的继续革命，是很有必要，也是很有好处的。❶

为了批林批孔的唯心观，多数中学语文课本都选了古代唯物论者王充的《论衡》二则：

> 《论衡》是东汉时的唯物主义思想家、哲学家王充的著名著作。王充出身于一个从事过农业和商业的平民家庭，和下层群众有过接触，受过世家豪族的压迫和欺凌。他所著的《论衡》，贯串着"疾虚妄"（痛恨一切不符合实际的说法）的战斗精神，大胆地对孔孟之道及其哲学基础——唯心论的先验论进行了批判。王充对孔孟学派的批判，是当时思想战线上两条路线的斗争，是当时社会阶级斗争的反映。❷

---

❶ 山东省中小学教材编辑组. 山东省中学课本·语文·第三册 [M]. 济南：山东人民出版社，1975：34－35.

❷ 山东省中小学教材编辑组. 山东省中学课本·语文·一年级下册 [M]. 济南：山东人民出版社，1974：99.

《〈论语〉批注》,也是各地课本批林批孔的重要内容,如黑龙江中学《语文》课本第七册(1976):

本文节选自一九七四年一月三十日《北京日报》《〈论语〉批注》(选刊)和一九七四年二月二十六日《北京日报》《〈论语〉批注》(选刊之二)。略有改动。

……

一九七四年一月三十日《北京日报》刊登了北京大学哲学系工农兵学员的"《论语》批注(选刊)",并加了"编者按"。这篇课文,节选了有关批注孔老二"克己复礼"、唯心主义"天才论"及其为没落奴隶主阶级培养接班人的反动教育路线部分。学习本文,要以马列主义、毛泽东思想为武器,密切联系实际,深入批判林彪反革命修正主义路线的极右实质和反动的孔孟之道,切实批深批透,把它们统统扫进历史的垃圾堆。❶

另外,在批林批孔运动中,牵扯出的历史上儒法斗争和争论,颂法贬儒的政治社论导向也在中学语文课本有所反映,一般语文课本会编选一单元两篇课文《五蠹》和《封建论》,以了解法家代表人物——韩非、柳宗元坚持革新、反对倒退的政治主张,以及在历史上的进步作用,及其历史与阶级的局限。目的是要从历史上的儒法斗争中吸取经验教训,为现实的阶级斗争、路线斗争服务。

学校与教师也可根据批林批孔的需要增加补充内容。如广东花县新华中学英语组在批林批孔运动中先后编写了 Sharp Criticism of "Restraining Oneself and Returning to the Rites"(《狠批"克己复礼"》);Learn from Huang Shuai and Hsin Jo – yu(《向黄帅、辛若愚学习》)、Hung Hsiu – Chuan(《洪秀全》)等三篇补充教材。其中《洪秀全》一文,"是配合全校师生到洪秀全故居所在地,与贫下中农一起批林批孔而写,主要是使学生通过对洪秀全这位中国近代的劳动人民反孔旗手的英雄史迹的了解,学习历史上劳动人民反孔斗争的革命精神,深入开展批林批

---

❶ 黑龙江省中小学教材编写组. 黑龙江省中学课本·语文·第七册 [M]. 哈尔滨:黑龙江人民出版社,1976:169.

孔运动"❶。

批林批孔的内容不只编入《语文》、《政治》课本中，像《历史》、《英语》、《革命歌曲》、《卫生》等几乎所有的文科课本都常见批林批孔的内容。

《历史》课本各地除了编写《中国历史》、《世界历史》等课本外，一般增编批林批孔的补充内容。湖南中小学教材编写组所编《中国近代史学习资料选编》（供 1974 下半年初中历史教学用），就是一本由批林批孔和中国近代史资料两部分组成的历史课本。

音乐课本则通过编选革命歌曲，唱"批林批孔战歌"，如，湖南省教材教学研究室于 1975 年编的《革命歌曲》（供初一一期使用）选编有"批林批孔战歌嘹亮"等歌曲。

除了在课本中增补专门内容体现批林批孔运动外，还有一种形式就是结合课文内容进行批林批孔。湘潭县盐埠公社中学在批林批孔运动中编写的《青春期生理卫生课本》（1975），其中"劳动使你茁壮成长"一课中，就是结合"批林批孔"加以论述的：

> 没落奴隶主代言人孔老二极力鼓吹"学而优则仕"，反对学稼、学圃。林彪反党集团把组织青年同工农相结合，上山下乡诬蔑为"等于变相劳改"，这些都充分表明了他们同劳动人民的对立，妄图把青年一代培养成为四体不勤，五谷不分，做官当老爷的精神贵族，为他们的复辟阴谋效劳。❷

《英语》课本则通过编选一些与批林批孔运动有关的课文、短句、词语、对话等，对学生进行思想政治教育。

三、开门编书与课本

理论与实践之间的张力在中小学课本编写中表现出一种忽左忽右的

---

❶ 花县新华中学英语组. 英语课加强思想教育的几点做法［J］. 教育革命参考资料，1974（7）：30－31.

❷ 湘潭县盐埠公社中学. 青春期生理卫生课本［M］. 湘潭：湘潭县革委会文教局，1975：27.

"钟摆"现象，它们之间如何在课本编写中保持一种符合"教学规律"的平衡，要考虑多种因素，例如学生的年龄特征、知识的特性、教学条件等，但因一个"教学规律"或"教育科学"之外的政治因素的强力介入，使得课本的编写简化或异化成路线斗争的问题，重视基础知识被贴上走资产阶级修正主义路线的标鉴，只有重实践才被奉为无产阶级的教育路线。

在"反击右倾回潮"、批林批孔的政治运动合流后，重申要坚持走无产阶级专政的教育路线，也即毛主席制定的"教育必须为无产阶级政治服务，必须同生产劳动相结合"方针，开门办学是贯彻方针的重要途径。❶ 缘此，大中小学在 1974 年后开始普遍大搞"开门办学"，教育和课本的编写从教育整顿时期讲清基础知识后联系实际（或者说重视理论指导的实践)，最终像河南等部分地区重编《工业基础知识》课本一样，走回面向三大革命需要编写理化课本，即编写生产实践知识的课本。开门办学在课本编写中主要有三种表现形式：走群众路线开门编书，从小课堂到大课堂和编写专业知识课本。

1. 走群众路线开门编书

开门办学包含两方面的意思，一方面要走群众路线，另一方面要面向三大革命实践。走群众路线就是要批判"依靠权威，关门编书"的旧的编写方法，发动群众来编书，实行开门编书。

开门编书通常的一种形式是广泛地发动群众参与课本编写，把编写课本的任务交给各区、县负责。在上海市，中小学每门学科的课本都由一个区（县）为主，其他区（县）和有关局、大学配合，市教育部门派出专业人员分头参加。"在区委、县委统一领导下，广泛发动群众，实行专业编写人员、业余编写人员和广大群众的三结合，进一步调动了各方面的积极性，使这项工作呈现了生动活泼的局面。例如，崇明县和其他一些区、县的小学教师，根据笔算、口算、珠算的不同特点及其内在联系，试编了三算结合的小学数学课本。经过一些学校试教，初步证明三算结合能提高教学质量，缩短教学时间，为小学数学课本的进一步改革提供了经验。还有不少有经验的工人、贫下中农，和革命师生、专

---

❶ 隽之. 谁说开门办学是"实用主义"［J］. 教育革命通讯，1974（11）：41 - 42.

业编写人员一起,试编《工业基础知识》、《农业基础知识》课本。"❶
山西的"三算结合"❷《算术》(1976)课本,是"由太原市南北城区、
南北郊区、晋城县、河津县、原平县的部分同志,编写一至四册'三算
结合'的小学数学课本,供试验'三算结合'教学的班级使用"❸。黑
龙江中学《语文》(1976)课本是以齐齐哈尔市为主、齐齐哈尔铁路局
和齐齐哈尔师院协作编写的。山西小学《语文》(1974)课本则是以太
原市北城区为主,并有雁北、忻县、晋中、吕梁、阳泉、临汾、运城等
地市以及太原南城区的部分人员参加,共同编写了这套小学《语文》
课本。辽宁省小学《语文》(1976)课本则由省中小学教研室委托锦州
市教育革命研究室编写。辽宁省小学《算术》课本(1975),则是在使
用北京市1973年出版的小学《算术》课本的基础上,委托抚顺市中小
学教学研究室组织力量,对这套教材作了一些修改……

　　各省市编的《工业基础知识》和《农业基础知识》教材,不少是
由有实践经验的工人、贫下中农和革命教师、专业编写人员一起试编
的,打破了中学理化课本旧体系"关门编书"的路子。

　　总体上,各地课本编写人员的组织,不仅请工农兵当主编,还下放
编写权力,以委托的方式由各地方分别编写各科的课本,当作全省的通
用课本,扩大了编写人员的参与面。

　　开门编书的另外一种形式,是把课本编写得较精简,留有较多的时
间给地方补充教材。例如湖南小学《政治》课本(1974)是"为了贯
彻开门办学的精神,这套课本每册编写了八篇基本教材,教学时数约占
全期政治课教学时间的三分之二。其余时间学校可根据当前形势和党的
中心任务,另选补充教材进行教学"❹。

　　由地方编写补充教材,也是"开门编书"走群众路线中最为常见
的组织方式,通常课本的"说明"中都会有以下类似的说明和要求:

---

❶ 《教育革命通讯》编辑部. 上海中小学教材改革取得新成果 [J]. 教育革命通讯,
1974 (1):18-19.

❷ 三算结合,即口算、笔算、珠算三结合。

❸ 山西省中小学教材编审室数学组. 新编小学数学(三算结合)课本介绍 [J]. 山西
教育, 1976 (4):59-64.

❹ 湖南省中小学教材编写组. 小学试用课本·政治·第一册 [M]. 长沙:湖南人民出
版社, 1974:封三.

各地在使用这套教材时，可根据学习无产阶级专政理论和教育革命发展的要求，结合本地实际情况进行必要的增减和调整。❶

2. 从小课堂到大课堂

黑龙江省中小学教材组在《新编小学数学、语文课本（第一册）使用说明》中提出根据毛主席的教导"社会实践的继续，使人们在实践中引起感觉和印象的东西反复了多次，于是在人们的脑子里生起了一个认识过程中的突变（飞跃），产生了概念"，教材和教学的任务，就是指导学生参加社会实践，促进认识过程中的突变（飞跃）。既指导学生参加三大革命实践，积累感性的经验，又要求在理论的指导下从事涉及解决各种问题的实践活动。❷《使用说明》中指出课本编写要"坚持实践第一的观点，贯彻理论联系实际的原则，努力促进开门办学"，要求"走出去、请进来"，把大小课堂结合起来，促进开门办学，使学生在三大革命实践中接触工农业生产，接受工农兵的再教育，切实提高分析问题和解决问题的能力。例如，小学《算术》第一册，在教学 10 以内数的认识时，提出"调查你们生产队（或居民组）有几家军属？再给军属家作些有意义的事"。学过 20 以内的加减法，就提出到附近工厂、商店、生产队进行调查，用学过的口算和珠算加减法解答三大革命实践中提出的实际问题。❸ 因此，在课本内容上，开门办学要求课本编写从小课堂走向大课堂，即要学生"走出去"，参加生产实践，从而实现开门编书。

如何把小课堂延伸至大课堂，联系实践呢？与生产实践联系紧密的《物理》《化学》《工业基础知识》《农业基础知识》在课本"说明"中都有详细说明，这里仅以强调系统学习的数学课本为例，它联系实践的方式主要有两种：

一是增加生产实践的内容，在数学课本中主要是增加数学知识在生

---

❶ 辽宁省中小学教材编写组. 辽宁小学课本·算术·第九册［M］. 沈阳：辽宁人民出版社，1975：封三.

❷ 黑龙江省中小学教材组. 新编小学数学、语文课本（第一册）使用说明［J］. 黑龙江教育，1975（6）：29 –33.

❸ 黑龙江省中小学教材组. 新编小学数学、语文课本（第一册）使用说明［J］. 黑龙江教育，1975（6）：29 –33.

产实践中的应用。

河南省革命委员会教育局中小学教材编辑室 1975 年编写的河南省高中试用课本《数学》共八册，编者在"说明"中提出：……要实行开门办学，把教学同三大革命实践和"工业学大庆"、"农业学大寨"运动紧密结合起来，培养学生分析问题和解决问题的能力，使学生成为有社会主义觉悟的有文化的劳动者。❶ 这套课本与三大革命实践相联系，首先是在课本内容上增编联系实践的内容，如第一册第一章的"直线方程的应用"，第二章的"应用对数和计算尺进行计算"，以及第三章"统筹法"都是联系生产实践的内容（详见表 2 – 13）。特别是"统筹法"是一种为生产建设服务的数学方法，它的使用范围极为广泛，在国防、工业的生产管理和关系复杂科学实验的组织和管理中，皆可应用。课本选编"统筹法"，主要是为提高工农业生产的管理水平服务。

表 2 – 13　河南高中试用课本《数学》（1975）第一册主要内容

章	节
第一章　直线方程及其应用	第一节　平面直角坐标系；第二节　直线方程；第三节　直线方程的应用
第二章　应用对数进行计算	第一节　对数的意义；第二节　对数的性质和运算法则；第三节　常用对数；第四节　应用对数和计算尺进行计算
第三章　统筹法	第一节　调查三件事，画出箭头图；第二节　揭露矛盾，抓住主要矛盾线；第三节　注意矛盾的转化，不断修改统筹图；第四节　认真总结经验，不断提高生产管理水平

江苏中学课本《数学》（1976）第四、五册中基本上都选用数学知识在生产中的应用，除第五册第十二章"一元一次不等式"联系实践不明显外，"简易三角测算""统计图表""一元二次方程在工农业生产中的应用""优选法与正交实验设计"都从三大革命实践出发进行内容选择和编排。例如"一元二次方程"：

"在生产斗争和科学实验范围内，人类总是不断发展的，永远不会停止在一个水平上。"我们已经学过了一次方程，并应用它解决了一些

❶ 河南省革命委员会教育局中小学教材编辑室. 河南省高中试用课本·数学·第一册 [M]. 郑州：河南人民出版社，1975：封三.

实际问题。但是,在三大革命实践中,解决有些问题还需要用到一元二次方程。例如······**❶**

二是把数学知识学习与生产实践活动联系起来。河南高中试用课本《数学》(1975)第三册中"学习曲线"的内容,就安排实践活动:"到建桥工地学习工人、贫下中农建筑圆弧拱桥的经验和放样方法,并用'坐标纸法'和'公式法'绘制出该圆弧拱的坐标放样图和坐标放样表。"**❷**

山东省中学《数学》课本(1975)在单元后安排实践活动,深入农村、工厂,向工农学习,加强所学知识与实践的紧密联系。第一册第二章"一元一次方程和一元一次不等式"后所附实践活动是:

1. 到附近生产队进行调查,了解该生产队解放前、文化大革命前以及近年来的粮食亩产量并作出比较,批判林彪散布的"今不如昔"的谬论,并编一道可用一元一次方程解的应用题。

2. 到附近工厂参观,请锻工车间的工人师傅介绍怎样将截取的原料锻造成合乎要求的工件毛坯? 在锻造前要进行哪些计算? 根据锻造工件毛坯的要求,编一道可用一元一次方程解的应用题。**❸**

在小学算术课本中增加实践内容和活动,最典型的是"三算结合"的小学算术课本。小学算术教学,1969 年开始有地区曾经开展"三算结合"(口算、笔算、珠算)教学试验,为的是与三大革命实践联系起来,改变旧课本不联系三大革命斗争实际的状况。到 1975 年后,"三算结合"的算术课本也进一步编写出来了,如东沟县在批林批孔运动普及、深入、持久发展的过程中编写了和三大革命实践相联系的"口算、笔算、珠算"三结合《算术》课本(1974):

本册教材以马列主义、毛泽东思想为统帅,冲破旧教材的循环圈,

---

❶ 江苏省中小学教材编写组. 江苏省中学课本·数学·第五册 [M]. 南京:江苏人民出版社,1976:18.

❷ 河南省革命委员会教育局中小学教材编辑室. 河南省高中课本·数学·第三册 [M]. 郑州:河南人民出版社,1975:4.

❸ 山东中小学教材编写组. 山东省初中课本·数学·第一册 [M]. 济南:山东人民出版社,1975:98.

按照数的计算规律，在学习 20 以内数加减法的基础上，把多位数的加减法一次学完。教材从三大革命事例引入基本知识，并用所学的基本知识去解决三大革命中的实际问题，从而培养学生的分析问题和解决问题的能力，提高学生阶级斗争和路线斗争觉悟。❶

山西省中小学教材编审室数学组编写的一套"三算结合"的小学《算术》课本（1975），共四册，在课本的介绍中特别指出课本是力图从三大革命斗争需要出发改革内容：

一是围绕学生学农、务农的需要，选取三大革命斗争，特别是农业生产上需要的数学知识为内容。从一年级起，就学习生产和日常生活中普遍使用的珠算。把与农业八字宪法有关的一些数学知识和农村常用的三种表（生产统计表、销售统计表、产量比较表）、三种账（工分账、收付账、分配账）、一种票（发票），由浅入深地编入课本。

二是内容编排从实际需要、应用引出，通过学生动手测量、画图、计算，以及观察和比较，把感性认识上升到理性认识。

三是增加实践活动，让学生到工厂、农村或商店参加生产实践，并在实践中学习运用数学知识。如第一册的实践活动，就要求组织学生到工厂、农村、部队中去，看工人为革命做工，农民为革命种田，解放军为保卫祖国苦练杀敌本领，并结合看到的事物进行数数计算。在学习第二册多位数和小数加减法以后，要求学生到附近工厂、商店、生产队调查解放前后、文化大革命前后有关产品、产量或商品销售量增长数据，自编应用题。❷

"开门办学"强调增加实践内容和活动，服务于三大革命实践，甚至发展出一些极端的联系实践的数学课本，如从农业"八字宪法"出发编写的数学课本。广东中小学教材编写组于 1976 年对双滘中学数学教材改革进行过一次调查，提出了一条改革数学课本的新路——"坚持为农服务，把贯彻农业'八字宪法'中的实际问题同数学知识结合起

❶ 东沟县"三算"结合教材编写组. 东沟县小学试用课本·算术（一年级第二学期）[M]. 东沟：东沟县"三算"结合教材编写组，1974：封三.
❷ 省中小学教材编审室数学组. 新编小学数学（三算结合）课本介绍 [J]. 山西教育，1976（4）：59－64.

来"。《数学》完全是根据农业"八字宪法"的需要编写的,具体是以专业带基础理论,包含了促进农业生产大上快上所急需的数学知识,并结合编入必要的数学基础知识,详细内容见表2-14。

表2-14 双滘中学《数学》(1976)的主要内容❶(缺第四章)

章	主要内容
第一章"土"	结合土地规划、平整土地、改良土壤,介绍平面图测绘、地形图测绘、高程测量以及多面体、实数和根式运算等数学知识
第二章"肥、保"	结合化肥、农药的使用和作物保护的需要,介绍方程、优选法和正交试验设计等内容
第三章"水"	结合渠道测量、库容测量,介绍水准测量和一元二次方程等知识
第五章"管"	结合田间管理需要,介绍线性规划、指数与对数等内容
第六章"工"	结合工具改革的需要,介绍函数及其图象、三角基础知识、农基识图、立体几何中直线、平面的关系以及设计小水电站的有关计算
第七章"数学在三大革命运动中其他方面的应用"	以讲座形式,结合农用建筑,数学在工业建设、国防建设、天文历法、气象预测等方面的应用,介绍解三角形、直线型和非直线型经验公式、圆锥曲线等数学知识

上海松江县数学编写组为编写为农服务的数学课本《农用数学》,曾到农村调查数学怎样为农服务的问题:

开始我们问贫下中农:"方程在你这里有什么应用?"他们摇摇头,我们空手而归。后来改变这种方法,按照农业"八字宪法"调查,从实际出发提问题:"棉花良种怎么繁殖?产量怎样测算?"这样一来,谈得很热烈。经过调查,看到数学在农村应用很广。有人说数学联系实际就是"测量搭会计",情况远不是这样。最近我们就编了"种子量的估算和农作物的测产"、"计划用肥、病虫害防治中的计算和图象分析"、"生产队平面图测绘"、"开河工程中的测量和计算"、"农村拱桥建造中的放样和计算"、"政宣工作中的统计图表"等内容。……这样做,使学生学习时就懂得怎样用数学知识为农业科研服务,使数学和农

❶ 广东中小学教材编写组. 改革数学教材的一条新路——双滘中学数学教材改革的调查[J]. 新教育,1976(8):34-36.

村三大革命斗争紧密结合起来。❶

广东省廉江县横山公社中学数学组的教师深入工厂、农村，作调查访问，开座谈会，向有经验的工人、贫下中农请教，搜集一批对三大革命运动有实用价值的数学实例。经过研究，整理归类后，编写一套乡土教材《农村常用数学》（1974）共9类：《农村会计》《农业机械数学》《农作物测产法》《地积测量》《林木材积计算》《木工中的数学》《房屋中的数学》《使用农药的计算》《劳动力的合理安排》❷。

江西省于都县银坑中学数学组也编了一本《农村实用数学》（1974），共分农村四化、科学种田、农村财会、农村调度与规划等四章。主要内容有：农村测量、会计、统计，数学在农业机械、农村水电、肥料、农药菌肥、病虫害防治、劳力安排、估产等方面的应用。编者把编写课本的做法和体会概括为三点：第一，服从三大革命的需要，与当地农村实际对口，坚持为农服务；第二，坚持走群众路线，从实践中取材；第三，在开门办学的教学实践中使用、充实和提高，使《农村实用数学》更加完善。❸

语文等文科教材又如何从小课堂到大课堂、理论联系实际呢？毛主席关于"文科要把整个社会作为自己的工厂"的指示，不仅适用于大学、中学，同样也适用于小学，也为开门办学下的中小学文科类课本编写指明了改革的方向。

山西省中小学教材编审室语文组介绍山西省小学《语文》课本（1974）时，就把"力图贯彻执行毛主席关于'文科要把整个社会作为自己的工厂'的指示，做到理论和实际相联系"作为课本的指导思想和编写意图之一，课本编写走向"大课堂"具体表现在以下几个方面❹：

首先，请进来，走出去。这套课本从始至终都安排有请进来、走出

---

❶　松江县《农用数学》编写组. 编写为农服务的数学教材［J］. 教育实践, 1975（2）: 47.

❷　编写乡土教材《农村常用数学》［J］. 教育革命参考资料, 1974（3）: 40.

❸　于都县银坑中学数学组. 编写《农村实用数学》的体会［M］. 教育革命（赣南教育学校）, 1974（8）: 21－22.

❹　山西省中小学教材编审室语文组. 新编小学语文课本介绍［J］. 山西教育, 1976（2－3）: 60－64.

去的活动。

其次，是让学生在三大革命斗争实践中提高读写能力。在课本的"实践和练习"中，结合各个单元的教学重点，都分别安排了实践活动的内容。

第三，引导学生向社会学习，向工农兵学习。新编课本里的许多作业题，不是局限在从书本里找答案的。

第四，安排足用的实践活动时间。为了使师生有走出校门、深入工农兵和社会实践的时间，课本给每一单元的"实践和练习"留出十到十二节课的时间，参加社会实践活动。

黑龙江中学《语文》新编课本（1976）所选的课文，不仅篇数多了，篇幅也长了，而且大都选用密切反映三大革命运动实际的文章，如第七册的课文：权力、房东大娘、一匹马与一百匹马、向农民不断地灌输社会主义思想、开门办科研的社会主义方向不容篡改、两篇短而好的调查报告等。这些课文的编选正是出于要实行开门办学、把学生的眼界引向社会大课堂的目的，通常采取"走出去、请进来"的办法，帮助学生更好地理解课文的思想内容。"通过把整个社会作为学生学习的工厂，创造条件让学生更多地接触工农兵，并在学习工农兵的过程中，在大小课堂结合的过程中，让学生学得生动、活泼、扎实、管用，受到深刻的思想政治教育，以达到转变学生思想的目的。"❶ 为了开门编书，这套课本还在每单元前编排教学建议，其中包含一部分"社会为工厂"的教学建议（见表2-15），以便于大小课堂的结合，实现开门办学的目的。

表2-15 黑龙江中学《语文》第七册（1976）以"社会为工厂"的教学建议

单元	以"社会为工厂"的教学建议
第一单元 教学建议	到附近街道、工厂或农村去，学习先进人物的好思想，并把他们的先进事迹写成文章报道出去
第二单元 教学建议	以列宁和毛主席的有关论述为指导，参加工厂或生产队的三大革命实践，并练习写总结（或心得体会）

---

❶ 黑龙江省中小学教材编写组. 新编中学数学、语文课文（第一册）使用说明 [J]. 黑龙江教育，1975（6）：29-35.

续表

单元	以"社会为工厂"的教学建议
第三单元　教学建议	投身到"全党动员，大办农业，为普及大寨奋斗"的伟大斗争中去。调查农村两个阶级、两条道路斗争的历史和现状。写调查报告
第四单元　教学建议	同附近街道、工厂或农村的工农群众一起，批判孔丘、刘少奇、林彪一类鼓吹"克己复礼"的罪行

河南省中学《语文》（1975），一般在课文后附的"学与教参考"中，鼓励学生"走上社会"，走向大课堂，如"访问工人、贫下中农，了解当地无产阶级文化大革命以来的巨大变化，写一篇反映这种巨变，歌颂毛主席革命路线的文章。""选择报纸、杂志上发表的曲艺节目，或自编的曲艺节目，进行排练，为贫下中农演出。"等等。

3. 编写专业知识课本

开门编书的第三种方式是编专业知识课本，服务于生产实践。

（1）生产需要什么学什么

"三大革命运动需要什么就设什么课程，工农业'四化'需要哪些技术，就学什么内容。确定课程设置，着眼于现实急需"❶不仅是当时课程设置的重要原则，也是各地编写课本的重要依据。这样，全国一般都开设政治、语文、工基（或物理、化学）、农基、数学和军体等课，每门课程和课本的功能都不相同。例如，松江县新桥公社曙光大队五·七学校编写政治课本以毛主席五篇哲学著作为基本教材，开展学哲学、用哲学的群众运动，用毛主席光辉的哲学思想指导三大革命实践；语文课本要培养学生达到"土记者"水平；工基课本以"三机一泵"（柴油机、汽油机、电动机和水泵）为重点，要求学生掌握农村常用机械的基本原理、性能，并会操作和检修；农基课本则根据毛主席的"农业八字宪法"，重点讲茬口搭配、植保和良种培育。"这样学得少而

---

❶ 松江县新桥公社曙光大队五·七学校. 办贫下中农欢迎的学校 [J]. 教育实践，1975（2）：26-29.

精，收效大，学了就能派用场。"❶

1974年，大量知识青年持续地上山下乡，以及工农业生产的实际需要懂技术的人才，都希望中学特别是城市中学要有一套全新的课程设置和课本满足人才和实践的需求。因此，像天津市就提出改革教学内容，要注意做到"三个坚持"、"三个有利于"，即：坚持以阶级斗争为主课，培养无产阶级革命事业接班人；坚持从当地工农业生产实际需要和实现"四个现代化"的需要出发，确定教学内容；坚持精简课程，改革教材，着重培养学生分析问题和解决问题的能力。新课程的设置和新课本的编写，要有利于结合生产实际进行教学，有利于开门办学，有利于调动学生的主动性，这是全国新编中小学课本的出发点。❷

（2）从生产实践出发编"工农基"

为了开门办学，从三大革命运动的需要出发，有些省市如河南、上海等恢复编写已经在教育整顿时期被取消的《工业基础知识》课本。河南中学课本《工业基础知识》（1975），就是在批林批孔运动中重编的，共分六册，初、高中机电部分各两册，化工部分各一册。虽然此套课本的编选范围超过了复课时期"三机一电"的内容，也有部分基础知识，但它只是为了说明和理解工农业生产设备、产品而编排的，全套课本依然是从工农业生产实践需要出发选编内容，课本内容基本等同于复课时期的试用课本，内容详见表2-16。

表2-16　河南《工业基础知识》（1975）内容编排

课　本	内　容
初中机电第二册	照明电路；交流电；电动机；有线广播；光学仪器
初中化工全一册	化学肥料；氧气；石灰 水泥；农药；碱酸盐；土壤和土壤分析；钢铁；军事化学常识
高中机电第一、二册	运动与力；机械传动 车床；机械能 农村水电站；人造地球卫星；射流技术简介；拖拉机；电工基础；输电与配电；三相感应电动机；无线电；原子核物理简介

❶ 松江县新桥公社曙光大队五·七学校. 办贫下中农欢迎的学校 [J]. 教育实践，1975（2）：26-29.

❷ 天津市教育局教育组. 改革城市中学教育的初步探讨 [J]. 教育革命通讯，1974（12）：22-28.

上海市中学课本《工业基础知识》（1974）的电工部分，通过引导学生安装一盏电灯的实践，使学生对电路的一般结构有一定的感性认识，并学习电流、电压、电阻、部分电路的欧姆定律等基础知识；接着，通过装两盏电灯的实践，了解串联、并联电路的结构、特点，学习电功、电功率、电流热效应等基础知识；以后又应用这些基础知识去分析和解决照明电路的安装和检修中遇到的一些实际问题。这些内容的编选思路实际也只是为了学农时能够为贫下中农安装和修理照明设备和电动机，与复课时期的课本无差异。

当然，也有不少地区（如山东、湖南、吉林、江西等地）仍采用《物理》《化学》课本名，但课本内容完全不同于教育整顿时期重视讲清基础知识，而是类同于《工业基础知识》的内容，讲典型生产和设备，如湖南中学课本《物理》（1975）第五、六册的主要内容是工农业生产中的电工器件，与同时期河南省的《工业基础知识》（1975）内容虽有所差异，但设计的理念是一致的，即根据生产实践来编写课本。

（3）编写专业课本

《教育革命通讯》1974年第九期刊发专题"怎样进一步改革中学教育的讨论"，其中《城市中学教育应当进一步改革——鞍钢老工人李绍奎、宋显有同志的建议》一文的"编者按"中对中学教育提出了几个问题：

无产阶级文化大革命以来，中学的教育取得了很大成绩。现在请同志们考虑这样一个问题：我们一些中学毕业的学生到三大革命实践中以后，为什么有不少"缺门"还要从头学起？为什么不可以在学校里多学一些实际本领？我们的中学教材是不是都能适应三大革命的需要？❶

在《城市中学教育应当进一步改革》的讨论中鞍钢老工人李绍奎、宋显有的意见最有代表性，他们认为："现在不少城市中学培养出来的学生，到农村电机坏了伸不上手，机器出了故障不会修，一句话，遇到技术的活计，就'没门儿'。知识青年也感到，如果在校十年能学点专业技术，到农村这个广阔天地里发挥作用会更大。目前许多学生家长，

---

❶ 城市中学教育应当进一步改革——鞍钢老工人李绍奎、宋显有同志的建议 [J]. 教育革命通讯，1974（9）：51-52.

希望自己的子女能学点专业技术，为农业多作贡献。用钢铁工人说的话就是'今后农业机器越来越多，技术活也逐渐增多。我们的孩子如果学点技术，在农业战线上，拿起锤子能修机器，放下锤子能种地，亦工亦农，能文能武，该多好啊！'"❶ 他们建议：对原有课程要改革，砍掉一些，以班级为单位学专业技术。❷

正是为满足这种学习专业技术的需要，各地的教育部门或学校都编写专业课本供学校使用，一般采取两种方式：

一是由省市统一编写本地的专业课本。

普通中学由于不是专业学校，很难预先就安排好每个学生毕业后的具体去向，但是又要联系生产实践。很多地方（天津、上海、辽宁等地）都认为除要适当增设一些专业课外，其他课程和课本虽然不宜过分专业化，但为了让学生毕业后能适应上山下乡和三大革命的需要，掌握在工农业生产中一些带有普遍性的基本理论知识和生产知识，像电机、内燃机、普通机械、电工、工业化学、化肥、农药、土壤、作物栽培、防治病虫害、医药卫生等各方面的基本知识，还是很有必要的，这些专业基础知识都应该列入中学的课本内容，特别是应该列入高中的课本内容。所以，多数省份专门就某一方面的工农业生产知识编写专门性课本，如上海中学课本《电子技术基础》（1975），江苏省中学试用课本《农业机械（水泵）》《农业机械（电动机）》（1974），辽宁省中学选用课本《拖拉机》（1975），北京市中学化学选用课本《土壤》（1975），北京市中学农业基础知识选用教材《养猪》（1975）等。它们都是为了适应生产劳动需要编写的，如江苏省中学试用课本《农业机械》是"为了使中学教育更好地为无产阶级政治服务，与生产劳动相结合，以适应农村社会主义建设的需要，编写了中学农业机械课本，供全省中学使用。本教材包括柴油机、手扶拖拉机底盘、水泵和电动机四部分"❸。北京市中学农业基础知识选用教材《养猪》是"为了更好地适应三大

❶ 城市中学教育应当进一步改革——鞍钢老工人李绍奎、宋显有同志的建议［J］. 教育革命通讯，1974（9）：51－52.

❷ 城市中学教育应当进一步改革——鞍钢老工人李绍奎、宋显有同志的建议［J］. 教育革命通讯，1974（9）：51－52.

❸ 江苏省中小学教材编写组. 江苏省中学试用课本·农业机械（水泵）［M］. 南京：江苏人民出版社，1974：封三.

革命运动的需要，适应学生上山下乡建设社会主义新农村的需要"❶ 编写的选用课本。

二是各地中学自编本校的专业班、专业课的课本（或教材）。

与《怎样进一步改革中学教育的讨论》发表在同期同系列文章中的《北京市中学教育革命的新篇章》《上海市效县部分中学举办专业训练班》《中学开设专业课好》等，都是各地中学就各地情况提出要开门办学，增设各种专业班、短训班，为农村建设培养一批急需人才。

在"开门办学"的要求下，除了省市编写本地区的统编课本专讲专业基础知识外，各地区的中学都大办专业班，大开专业课，改变过去"关门办学"状况，让学生在校就能掌握一些专门知识和技能，毕业后直接服务于生产实践。专业班是解决三大革命实践的急需所设的班级，如顺义县平谷庄中学开办了政治、农技、卫生、兽医、机电五个专业班，金山县张堰公社秦山大队"五·七"学校举办拖拉机、土电工、卫生员、土记者等专业训练班，把农村三大革命实践最急需的东西作为训练班学习的主要内容。专业课主要由中学根据本地生产情况自主设置课程和确定教学内容。例如，山西阳城县一中，在批林批孔运动的推动下，打破普通中学的办学常规，在高中班开设了专业课程，根据地方农业生产发展的需要，确定高中设置农技、水电、机械、蚕桑、果树、医卫、兽医、文艺等专业课。每班根据学生实际情况，开设其中一门课，每周教学三至五课时。同时，针对所设专业和培养目标的需要，将现行高中教材有的删减有的与专业课程合并，有的开设专题讲座。阳城一中根据课程设置的改革，结合三大革命斗争的实际需要，自编了一部分专业课教材：《作物栽培》《细菌肥料》《电工基础》《电焊机修造》《变压器改压》《牲畜诊断》《土方验方》《药品制造》《农村应用文》等三十多种教材。为了解决由于长期使用化学农药，害虫产生了抗药性，治虫效能减低，而且大部分化学农药对人畜有危害等问题，……编写了《赤眼蜂的繁育和使用》补充教材❷。

---

❶　北京市教育局教材编写组. 北京市中学农业基础知识选用教材·养猪［M］. 北京：北京人民出版社，1975：封三.

❷　山西省阳城县一中党支部. 中学开设专业课好［J］. 教育革命通讯，1974（10）：58－60.

张家口市许家庄中学，就对现有课本进行了"增删补换"，使教材具有革命性、实践性。以农村三大革命实践为源泉，编写了《农村新人新事》《优良种的培育》《果树的嫁接和剪枝》《给猪注射九二零的方法》《化肥的性能和使用》等课本❶。

上海市川沙县六团公社党委抓开门办学，根据农村三大革命运动的实际需要，对原有课程教材进行"增、删、减"，除语文、数学、政治、外语、体育等文化课外，每个年级还试开了一门专业课：中一学养猪，中二学菌肥农药，中三学"四大作物"栽培，中四学农机修理。还根据当地农业生产的实践经验，编写了《四大作物栽培》、《猪的饲养》、《五四〇六菌肥的土法生产》等乡土教材。❷

除了编写理科类的专业课本外，文科类特别是语文也有专门知识课本。比如大多数地区编写的《农村应用文》（或称《应用文》）。"遵照伟大领袖毛主席关于'文科要把整个社会作为自己的工厂'的教导，为了有利于开门办学，培养学生具备必要的读写能力，以适应上山下乡的需要，适应参加三大革命运动的需要"❸，陕西省中小学教材编写组编选了一本中学语文选用或补充教材《农村应用文》（1975）；云南省教育局教材编审室编写了《应用文》（1975），认为应用文是三大革命运动中和日常生活中常用的文体，中学生学一点应用文的写作是很有必要的。❹应用文的主要内容一般是：便条、条据、书信、介绍信、证明信、感谢信、慰问信等。

新兴县天堂中学语文科组根据农村三大革命运动的需要，编写了一套以培养农村"三员"（理论辅导员、通讯员、文艺宣传员）为中心的课本，这套课本以马列和毛主席著作为基本教材，同时结合各个专题课的内容，选编鲁迅的作品和报刊上的有关文章，系统编写各种常用文体的写作知识。整套课本分成三个部分：一是农村政治宣传；二是通讯报

❶ 张家口市许家庄中学. 从"忘本学校"到"庄户学校"［J］. 教育革命通讯，1974（5）：54－57.

❷ 钟晓学. 六团公社党委是如何抓教育的［J］. 教育实践，1975（12）：30－32.

❸ 陕西省中小学教材编辑组. 陕西省中学语文选用教材·农村应用文［M］. 西安：陕西人民出版社，1975：封三.

❹ 云南省教育局教材编审室. 云南省中学语文选用教材·应用文［M］. 昆明：云南人民出版社，1975：1.

道；三是农村文艺。❶

　　以上所述的开门编课本方式，就是允许地方、中学采取"选用、删节、自编"的办法，进行课本改编，编写一些服务工农生产的补充教材。选用，就是根据形势发展需要，选用有关政治理论和专业技术小册子，作补充教材；删节，就是对省市统编教材作适当调整；自编，就是编写了一些乡土教材。这些补充性教材因大多以学校自编为主，印数较少，且并不规范，也得不到大量发行，所以保存下来的也就较少。

　　综上所述，批林批孔和开门编书是 1974 ~ 1976 年课本革命的最基本特征，课本编写似乎回到复课时期的"红色"课本。但这种回复，由于经过了前一阶段教育整顿时期的调整，并没有出现如复课时期严重的政治教育形式化、过度化问题。课本"政治教育"集中在批林批孔，只增加了批林批孔教学单元，或者增编了一本批林批孔的补充课本；要求紧密联系实践的数理课本也并没有因"开门办学"完全不顾基础知识，而是在讲基础知识部分增加了联系工农业生产的内容，在中学高年级课本中增加了一些专业性的知识，编了一些可在工农业生产中用到的专业课本。这些都说明虽然"批林批孔、开门办学"式的政治话语在文革课本中重新占据强势地位，但面对"质量"的现实要求，又不得不向学术话语作出一些妥协，形成新质量说，达成一种政治与知识、理论与实践之间的新平衡，生成又一种类型的"为无产阶级政治服务，与生产劳动相结合"的红色课本。

---

❶ 新兴县天堂中学语文科组. 培养农村"三员"改革语文教材［J］. 新教育，1975（5）：27－28.

第三章 "红色"课本的革命性及其成因

文革课本的演变过程，既是一个颠覆"为资产阶级服务"旧课本的革命❶过程，也是一个形成课本革命特色的过程。虽然在课本革命的不同时期课本差异明显，但始终没有摆脱阶级斗争性和生产性的革命特质，其形成可追溯至两个教育基本话语。

第一节　革命的"红色"课本

文革课本的革命，即是一种颠覆的过程，按照革命的说法，是用一种无产阶级的课本颠覆资产阶级的课本。颠覆采用"破中立"的革命手段，从编写组织上、编写思想上、内容上颠覆并建构，最终形成了新型的无产阶级革命课本（也称红色课本）。

一、"破中立"的革命手段

如何建立无产阶级的新课本，文革初期并无经验。但根据毛泽东建立一个无产阶级专政国家的方法论——"不破不立。破，就是批判，就是革命。破，就要讲道理，讲道理就是立，破字当头，立也就在其中了"编写课本首要方法是"破"，先批判旧教育、旧课本。"破"，即"批判"和剥夺旧课本的合理性和合法性，就成为"立"——新课本编写的合理合法基础。所以，无论是编写教学大纲，还是编写课本，都从批判开始，如在《陕西省中小学语文教学大纲》中的"破中立"：

十七年来，中学语文教学阵地上，存在着两个阶级、两条道路、两条路线的激烈斗争。……

总之，他们疯狂反对语文课本宣传毛泽东思想，反对用毛泽东思想武装青少年一代，千方百计利用语文教学阵地，贩卖剥削阶级思想意

---

❶ 毛泽东曾将"革命"定义为："革命是暴动，是一个阶级推翻一个阶级的暴烈行动。"而美国政治学者亨廷顿认为，"革命，就是对一个社会据主导地位的价值观念和神话，及其政治制度、社会结构、领导体系、政治活动和政策，进行一场急速的、根本性的、暴烈的国内变革"。简言之，政治社会领域的革命就是颠覆，一个阶级颠覆另一个阶级。而在哲学文化领域的革命，也是指用一个阶级的文化、价值观颠覆另一个阶级的文化、价值观。本书说的课本革命就属于这个领域。

识，腐蚀人心，毒害青年，培养资产阶级接班人，以实现其资产阶级反革命复辟的阴谋。当前，一场翻天覆地的教育大革命已经到来。无产阶级革命派要以毛主席的一系列最新指示为武器，自觉地接受工人阶级的领导，继续向反革命修正主义教育路线发起猛烈的进攻战，把语文教学阵地夺过来！把剥削阶级千百年统治的教育大权夺过来！❶

人民日报 1968 年 12 月刊发的《简阳县依靠贫下中农编写出农村中学试用教材》也是一个"破"中"立"的例证：

毛主席教导我们："不破不立。破，就是批判，就是革命。破，就要讲道理，讲道理就是立，破字当头，立也就在其中了。"简阳县农村小学附设初中班一年级的试用教材，就是广大贫下中农、革命师生在大破修正主义教育路线的革命大批判中产生的。贫下中农控诉了旧教材的三大罪状：第一，大肆贩卖封、资、修黑货，为复辟资本主义鸣锣开道；第二，严重脱离革命、生产的实际，学生学了不能用；第三，大搞烦琐哲学，摧残青少年的身心健康。针对这点，贫下中农要求新教材体现下列三大原则：

第一，各门功课都要用毛泽东思想统帅，突出无产阶级政治，要处处讲阶级和阶级斗争。

第二，各门功课都要紧密联系农村阶级斗争、生产斗争、科学实验三大革命运动的实际。

第三，少而精。按照毛主席光辉的"五·七"指示和少而精的原则，把旧初中八、九门课全部打乱，新设了三门课，即：毛泽东思想课，工农业生产基础知识课和数学课。

按照这三个原则编写出来的试用教材，广大贫下中农和学生都很欢迎。❷

河南省中小学教材编选会议中学组的《毛泽东思想课编选提纲》（1969）批判说，"他们一贯推行反革命修正主义教育路线，对抗毛主

---

❶ 陕西省中小学教材编辑组. 中学语文教学大纲（试用稿）［M］. 西安：陕西省中小学教材编辑组，1968：1.

❷ 《人民日报》编辑部. 简阳县依靠贫下中农编写出农村中学试用教材［N］. 人民日报，1968 - 12 - 13 （4）.

席的无产阶级教育路线。他们打着所谓'理论性'、'系统性'、'完整性'的反革命旗号，猖狂反对革命师生活学活用毛泽东思想，反对把毛主席著作作为政治课的基本教材，妄图把青少年一代拉向资本主义的邪路";"毛泽东思想武装起来的广大工农群众，……以排山倒海之势，摧毁了修正主义的教育制度和教学内容，开创着无产阶级崭新的教育制度和教学内容"。❶

1968 年 1 月 27 日《教育革命》（首都红代会）编辑部请老工人座谈教育革命对旧课本的批判和对新课本的建议，也反映出当时社会政治需要"立"的《语文》课本："以前学的东西太乱，也没用。什么'牛郎织女'呀，'孟姜女哭长城'呀，那里有什么好东西？毛主席的著作不学，学那些东西能起作用吗？我建议以后在语文课中多讲'老三篇'，多讲些毛主席在革命斗争紧急关头发表的最高指示，讲讲革命斗争史，让孩子们知道今天的好日子来得不容易。"❷

所有的批判，当然只能根据毛泽东的思想和话语来"破"，主要是根据"教育工作方针"从两个方面"破"：一种是批判不突出无产阶级政治，从而否定旧课本。在《关于 1966 ~ 1967 学年度中学政治、语文、历史教材处理意见的请示报告》的批示中有：中学所有教材没有以毛泽东思想挂帅，没有突出无产阶级政治，违背了毛主席关于阶级斗争的学说，违背了教育方针，不能再用。北京市教育局中小学教材编审处革命大联合总部的《旧北京市委反革命修正主义集团是怎样利用小学语文教材为复辟资本主义进行舆论准备的》中提到，1961 年出版的小学语文课本"在课文的编选和修订过程中，这伙反革命修正主义分子，极力排斥毛主席著作。全套课本一条毛主席语录都没有，在四百多篇的文章中，毛主席的文章只有四篇仅占全部课文的 1%。……这些反革命修正主义分子，在排斥毛主席著作的同时，还极力排斥歌颂三面红旗的工农兵作品"❸。

---

❶　河南省中小学教材编选会议中学组. 毛泽东思想课编选提纲［M］. 郑州：河南省中小学教材编选会议中学组，1969：1.

❷《教育革命》（首都）编辑部. 彻底批判修正主义教育路线——老工人座谈教育革命［J］. 教育革命（首都），1968（11）：19 – 20.

❸　彻底批判修正主义教育路线 北京市小学旧教材和作文教学批判专刊［C］. 北京：北京市教育局中小学教材编审处革命大联合总部，1967：4 – 5.

另一种是批判脱离生产实践，否定旧课本。上海市中小学教材编写组批判"旧课程设置重叠，教材内容既烦琐又脱离工农业生产实际。学生学了二年'电学'，却不会装电灯，不会使用电动机；学了几年化学，只会背规律，一遇到实际问题却是一窍不通"❶。辽宁省中、小学教材编写组批判旧教材（如物理、化学等），主要是抄袭资本主义、修正主义的东西，严重地脱离三大革命斗争实践，必须彻底改革。❷

新课本"立"就立在两点"破"上，而首要的"立"是为无产阶级政治服务。像青岛市教材编写组总结的那样："旧教材的最大弊病是'智育第一'，脱离无产阶级政治；新教材的根本特点是'政治第一'，为无产阶级服务。"❸ 文科课本主要"立"在为无产阶级政治服务、以阶级斗争为纲，北京市教育局中小学教材编审处革命大联合总部提出："根据毛主席的这些教导，作为广大青少年必读的各科教材，特别是文科教材，对学生的思想政治教育要大大加强，要把阶级斗争作为编写教材的纲，要以战无不胜的毛泽东思想作为编写教材的最高指示，要从根本上提高学生的社会主义觉悟，有效地为无产阶级政治服务。"❹ 理科课本除了要突出阶级斗争外还要"立"在从工农业实际出发，如上海市中小学教材编写组认为"在旧《物理》《化学》《生物》《自然》《地理》等教材中，洋人、古人、死人统治教材，宣扬'智育第一''业务至上'。根据毛主席的教导，在无产阶级教育大革命的大好形势下，我们批判了旧学制、旧教材，砸烂了旧的课程体系，建立了从工农业生产实际出发的，以无产阶级为统帅的新体系，编出了《科学常识》《工农业基础知识》等新教材"。"我们从工农业生产实际出发，遵照毛主席'教育必须为无产阶级政治服务，必须同生产劳动相结合'的教导，建

❶ 上海市中小学教材编写组. 上海市中小学《科学常识》《工农业基础知识》教学大纲 [M]. 上海：上海市中小学教材编写组，1969：1.

❷ 辽宁省中、小学教材编写组. 编写新教材中的几个问题——辽宁省中小学教材编写组座谈纪要 [J] //黑龙江省教育革命服务站编. 教育革命资料：第十三期. 1969：5.

❸ 青岛教材编写组. "由近及远"、"由浅入深"——编写无产阶级教材中的一个重要问题 [N]. 人民日报，1969–07–21.

❹ 彻底批判修正主义教育路线 北京市小学旧教材和作文教学批判专刊 [C]. 北京：北京市教育局中小学教材编审处革命大联合总部，1967：2.

立了机械、化工、电工这样的新体系。"❶

"立"自然是把被"资产阶级"颠倒的东西再倒过来，要为无产阶级政治服务，要与生产劳动相结合。因此，"破中立"是一种颠覆性的革命，否定旧课本的一切价值，建立一种新的完全不同的课本，是一种革命行为。它是一种"非此即彼"的思维方式，是"革命与反革命"的敌我对立，只要旧课本提倡的，就是新课本要推翻的，只要是旧课本所缺少的，就是新课本追求的，红白分明，不容妥协。

以革命手段建立起来的革命课本与"反革命"的课本存在根本上的不同，在《教育革命通讯》1973 年第 11 期《教材改革的群众运动生气勃勃》一文中对新旧教材进行了优劣性比较：这些新教材同旧教材相比，起了根本性的革命变化，具有为无产阶级政治服务、理论联系实际的特点。修正主义教育路线表现在教材方面，是承袭欧、美、苏修的一套货色，搞洋奴哲学、爬行主义，严重地脱离我国实际；它向学生灌输封、资、修的思想毒素，宣扬唯心主义和形而上学观点。新教材在政治方向上贯彻毛主席的革命路线，为无产阶级政治服务……在内容上，密切联系我国三大革命实际……❷

二、编写组织和人员的革命性

"破中立"，作为革命手段，也表现在对编写组织和编者的"破中立"。

"五·七"指示中毛泽东指出"资产阶级知识分子统治我们学校的现象再也不能继续下去了"，随即 1966 年 6 月 13 日，中共中央、国务院在批转教育部党组《关于 1966~1967 学年度中学政治、语文、历史教材处理意见的请示报告》中指出必须停止使用所有教材，认为它们没有以毛泽东思想挂帅，没有突出无产阶级政治，违背了毛主席关于阶级斗争的学说，违背了教育方针。原来垄断课本编写和出版的人民教育出版社被认定为走修正主义路线，所编课本也都是"资产阶级的货色"，

---

❶ 上海市中小学教材编写组. 上海市中小学《科学常识》《工农业基础知识》教学大纲 [M]. 上海：上海市中小学教材编写组，1969：1.

❷ 教材改革的群众运动生气勃勃 [J]. 教育革命通讯，1973 (11)：29-30.

因此要把"宣扬剥削阶级世界观的一切旧教材统统埋葬"❶，自然，这就必须停止人民教育出版社的编辑出版业务，并最终解散人民教育出版社。那么，新的课本由谁来编写呢？

在1966年"文化大革命"刚开始，统整教学大纲、课本编写的教育部在打倒所谓"走资本主义道路当权派和资产阶级学术权威"的浪潮中就丧失了职能和作用。教育部的行政权力全部下放至各省的教育行政机构和下属部门，原制定的教学大纲和课程全部作废。编写教学大纲、设置课程、编写课本的权力下放至各省、市、县教育行政部门，由地区教育行政部门成立专门的中小学教材编写组来拟计划、编写课本，甚至鼓励公社、学校自拟计划、自编课本，如天津延安中学1968年自编一套中学课本，无锡市南长小教大联委教革组1968年编的一套小学课本，以及1974年各校开门编课本等。在省、市统编的本地区使用的课本的"说明"中，也都明确允许地方、学校可自编或选编课本，特别是根据毛主席"要编一些乡土教材"的指示，地方都自行组织编写乡土性教材。这样，文革时期的课本编写，在组织上就形成了由各地教育部门或学校的中小学教材编写组组织编写、全面开花的群众性运动。

与此同时，原来的中小学教材的编写者——"资产阶级的当权派和反动权威"在"清理阶级队伍"运动中被清出了编写教材的队伍行列，而由工农兵或革命师生组成的革命群众开始当主编，形成了一种所谓的"无产阶级的中小学教材编写队伍"。在《人民日报》上就经常介绍这种无产阶级编写队伍，由革命群众当主编，编写教材的群众运动，如1969年5月8日介绍的《本溪红旗中学在工人阶级领导下，组成了工农兵和革命师生相结合的教材编写小组，他们在实践过程中：'破'字当头，勇于立新》：

驻辽宁省本溪钢铁公司第二钢铁厂红旗中学工人、解放军毛泽东思想宣传队，按照毛主席的无产阶级教育路线，在工人阶级领导下，组成了工农兵和革命师生相结合的教材编写小组。经过三个多月的努力，编

---

❶ 《人民日报》编辑部. 彻底搞好文化大革命，彻底改革教育制度 [N]. 人民日报，1966 – 6 – 18（1）

出了城市中学四年制试用的政治、语文、军体、工农业生产知识等教材。❶

1970 年 5 月 20 日《人民日报》介绍的"在革命大批判中编写新教材，广大工人、贫下中农是批判旧教材的主力军，无锡市出现了编写新教材的群众运动"，等等。只有革命群众占领了编写课本的阵地，才能保证在课本中贯彻毛泽东思想，彻底颠覆旧课本。因此，从组织和人员性质上，革命群众及其组织的无产阶级性是确保课本革命性的组织性条件。

三、编写思想的革命性

"破中立"的革命手段，也表现在编写思想的革命上。在批判所谓"修正主义教育路线总后台"时，作为课本编写的思想和理论——凯洛夫的《教育学》遭到了猛烈的批判。其中以《红旗》1970 年第 2 期上发表的《谁改造谁？——评凯洛夫的〈教育学〉》最具代表性，此文提出："用马克思主义、列宁主义、毛泽东思想来分析批判凯洛夫的《教育学》"，指出旧教材：

"沿着凯洛夫'五原则'、'六个环节'的小圈圈兜来兜去的那一点'印刷品'，充其量无非是达到资产阶级编的'经典'教科书和教材统统塞进学生的脑袋。请看陆定一等一伙按照凯洛夫《教育学》的规定编写出来的那些教科书和教材，世界观上是反马克思主义的，政治内容是为资产阶级需要服务的，完全脱离了当前社会主义革命和建设的需要，……强迫学生去生吞活咽 18、19 世纪的陈谷子烂芝麻，十六七年看不见稻、粱、麦、黍、稷，看不见工人怎样做工，看不见农民怎样种田，看不见商品怎样交换，这难道不是存心要把他们糟蹋成蠢材吗？"❷

批判旧课本编写是为"资产阶级需要服务的，完全脱离了当前社会

---

❶ 本溪红旗中学在工人阶级领导下，组成了工农兵和革命师生相结合的教材编写小组，他们在实践过程中：'破'字当头，勇于立新 [N]. 人民日报，1969 - 5 - 8 (4).

❷ 上海革命大批判小组. 谁改造谁？——评凯洛夫的〈教育学〉[J]. 红旗，1970 (2)：21 - 30.

主义革命和建设的需要",是彻底的"破"——否定旧课本的编写思想,在此基础"立"毛泽东教育观为编写思想,用当时的话说就是要"大破封、资、修的黑货,大立毛泽东思想",用为无产阶级政治服务的毛泽东思想来指导新课本的编写,用"五·七"指示、教育工作方针、教育方针等毛泽东思想作为新课本的编写思想。如山东小学《科学常识》教学大纲"高举毛泽东思想",形成了以"毛泽东话语(语录)"为核心的三大课本编选原则:(一)"没有正确的政治观点,就等于没有灵魂";(二)"理论的基础是实践,又转过来为实践服务";(三)"烦琐哲学总是要灭亡的"。❶ 第一原则要求突出无产阶级政治,以毛泽东思想为统帅,以毛主席的"五·七"指示为指针。第二原则突出联系实际,利于学工学农学军。第三个原则是突出"少而精"。

颠覆旧编写思想,确立为无产阶级政治服务、以毛泽东思想为统帅的编写思想,为革命课本的形成确保了思想条件。

四、课本内容的革命性

手段、组织、思想上的革命性促成了内容上的革命性,即在内容上突出阶级斗争、"政治第一",否定"阶级斗争熄灭论"、"智育第一";突出联系生产实际,否定"脱离生产讲基础知识"。自复课闹革命编写"红色"课本以来,几经反复和调整,课本内容有所变化,但课本特性上却并无大的差异,一方面表现出"突出无产阶级政治","政治第一","以毛泽东思想为统帅",另一方面又表现出"与生产劳动相结合,联系生产实际"。

1. 为无产阶级政治服务的斗争性

在内容上,文革课本的革命性首先表现在为无产阶级政治服务,以阶级斗争为纲。所有的文科课本都要学习毛泽东著作,以毛泽东思想作为武器,讲阶级斗争。复课闹革命时期,不仅在《语文》《英语》《俄语》《历史》等传统文科课本中通过学习毛泽东思想来讲阶级斗争,还

---

❶ 山东省中小学教材编选组. 山东小学《科学常识》教学大纲 [M]. 济南:山东省中小学教材编选组,1969:3-4.

新编《毛泽东思想教育课》专门学习毛泽东思想，新编《革命文艺》学习毛泽东的革命文艺观，以掌握阶级斗争的武器。总之，所有的文科课本都是一种为阶级斗争服务的课本，以颠覆旧课本"智力第一"，否定旧课本的"阶级斗争熄灭论"。本溪红旗中学教材编写小组批判语文课本"过去按照文章体裁编写，极力宣扬封建迷信，升官发财，成名成家之类的货色。现在是按照毛主席的阶级斗争的观点、辩证唯物主义的观点来编写，贯穿全心全意为人民服务和国际主义与爱国主义的精神"❶。新语文在内容方面，除了选编毛泽东著作和诗词外，还选编了中国人民和世界革命人民颂扬毛主席的诗歌、对口词、通讯、特写等文章。为了对学生进行阶级斗争和两条路线斗争的教育，本溪红旗中学选编了第二钢铁厂厂史，偏岭公社的社史，老工人、老贫农的家史，以及革命现代京剧样板戏《红灯记》《智取威虎山》《沙家浜》等选段。

理科课本也要以毛泽东思想为统帅，讲阶级斗争。拿《数学》课本来说，旧数学课本基本上同政治不挂钩，较单纯追求推理、定理、公式，正如文革时期所批判的"学了不知为谁服务"。新编的《数学》课本，则从算工人、贫下中农的被剥削账、翻身账开始，加强学生的阶级和阶级斗争观念，解决为谁算账的问题。

教育整顿后，课本讲阶级斗争的重心指向路线斗争教育，如广东中学课本《政治》（1972），初一讲历史唯物主义的一些基本知识，初二讲社会主义时期阶级、阶级斗争和无产阶级专政下继续革命；高一进行党内两条路线斗争的教育；高二进行辩证唯物主义的教育。这四个方面都是突出路线教育。在历史唯物主义教育中突出"奴隶们创造历史"，批判"英雄创造历史"；在阶级斗争教育中突出"阶级斗争观"，批判"阶级熄灭论"；在辩证唯物主义教育中贯穿两条路线的斗争。

批林批孔时期，"两种阶级路线的斗争"则集中在教育史上儒法斗争和作为其延续的"批林批孔"上，"批林批孔"作为阶级斗争的核心，渗透于教育和课本中，一方面编"批林批孔"的课本，如《反孔和尊孔斗争的故事》《英语·批林批孔教材》等，另一方面在课本中增

---

❶ 本溪红旗中学在工人阶级领导下，组成了工农兵和革命师生相结合的教材编写小组，他们在实践过程中：'破'字当头，勇于立新 [N]. 人民日报，1969 – 5 – 8 (4).

加"批林批孔"的内容。

以上文革各时期所编课本所特有的"阶级斗争"属性，正是本书称文革课本为革命课本的最重要原因。

2. 与生产劳动相结合的生产性

除了阶级斗争的属性外，文革课本的革命特性还表现在与生产劳动相结合上。

文革课本的两条路线斗争不仅在政治上对立，而且在联系工农业生产实践的认识上南辕北辙。旧课本被批为"智育第一"，讲系统性、理论性，而忽视了生产，学生学了知识以后不识"稻、梁、麦、黍、稷"、不知农民种田、工人做工。新课本对旧课本的颠覆是用生产知识体系取代学科知识体系，一方面用生产性的《工业基础知识》《农业基础知识》取代学科性的《物理》《化学》《生物》课本，另一方面则在课文内容中密切联系生产实际，从生产实践出发。在不同时期联系生产的方式并不相同，或完全只讲生产知识，按生产体系来编排课本，典型如上海市中学暂用课本《度量》《划线》《图样》《三角》《图表》《生产队会计》，复课时期的《工业基础知识》《农业基础知识》；或在讲清基础知识基础上联系生产实际，典型如教育整顿时期的《物理》《化学》；或开门编书，对课本进行增删补换，编写如《拖拉机》《土壤》《养殖》《无线电维修》等专业知识课本，服务于工农业生产。

无论哪一种联系实际的理科课本，都是从生产实践出发编写，以"生产知识"为中心，颠覆了旧课本的以学科知识为中心的内容体系，这也是本书称文革课本为革命课本的另一个重要原因。

总之，文革课本是一种以阶级斗争性和生产性为特质的革命课本，它区别于学科课本的学术模式，形成了另一种课本编写范型——革命模式。

第二节　"红色"课本的"话语"成因

革命课本（"红色"课本）的成因，可从各种各样的角度找到各种影响因素，既有政治的也有教育的、既有文化的也有社会的，既有知识的也有人的……纷繁复杂，杂无头绪，有必要抽丝剥茧，追根溯源。

根据话语理论，人类的一切知识都是通过"话语"获得的，任何摆脱"话语"的东西都是不存在的，我们与世界的关系只是一种"话语"的关系。❶话语具有本体论的内涵，它不但能够生产知识、真理和权力，而且还能建构话语的主体、知识对象和社会关系，当然也能建构教育和课本。

从课本的生成角度看，编写课本必然存在谁来编、编什么、如何编的基本问题。通常的做法，是先编写教学大纲，提出指导课本编写的指导思想或原则。而它们实质上就是一套教科书的编写话语，编者是按照它来规范和实施课本的编写。但指导思想和原则又是从教育方针——一个更概括、更上位的教育话语——衍生出来的，不同的教育方针不仅衍生不同的课本编写指导思想，也会建构出不同的课本。根据话语理论与课本生成的过程，可以得出一个结论：课本是话语建构的产物，话语的性质决定课本的性质。

一、毛泽东思想——一套革命话语体系

"毛泽东思想"自命名后，因其具有鲜明的革命特色（以阶级斗争为纲）和高度的权威性，就一直作为指导中国革命和社会主义建设的一套革命话语体系，不但被引用和学习，还被作为知识的典范和行动的依据。

1. 毛泽东思想——真理中的真理

1943 年后在政治上以"毛泽东"的符号形式命名"毛泽东思想"，其合法性得以成立；"毛泽东思想"一旦被"就是"之类的绝对性语词绝对化、肯定化，作为符号形式的创立主体的"毛泽东"，在他人的言说和意识中，有意或者无意地就被推向话语权威的位置。到文革时期毛泽东更被神化和圣化，并把"毛泽东思想"、"毛主席语录"推上了革命话语中至高无上、不容争辩的权威地位。在个人崇拜的狂潮中，毛泽东被说成是"当代最伟大的马克思列宁主义者"，是"世界人民心中最红最红的红太阳"，被说成是"大海航行靠舵手，万物生长靠太阳"中的舵手和太阳……毛泽东思想被说成是"当代马列主义的顶峰"，是

---

❶ 王治河. 福柯 [M]. 长沙：湖南教育出版社，1999：159.

"最高最活的马克思列宁主义",是"一切工作的最高指示","无限忠于毛主席,对毛主席的'三·七'指示,要坚信不疑,坚定不移,条条照办,句句落实","毛主席的话,句句是真理……一句顶一万句","毛主席的指示马上照办,字字照办,句句照办",等等。对合法型权威和魅力型权威结合而成的毛泽东的个人崇拜,同时也成就了人民大众对毛泽东的权威革命话语的顶礼膜拜——对毛泽东的言行、思想、理论的崇拜。林彪最终把毛泽东思想推向了顶峰,他说,在中国这个有七亿人口的国家,"需要有一个统一的思想,革命的思想,正确的思想,这就是毛泽东思想"。"关心国家大事,就是要无限热爱毛主席,无限忠诚于毛泽东思想。就是要把毛主席的话当成我们一切行动的指导方向。……毛主席的话句句是真理。"❶

　　毛泽东思想被奉为"真理中的真理",并在文革中成为人们思想和言行的唯一话语依据。到处是毛主席像,到处都是"毛主席语录";所有的书籍报刊都刊登"毛主席语录"、"最高指示";所有城镇的街道、马路,农村的田间地头都耸立"指示"牌,都刷上"语录"墙;到处可以听到男女老幼背诵"毛主席语录"、"最高指示"的声音;到处都上演歌颂"毛主席语录"、"最高指示"的仪式和舞蹈;所有的讲话和文章都在引用"毛主席语录"、"最高指示"。毛主席的言说方式成为人民大众的"健康"的言说方式。毛泽东的思想和言论成为划分革命、不革命和反革命的标准,成为划分知识的唯心唯物、反动和革命、资产阶级路线和无产阶级路线的最高依据。最终形成"毛主席提倡的我们坚决做,毛主席表扬的我们坚决学","读毛主席的书,听毛主席的话,照毛主席的指示办事","理解的要执行,不理解的也要执行"等盲目性的革命话语实践。

2. 毛泽东教育思想——教育革命的"指示"话语

　　毛泽东关于教育革命的话语,对教育革命和实践一样具有毋庸置疑的权威性和指示性。

　　1958年教育大革命中毛泽东提出了"教育必须为无产阶级政治服务,必须与生产劳动相结合"的教育工作方针,文革后对于如何建设一

---

❶　《解放军报》1966年8月12日的社论。

个社会主义教育的问题，在工作方针的基础上，毛泽东最终形成了一个比较完整的理论论述，并集中以"五·七指示"、《五·一六通知》、"十六条"等指示和纲领性的文件形式出现，成为文革时期教育革命的指导性话语。囊括毛泽东教育思想的《毛主席论教育革命》在 1967 年 12 月 7 日中共中央、国务院、中央军委、中央文革小组联合下发的《关于认真学习和坚决执行〈毛主席论教育革命〉的通知》中确立了根本指针的地位❶："这是我们进行无产阶级教育革命的伟大纲领，这是我们批判刘少奇、邓小平、彭真、陆定一等反革命修正主义教育路线无比锐利的武器，这是复课闹革命的根本指针。""毛主席的教育革命思想，是毛泽东思想的重要组成部分，是对马克思列宁主义天才的、创造性的发展。对于破除资产阶级的教育制度，建立无产阶级的教育制度，具有划时代的重大意义。"

话语与权力、权威的结合，最终清算了一切异己的教育话语，形成了以毛泽东教育思想为唯一合法和正确的教育话语。正是在这些权威、合法化的教育话语支配下，文革时期的教育革命就从"破中立"的话语实践中启动。1967 年 3 月 7 日《人民日报》发表的社论《中小学复课闹革命》——"复课闹革命，复的是毛泽东思想的课，上的是无产阶级文化大革命的课"——则又是一次最重要教育话语实践，开启了革命话语建构革命课本的序幕。

二、课本编写的基本话语

革命话语对教科书的建构，通俗一点说，就是用一套基础性的、

---

❶《毛主席论教育革命》编选于 1967 年 12 月。1967 年 12 月 7 日，中共中央、国务院、中央军委、中央文革曾就此书发出"关于认真学习和坚决执行《毛主席论教育革命》的通知"。此书主要摘选毛泽东自 1927 年至 1967 年关于教育问题的论述和指示 51 条，大都摘自毛泽东的著作、报告、讲话、谈话、批示、指示、题词、书信以及起草的文件，按年月次序编。其中涉及教育路线、教育方针、教育制度、教学内容和教学方法以及教育改革和教育革命等各方面的内容。"文化大革命"中，《毛主席论教育革命》作为"进行无产阶级教育革命的伟大纲领"和"复课闹革命的根本指针"。"关于认真学习和坚决执行《毛主席论教育革命》的通知"指出，"毛主席的教育革命思想，是毛泽东思想的重要组成部分，是对马克思列宁主义天才的、创造性的发展。对于破除资产阶级的教育制度，建立无产阶级的教育制度，具有划时代的重大意义"。（马克思主义研究网，http：//myy. cass. cn/file/2006010618643. html，2006 - 1 - 6.）

"必然性"的"思想语法"❶ 装置或者说是福柯所说的"真理体制"，规定着人们，必须去"这样地"而不是"那样地"思考和编写课本，而违背了这套"思想语法"就将导致意义表达上不可思议的"怪异"，从而被划入"异端"、"反革命"、"资产阶级路线"范畴的课本。按照课本编写的一般程序来说，这套"思想的语法"就是一套课本编写的原则或基本逻辑，它组成了课本编写的话语体系，它规定了由谁来编、编什么、如何编等课本编写的基本问题，具有排他立己性。

1. 教育的基本话语

1957 年 2 月，毛泽东在《关于正确处理人民内部矛盾的问题》中提出教育方针是"使受教育者在德育、智育、体育几方面都得到发展，成为有社会主义觉悟的有文化的劳动者"。但随后，根据国内外阶级斗争的政治形势，毛泽东又提出，教育是无产阶级革命事业的重要部分，关系到革命事业接班人的问题，关系到无产阶级专政的社会主义事业后继有人的问题，关系到反修防修的问题。同时针对新中国成立初期教育过于"苏化"，导致学生负担加重，"智力第一"、"脱离生产劳动实际"等问题提出批评。在此基础上，1958 年 4 月至 6 月，在中共中央召开的教育工作会议上，毛泽东提出"教育必须为无产阶级政治服务，必须同生产劳动相结合"的教育工作方针，"教育的目的，是培养有社会主义觉悟的有文化的劳动者"。同年，中共中央、国务院《关于教育工作的指示》中把这两个"必须"列为教育工作的根本方针："党的教育方针，是教育为无产阶级政治服务，教育与生产劳动相结合。"此后，在实际工作中一直把 1957 年和 1958 年的两个方针合在一起作为统一的教育方针提出和贯彻，并形成以下的表述：教育为无产阶级政治服务，教育与生产劳动相结合，使受教育者在德、智、体几方面都得到发展，成为有社会主义觉悟的有文化的劳动者。"❷ 1958～1959 年的教育大革命就是依据这个方针性的教育话语展开的。把这个教育话语拆开来，包括两个方面，一是教育目的：培养有社会主义觉悟的有文化的劳动者；二

---

❶ "语法"一词是受索绪尔的语言、言语论的启发而提出的，任何无序的"言语"的背后都离不开"语言"的支配，在此"语法"的统治不仅是"专制的"，而且是"绝对的"。

❷ 邓力群. 毛泽东与科学教育：下 [M]. 北京：中央民族大学出版社，2004：427.

是教育工作的方针：教育为无产阶级政治服务，教育与生产劳动相结合。教育目的是通过教育工作的方针实现的，教育目的是更上位性的方针，不具操作性，它必须通过教育工作方针来具体指导教育革命，换句话说，教育工作方针是教育方针、教育革命的最基本的方法论，是指导教育革命如何实行的基本话语。

（1）教育必须为无产阶级政治服务

1957 年后，中苏意识形态领域的分歧日益加剧，"完全苏化"的教育模式中忽视政治和党的领导的问题，被毛泽东认为是苏修路线，1958 年毛泽东发出"教育必须为无产阶政治服务"的指示后，根据毛泽东指示精神，1958 年发布的《关于教育工作的指示》就明确提出："教育工作在一定时期内曾犯教育脱离生产劳动、脱离实际，并且在一定程度上忽视政治、忽视党的领导的错误。"随后发生的教育大跃进，增加了政治课，课本的编写增加了政治性的内容。但在 20 世纪 60 年代初教育进入"调整、巩固、充实、提高"阶段，对思想政治教育的要求提出不应求高、求纯、求一律，不可能要求每个人都成为共产主义者，❶ 政治性教育并未取得大的进展和变化。60 年代初，毛泽东对阶级斗争的形势估计得越来越严重："……整个社会主义阶段，存在着阶级、阶级斗争。这种阶级斗争是长期的、复杂的，有时甚至是很激烈的。"❷ "要承认阶级斗争长期存在，承认阶级和阶级斗争，反动阶级可能复辟，要提高警惕。"阶级斗争"从现在起，就必须年年讲、月月讲、天天讲、开大会讲、开全会讲、开一次会就讲一次，使我们对这个问题有一条比较清醒的马克思列宁主义的路线……"，并向全国发出了"千万不要忘记阶级斗争"的号召。此时，毛泽东已经否定了"阶级斗争熄灭论"，认为无产阶级专政下还需要继续革命，无产阶级政治就是阶级斗争。在教育领域毛泽东也对 1958 年的教育革命成果没有得到巩固非常不满，在 1964 年的春节座谈会上专门论述了教育的问题，对教育提出了严厉的批评，虽然未提到阶级斗争的问题，但矛头却直接指向资产阶级知识分子统治我们的学校。到文革开始后，"以阶级斗争为纲"的指导思想

---

❶ 袁振国. 中国当代教育思潮（1949－1989）[M]. 上海：生活·读书·新知三联书店上海分店，1991：6.

❷ 在扩大的中央工作会议上的讲话，1962 年 1 月 30 日。

已经贯彻到整个教育中，所有的课程和课本都被赋予了为无产阶级政治服务的任务，担负着阶级斗争教育的重要任务，"教育必须为无产阶级政治服务"的真实含义变成了"必须为阶级斗争服务"，以防止资本主义复辟，巩固无产阶级的政权。作为文革时期教育革命的三大重要文件，"五·七指示"、《五·一六通知》和"十六条"虽然描绘了毛泽东所憧憬的教育蓝图，其以"斗批改"、"破中立"的实现方式，突出的仍是"教育为必须无产阶级政治服务"即为阶级斗争服务的总纲领。

(2) 教育必须与生产劳动相结合

教育与生产劳动相结合，原来也是马克思主义教育学说的基本主张。在土地革命、抗日战争、解放战争时期也曾作为重要的教育措施，并积累了丰富的教育经验，但把"教育与生产劳动相结合"提到教育方针的地位和高度（或者称是"方针式"教育话语的高度），却是在1958年的《关于教育工作的指示》。同年，时任宣传部长的陆定一在《红旗》上发表《教育必须与生产劳动相结合》，系统阐述这一方针。1958年的教育革命就是以"教育必须与生产劳动相结合"为方针，进行了一次教育大跃进，片面地要求学校教育为生产劳动服务，大量增加劳动课，学校办工厂和农场，工厂和农业合作社办学校，从勤工俭学到大炼钢铁，半工半读，"三结合"编写教材，大鸣、大放、大辩论的教学方法，"现场教学、结合典型工程"进行毕业设计等[1]。"调整、巩固、充实、提高"时期，"教育与生产劳动相结合"有所调整，改变"教学少劳动多"的状况，强调在学习文化科学基础知识的基础上与生产劳动相结合，例如1960年10月教育部党组在《关于适应教学改革，改编教材的报告》中提出的十年制中小学教材的编辑方针："应该授给学生适合他们接受能力的现代化文化科学的基本知识。这同样是无产阶级政治所需要的，不可忽视的。文化科学知识的教育必须与政治斗争相结合，和生产建设相结合，和实际相结合，纠正脱离政治、脱离生产、脱离实际的倾向。"[2] 但这种调整并没有解决教育中脱离生产实际的问

---

[1] 袁振国. 中国当代教育思潮（1949－1989）[M]. 上海：生活·读书·新知三联书店上海分店，1991：5.

[2] 《中国教育年鉴》编辑部. 中国教育年鉴 1949－1981 [M]. 北京：中国大百科全书出版社，1984：485.

题，也引起毛泽东对教育脱离生产劳动更激烈的批判。毛泽东在 1964年后又给"教育革命点了一把大火"，他认为从小学到大学一共十六七年，二十多年看不见稻、梁、菽、麦、黍、稷，看不见工人怎样做工，农民怎样种田，看不见做买卖，身体也搞坏了，真是害死人。高中毕业之后，就要做点实际工作，单下农村还不行，还要下工厂、下商店、下连队。这样搞他几年，然后再读两年书，就成了。❶ 根据毛主席的指示精神，人民教育出版社开始修改新十二年制中小学教科书，修订后的教科书，不仅思想性加强了，联系工农业生产实际方面也有较大的改进，贯彻了"少而精"的原则，减轻了学生的负担。但这些旨在掌握系统理论知识、提高教育教学质量的精简和改编，不可能真正形成或实现毛泽东的教育蓝图中所提的一个要求——与生产劳动相结合。毛泽东在"五·七"指示中指出了其中的原因是资产阶级知识分子统治着学校，只有同资产阶级作斗争，学工、学农、学军才能贯彻"教育与生产劳动相结合"的方针。1967 年《人民日报》社论"大、中、小学校都要复课闹革命"中，明确把"五·七"指示作为纲领性的指示，为教育革命指出了根本方向，❷ 其中的核心话语"学工、学农、学军"就是"教育与生产劳动相结合"的衍生话语。

"教育与生产劳动相结合"本是批判旧教育脱离生产实践而提出的教育话语，但在文革时期以"阶级斗争为纲"的政治话语要求下，"教育与生产劳动相结合"也成为了与资产阶级"智育第一"对立的无产阶级政治语言，其内涵走向了一种极端的实践，变成了"少读书，多实践"，变成了到工厂、农村、军队中去学工、学农、学军，或请工人、农民、军人到学校来讲生产斗争中的知识。

（3）基本话语的统帅性

话语是同质性的"陈述群"。关于同一对象（例如教育、课本），总是有不同的"陈述群"或"话语圈子"，有无产阶级的，也有资产阶级的。同一"陈述群"或"话语圈子"内部的陈述具有连续性、次序

---

❶ 首都教育革命联络站. 十八年来教育战线两条路线斗争大事记 [J]. 教育批判, 1967（2）：39.

❷ 《人民日报》编辑部. 大、中、小学校都要复课闹革命 [N]. 人民日报, 1967 - 10 - 25 (1).

性、对应性，它们相互作用，相互连接，形成不同的等级，从而使这些陈述构成一个有规则的"整体"。话语这个术语就可以确定为：隶属于同一形成系统的陈述整体。● 话语具有系统性。作为系统，话语在单位上可大可小，并且存在等级差别。大的如教育目的、教育工作方针，小的如教学方法。层级高的陈述统帅层次低的陈述，层级低的陈述服从层级高的陈述，共同组成了话语的位阶秩序。

如前所述，教育基本话语是毛泽东教育话语体系中位列"工作方针式"层次的陈述，是教育革命最基本的逻辑与定式，它是类似于框架性的东西，被框在其中的是各种教育"陈述"。因此，教育基本话语具有统帅性的地位。在文革时期形成的多样繁杂的教育话语体系，既有"五·七"指示、《五·一六通知》、"十六条"等有关教育的文件，也有开门办学、批林批孔、从三大革命运动实践出发、"政治标准第一，艺术标准第二"等口令性指示，它们都是在"教育必须为无产阶级政治服务""教育必须与生产劳动相结合"两个基本话语框架下衍生出来的一系列陈述群，或者说都是两个基本话语在文革时期的话语实践，必须服从于基本话语。以"五·七"指示为例，包括两个方面的陈述："批判资产阶级"即要为无产阶级政治服务，"不但学文，也要学工、学农、学军"即是与生产劳动相结合。再如批林批孔、开门办学，它们的话语逻辑分属于两个基本话语。总之，教育基本话语是文革时期教育革命的统帅性话语，无论在哪个阶段所发生的教育革命和教学改革，都是受到这两个基本话语"总纲性"的指示，并遵从它的逻辑。例如，吉林省梨树县革命委员会进行的教育改革，在《农村中、小学教育大纲》的"总纲"中指出："农村中小学必须高举毛泽东思想伟大红旗，突出无产阶级政治，全面落实伟大领袖毛主席的'五·七'指示……农村中、小学要坚决贯彻执行毛主席'教育必须为无产阶级政治服务，必须同生产劳动相结合'的方针，肃清反革命修正主义教育的流毒……"

教育基本话语作为工作方针式的话语要求，不仅规定了教什么，也限定了如何教等教育教学的基本问题，更是从全方位推动文革时期的教育革命运行在它的逻辑路线上，或者说教育革命是按照这两个基本话语

● 福柯. 知识考古学 [M]. 北京：生活·读书·新知三联书店，1998：136.

定式进行颠覆和乾坤大挪移的。

2. 基本话语建构的课本编写

两个教育基本话语当然也是课本编写的基本话语，由它衍生组成的革命话语体系（陈述群），不仅确定课本由谁编的问题，还支配课本编什么和如何编的问题。

（1）由谁编

按照福柯的说法"人是受话语支配的"，他指出："说出的语言既然是已经存在的语言，就会以这种或那种方式决定以后将会说出的东西。"❶ 依照这个说法，福柯否定"作（编）者是自由的创造主体"的说法，强调所谓"编者"不过是话语功能的实践形式。但编者不是谁都可以胜任的，不同话语支配的编者划分出文本的界限，区分不同的文本，显示出文本的存在方式，它指向某些话语组的存在，并指涉这组话语在社会、文化中的地位，因此，编者是具有"话语"属性的，不同的编者不仅使用不同的话语，也代表着不同话语的"阶级性"。当毛泽东发出"资产阶级知识分子统治我们学校的现象，再也不能继续下去了"的指示时，就已宣布旧课本的"资产阶级"编者已经丧失了"教育必须为无产阶级政治服务，必须与生产劳动相结合"的话语实践主体资格，因为"他们的资产阶级属性，走的是一条修正主义的教育路线，一条脱离政治、脱离群众、脱离实际的资产阶级的白专道路"。而基本话语确立的、具有无产阶级属性的新编者被拱托出来，正如毛泽东所说："进行无产阶级教育革命，要依靠学校中广大革命的学生，革命的教员，革命的工人，要依靠他们中间的积极分子，即决心把无产阶级文化大革命进行到底的无产阶级革命派"。新的编者——革命群众——开始被指定为新话语的合法的传播者和实践者，例如河南高中《数学》"这套课本是在教育革命的高潮中，根据工农兵的意见和要求由广大工农兵作主编编选出来的"❷，主编已经易人。被话语支配的编者只能传播革命的文本，而排除那些"反革命"的文本，使教育为无产阶级政

---

❶ 刘北成. 福柯的思想肖像［M］. 北京：北京师范大学出版社，1995：157－158.

❷ 河南省中小学教材编选会议中学组. 河南高中课本·数学·第一册［M］. 郑州：河南省中小学教材编选会议中学组，1969：封三.

治服务，与生产劳动结合起来。从这个意义上说，以革命群众为主体的编者是文革时期革命话语在课本中存在、流传、起作用的践行者。

课本的编者，本来是没有"意义"的，只是一个指称，但当"编者"纳入到某种具有权力的话语体系中，编者就具备了权力话语的意义特征。革命群众编者的意义特征，决定了他们不但要推翻旧话语体系，还要建立一个新话语体系的课本世界，扮演的是一个革命者角色。因而，也只有革命群众才有"权力"成为革命课本的编者，使课本具合法性和合革命性，以此显示出革命话语的存在，确立了革命话语的社会地位，并确保革命话语的延续。

（2）编什么

回答编什么的问题前，先要确定培养什么人的问题。毛泽东早在1957 年在《关于正确处理人民内部矛盾的问题》中就明确提出教育方针（实际上是教育目的）："使受教育者在德育、智育、体育几方面都得到发展，成为有社会主义觉悟的有文化的劳动者。"后来把它简化为"又红又专❶，即"红色专家"。"红色"在文革时期演化为做忠于毛主席的学生，"专家"与"两耳不闻窗外事，一心专读圣贤书"的资产阶级知识分子不同，而是联系三大革命运动实践的劳动者。"又红又专"这个教育目的需要通过"教育工作方针"这个方法论——"教育为无产阶级政治服务，教育与生产劳动相结合"来实现。北京长辛店镇中心小学的"教改试行方案"对教育方针的理解说明了这一点：

毛主席教导我们："我们的教育方针，应该使……"遵照毛主席的教导，培养无产阶级事业的接班人，必须突出毛泽东思想，把毛泽东思想放在先于一切、大于一切、高于一切、重于一切的位置，突出无产阶级政治，使教育为无产阶级政治服务，用毛泽东思想哺育下一代，让毛泽东思想在青少年的幼小心灵里深深扎根。培养的学生必须是：永远忠于伟大领袖毛主席，永远忠于战无不胜的毛泽东思想，永远忠于毛主席的革命路线……以"斗私批修"为纲，活学活用毛主席著作，树立全心全意为人民服务的无产阶级世界观，让学生到三大革命实践的大风大浪中去锻炼，联系实际，同生产劳动相结合，成为为阶级斗争、生产斗

---

❶　1957 年 10 月 9 日毛泽东在《做革命的促进派》中最早提出。

争、科学实验三大革命运动服务的有社会主义觉悟的有文化的劳动者。❶

既然培养劳动者的目的是通过遵守基本话语来实现的，那么作为培养劳动者的内容载体，同样必须依据基本话语，由此形成了两个基本话语支配下的知识内容体系：一是要为无产阶级政治服务，学毛泽东思想，讲阶级斗争的知识；二是要与生产劳动相结合，讲生产斗争的知识。两者合称为"为三大革命运动服务的知识内容体系"，目的是培养忠于毛泽东思想、为三大革命运动服务的劳动者。依照两个基本话语形成知识内容体系常见于各地编写的与教学大纲有关的总纲要求中。如上海中小学教材编写组编的《上海市中小学〈科学常识〉〈工农业基础知识〉教学大纲》："根据毛主席的教导，在无产阶级教育革命大好形势下，我们批判了旧学制，旧教材，砸烂了旧的课程体系，建立了从工农业生产实际出发的，以无产阶级政治为统帅的新体系。"❷

《山东省中学试用课本〈工业基础知识〉教学大纲》的总则中提出："根据三大革命运动的实际需要，学习一些机械、电工、化学方面的基础知识和基本技能，提高学生分析问题和解决问题的能力；为学生参加三大革命运动打下良好的基础；把学生培养成为有社会主义觉悟的有文化的劳动者，锻炼成无产阶级革命事业的可靠接班人。""遵照毛主席'教育必须为无产阶级政治服务，必须同生产劳动相结合'的教导，建立了机械、化工、电工这样的新体系。"❸

北京师院中小学数学教材编写组在《中学四年制数学大纲》中明确提出："培养什么人的问题，是个根本问题。我们公然申明，我们的教材只能为无产阶级政治服务，为培养千百万全心全意为中国和世界绝大多数人服务的无产阶级革命接班人服务。我们的教材就是要把毛泽东思想写进去，把毛主席的无产阶级革命路线写进去，把反帝反修写进

❶　长辛店镇中心小学教育革命委员会. 教改试行方案（草案）[J]. 教育革命（首都），1968（4）：25－29.

❷　上海中小学教材编写组. 上海市中小学《科学常识》《工农业基础知识》教学大纲[M]. 上海：上海中小学教材编写组，1969：1.

❸　山东省中小学教材编选组. 山东省中学试用课本《工业基础知识教学大纲》[M]. 济南：山东省中小学教材编选组，1970：1.

去，充分发挥革命战斗作用。我们的教材就是要让帝修反不敢用，让工农兵拍手叫好！""选择适合三项伟大革命实践所需要的，适合社会主义生产力发展的知识为教材内容，大砍特砍陈腐无用、趋近灭亡的内容。"❶

（3）如何编

内容确定后，怎样编写的问题，实际上要处理内容与形式的关系问题。依据"内容决定形式，形式依赖内容"的辩证法，课本内容编选的两个基本话语，也是课本如何编的基本话语，在教学大纲中表现为两大基本原则，由它又可衍生多个原则。例如：北京师院中小学数学教材编写组《中学四年制数学大纲》的五个编写原则中"鲜明的阶级性""强烈的辩证唯物主义观点""批判性"是为无产阶级政治服务的原则，"理论密切联系实际"和"要有针对性，少而精"是与生产劳动相结合的原则。《陕西省小学体育教学大纲》（1973）中提出的课本编写原则：

1. 坚持为无产阶级政治服务的方向，用无产阶级政治统帅教材，把政治思想教育与掌握运动技术有机结合起来。

2. 坚持从实际出发的原则。

3. 坚持"少而精"和分清主次，突出重点，由近及远，由浅入深，由易到难的原则。❷

第一个原则是为无产阶级政治服务；第二、三原则为与生产劳动相结合原则。第三原则中的"少而精""突出重点""由易到难""由近及远"等看似教学原则，其实也是"教育与生产劳动相结合"话语的衍生原则。要与生产劳动相结合，就要理论密切联系实际，就必须砍去联系不了实际的理论或者是无用的东西，因而内容变得"少而精"且有"针对性"了；与生产劳动相联系，就要从日常生活中接触到的生产实践开始，上升为理论，引出概念，再回到生产实践中，这样符合认识规律，从易到难，由近及远，例如电工部分的内容编排，就是从日常

---

❶ 北京师院中小学数学教材编写组. 中学四年制数学大纲（征求意见稿）[J]. 教育革命，1968（7）：30－36.

❷ 陕西省中、小学教材编辑组. 陕西省小学体育教学大纲 [M]. 西安：陕西人民出版社，1973：1.

接触到的照明讲起，然后再来讲述发电与输送。

再如，山东小学《科学常识》教学大纲（1970）的课本编选原则：

（一）"没有正确的政治观点，就等于没有灵魂。"教材必须突出无产阶级政治，以毛泽东思想为统帅，以毛主席的"五·七"指示为指针。

（二）必须"理论与实践相结合"。

（三）必须贯彻"少而精"的原则。

（四）"教材要有地方性，应当增加一些乡土教材。❶

四条编选原则都是用毛泽东的教育话语概括的，前面三条原则符合前面的解释，分别源自两个基本话语，第四条原则也是"与生产劳动相结合"的衍生原则，即"与生产劳动相结合"主要是与本地的生产劳动相联系，否则不是真正的相结合，因此，在省编课本的基础上要编乡土教材。

教育基本话语对课本的建构，基本上是从上述三个方面完成的。对课本"教育学式"的建构，不仅推动了文革课本的革命，而且确立了一种不同于旧课本的革命式课本型态，建构了由"红专化"的内容体系与编排体例（分别对应于编什么和如何编）共同组成的革命的教科书体。

---

❶ 山东省中小学教材编写组. 山东小学《科学常识》教学大纲［M］. 济南：山东省中小学教材编写组，1970：2.

第四章 "红专化"的教科书体

如前所述，教科书体包括内容体系与编排体例两部分，不仅指涉教科书的内容体系结构，也指涉教科书编写的规范、标准，包括从内容的选择、内容的组织到形式编排的标准化要求。教育基本话语正是从这两部分建构教科书，从而形成"红专化"的内容体系和编排体例。

第一节　"红专化"的内容体系

文革课本的内容体系，遵守"教育为无产阶级政治服务，教育与生产劳动相结合"两个基本教育话语，表现出"红专化"的革命特点。❶"红"是为无产阶级政治（阶级斗争）服务，"专"是使学生做与生产劳动相结合的"实际家"，❷ 使知识生产实践化。课本的"红色"特性在内容体系中除表现为知识的革命化、形成"红色"的知识谱系外，还突出体现在"人"的革命化，形成革命英雄谱系。在两条阶级路线的尖锐对立中，人物形象及其所代表的价值体系，也是区隔两种课本阶级性的重要指标。因此，在教育从属于政治的时代，在课本内容体系中塑造符合基本话语的革命英雄形象显得特别重要。

一、革命英雄谱

毛泽东在《在延安文艺座谈会上的讲话》中指出："为什么人的问题，是一个根本的问题，原则的问题。"因此，社会主义的教育方针都

---

❶　毛泽东："政治和经济的统一，政治和技术的统一，这是毫无疑问的，年年如此。这就是又红又专。……不注意思想和政治，成天忙于事务，那会成为迷失方向的经济家和技术家，很危险。思想工作和政治工作，是完成经济工作和技术工作的保证，它们是为经济基础服务的。思想和政治又是统帅，是灵魂。只要我们的思想工作和政治工作稍为一放松，经济工作和技术工作就一定会走到邪路上去。"陆定一在《教育必须与生产劳动相结合》中指出："'有社会主义觉悟的有文化的劳动者'，就是既懂政治，又有文化；既能从事脑力劳动，又能从事体力劳动的人。这就是全面发展的人，就是又红又专的人，就是工人化的知识分子，就是知识分子化的工人。"（陆定一文集［M］. 北京：人民出版社，1992：59.）

❷　毛泽东曾在1958年1月31日提出的《工作方法六十条（草案）》中阐明了红专关系，"红与专、政治与业务的关系，是两个对立物的统一，一定要批判不问政治的倾向。一方面要反对空头政治家，另一方面要反对迷失方向的实际家。"毛泽东的"专"是理解为实际家，即能解决生产实践中问题的专家。

会提出一个教育培养什么人的问题。"人的形象"可以说是一切教育理念和行为的源头和依据,是教科书编写的基础。任何教育知识的创新以及教育改革深化都可以通过"人的形象"的反思与重塑开始。❶ 新的"人的形象"的确立,重则会引起教育改革、课程重组;轻则会使课本编写围绕培育"新人",塑造榜样,以先进人物的先进思想、先进事迹为范例教育人们、提高人们的思想认识和思想觉悟,培育道德品质或精神情操,这是道德教育最基本和有效的手段,也是教科书实现"软规范"功能的一种重要方法。因此,教科书在确立"为什么人"后,就要面临"写什么人",塑造哪一个阶级的理想人物的问题。这也是文革时期被认为的长期以来两条教育路线斗争的焦点之一。山东省中小学教材编辑组的编者对编选无产阶级先进典型深有感触:"先进典型,是毛泽东思想和广大革命群众相结合的产物,它反映了时代的精神面貌和事物的本质,有很大的教育意义。"❷ 因此,新中国成立以来教育及宣传部门对宣传先进典型乐此不疲。

1. 革命英雄的崇拜

社会的价值一般会通过教育方针中"培养什么人",直接输送到教科书的"人物"身上。教科书选择和倡导的榜样人物,必然是符合社会价值期望的典范人物。"人的形象"中社会核心价值的变化,必然会引起教科书中榜样人物的更替。因此,教育方针中提出"培养什么人"的话语时,已经为教科书确定或建构了一群榜样典型和接班人的形象。文革时期教育话语确立的榜样典型不同于其他时期,在课文《长大要当工农兵》中可以看到这种榜样典型:

> 我们是毛主席的红小兵,毛主席的话儿句句听。
>
> 从小立下革命志,长大要当工农兵。
>
> 拿起锤子能做工,拿起锄头把田种。
>
> 枪杆紧紧握在手,保卫祖国打敌人。
>
> 拿起笔杆搞批判,扫除一切害人虫。

---

❶ 石中英. 重塑教育知识中"人的形象"[J]. 教育研究, 2002 (6):12 - 18.

❷ 山东省中小学教材编辑组. 山东省中学课本·语文·三年级下册 [M]. 济南:山东人民出版社, 1973:55.

我们是毛主席的红小兵，毛主席的话儿句句听。

从小立下革命志，长大要当工农兵。❶

长大要当工农兵，不只在说学生的理想，也在说文革课本树立的榜样人物。当然进入课本中的榜样人物，不是普通工农兵，而是典型化后、具有突出革命特性的英雄人物。它与革命文艺的"根本任务论"中"塑造"的无产阶级英雄形象是一脉相承的。

（1）课本中的革命英雄

毛泽东提出的"我们的教育方针，应该使受教育者在德育、智育、体育几方面都得到发展，成为有社会主义觉悟的有文化的劳动者"在文革时期与培养"为无产阶级政治服务""与生产劳动相结合"的无产阶级革命事业的接班人（简称为革命接班人）基本同义。

毛泽东曾经提出过革命接班人的五项标准，但这些标准是针对高层次领导接班人提出的，对于普通的革命接班人并不适用。什么样的人才能成为接班人呢？在学校教育中，依据两个基本话语——为无产阶级政治服务，与生产劳动相结合——建构出革命接班人身上两种核心品质：一是政治伦理与道德品质——为人民服务的大公无私性；二是劳动品质——为人民服务的劳动性。在"学英雄 颂英雄"的社会运动助推下，革命接班人在文革课本中基本被定型为为人民服务大公无私的工农兵英雄，或称革命英雄。

树立英雄，是为了崇拜英雄、学习英雄。英雄崇拜从来就是人类的心理情结，它是世界各民族的普遍文化现象，是一个民族不竭的精神动力。文革时期也是个英雄崇拜的时代，从领袖崇拜再到崇拜毛泽东思想哺育下的革命英雄。教育中更是充斥着学英雄、走英雄路的运动，复课闹革命时期的《语文》《毛泽东思想教育课》同时也是一本谱写毛泽东思想哺育英雄事迹的"学英雄，颂英雄，写英雄"的课本。世界的、中国的英雄千千万，在文革课本中又是选学哪些英雄呢？在"毛主席提倡的我们坚决做，毛主席表扬的我们坚决学"的思想崇拜下，在以"毛泽东思想"为统帅的课本中，选学的革命英雄，大致有两种：一种

---

❶ 甘肃省中小学教材编写组. 甘肃省小学课本·语文·第一学年第二学期用［M］. 兰州：甘肃人民出版社，1971：53.

是毛泽东表扬的，另一种是毛泽东思想哺育的。

第一类毛泽东表扬的革命英雄，如刘胡兰、罗盛教等革命烈士，最具代表性的人物是在各地每套《语文》《毛泽东思想教育课》必选的"老三篇"中三个大公无私的英雄人物：白求恩，张思德，愚公（愚公因其革命精神也被列为革命英雄）。

课本编入"老三篇"，一方面是受林彪掀起的学习毛主席著作（简称毛著）的热潮的影响，其中"老三篇"是搞思想革命化的最重要最典型的三篇文章，广大干部群众便是从毛著里的"老三篇"中吸取思想修养的营养。❶ 另一方面是由于在文革初的"斗批改"运动中要批判资产阶级的核心特征——个人主义和私心的需要。这三篇文章就是以典型人物的事迹为载体，集中体现了无产阶级大公无私的政治和道德价值观。因此，在这个时期的课本中编选毛泽东的这三篇文章不是偶然的。在毛泽东看来，生活于社会主义社会的全体人民应该具有这样为无产阶级政治服务的基本的政治和道德价值观。在这三篇文章中，毛泽东分别赞扬了大公无私，全心全意为人民服务的精神和对共产主义坚定的信念。❷ 其中核心政治品质是大公无私。

《纪念白求恩》是中国语文课本中最为大家熟悉的课文之一。白求恩在中国成了国际共产主义精神的代名词。毛泽东得知白求恩牺牲的消息后，亲笔写下挽词："学习白求恩同志的国际精神，学习他的牺牲精神，责任心与工作热忱。"在课文中着重肯定了白求恩的大公无私：

> 白求恩同志毫不利己专门利人的精神，表现在他对工作的极端的负责任，对同志对人民的极端的热忱。每个共产党员都要学习他。……我们大家要学习他毫不自私自利之心的精神。……只要有这点精神，就是一个高尚的人，一个纯粹的人，一个有道德的人，一个脱离了低级趣味的人，一个有益于人民的人。

---

❶ 林彪在为《毛主席语录》所写的前言中正式采用了"老三篇"的提法，从此在中国家喻户晓。林彪的话："老三篇，不但干部要学，战士也要学。老三篇，最容易读，真正做到就不容易了。要把老三篇当作座右铭来学，哪一级都要学，学了就要用，搞好思想革命化，搞好思想革—命—化。"还编成曲。

❷ 苏宝俊，刘永田. 毛泽东革命接班人思想及其当代价值［J］. 聊城大学学报（社科版），2008（5）：94 - 99.

考虑到学生接受能力，小学低年级语文课本通常把《纪念白求恩》改编成《白求恩的故事》，主要学习大公无私的无产阶级政治品质。选用《白求恩的故事》《纪念白求恩》主要是要求学生用"毫不利己专门利人"的高尚品质来检讨自己，"斗私批修"，课文后的"学和用"表达了这个意图：

> 伟大领袖毛主席在这篇光辉著作里教导我们向白求恩同志学习什么？用白求恩同志两个"极端"和"毫不利己专门利人"的精神对照检查自己，批判叛徒、内奸、工贼刘少奇的"公私溶化论"。❶

《为人民服务》以张思德为例赞扬了大公无私，所表明的是关心他人的特征，在这篇文章中把为人民服务作为革命者人生的最高价值。

在中国面临两个前途的历史时刻，毛主席在《愚公移山》中提出学习愚公移山的信念和锲而不舍的精神，发动全国人民，取得革命的最后胜利。其中一个重点也是强调愚公的大公无私，表现在必须以为他人利益工作这种态度取代狭隘的追求自私自利的个人目标。❷

三个英雄人物还有一个共同的身份——都是普通的劳动者，是为人民服务的劳动者。由于着重强化、宣扬政治和劳动品质，因此课文中弱化了专业性（只有白求恩有较强专业性，毛泽东也曾赞扬其专业性），更强调了劳动性。

这三篇文章是特定历史背景下的产物，但毛泽东认为，无论是大公无私，还是为人民服务和对革命的坚定信念，都具有跨越时空的普适性价值和意义，是一切革命者必须具备的品质。未来的革命接班人毫无疑问必须具备这些品质，这是在60年代中期开始宣传学习"老三篇"的根本原因。❸ 课本中选用"老三篇"的另一个重要原因是用"老三篇"来斗私批修。济南四年制中学《语文》第一册（1969）选用的课文——《狠学狠用"老三篇" 狠斗"私"字"一闪念"》很好地说明

---

❶ 山东省中小学教材编选组. 山东省中学试用课本·语文·二年级上册［M］. 济南：山东省中小学教材编选组，1970：42.

❷ ［美］约翰·布莱恩·斯塔尔. 毛泽东的政治哲学［M］. 北京：中国人民大学出版社，2006：184.

❸ 苏宝俊，刘永田. 毛泽东革命接班人思想及其当代价值［J］. 聊城大学学报（社科版），2008（5）：94-99.

了时势的需要，文中提出："'老三篇'的核心就是一个'公'字。张思德、白求恩是一心为公、一生为公的光辉榜样。我们学好了'老三篇'，脑子里扎下了'公'字的根，就有了是非的标准，就能用'公'字来审查自己生命的每一分钟，用毛泽东思想把'私'字消灭在萌芽状态。"❶ 上海市小学课本《毛泽东思想教育课·"老三篇"万岁》（四年级用）（1969）号召像"老三篇"中英雄那样"去私存公"：

"老三篇"是"公"字篇，句句是真理，字字闪耀着共产主义"公"字的灿烂光辉。"老三篇"树立了张思德、白求恩和"老愚公"的光辉形象，热情歌颂了共产主义精神，无情地冲击了存在几千年的剥削阶级思想的核心——"私"字。"老三篇"是彻底摧毁资产阶级思想的精神原子弹。

……

我们要以英雄人物为榜样，把"老三篇"记在脑子里经常照，把"完全"、"彻底"为人民服务这把"尺子"装在身上经常量，把张思德、白求恩、"老愚公"三个形象放在心上经常比，把"私"字一点一滴地挖掉，把灵魂深处的污泥浊水一遍一遍地冲刷干净，从小严格要求自己，把自己锻炼成为"一不怕苦，二不怕死"的无产阶级革命事业接班人。❷

"老三篇"推出的三位英雄人物是文革时期课本中英雄典型化的总代表，他们身上最核心的"大公无私"品质基本上都传承和铭写在毛泽东思想哺育下的所有英雄的事迹上。

第二类革命英雄是毛泽东思想哺育下的英雄人物和集体，其中尤以雷锋、王杰、李文忠和"南京路上好八连"等为典型，因其所代表的精神反映了党对革命接班人的要求而成为全国人民学习的榜样。

雷锋因毛泽东号召"向雷锋同志学习"而闻名于世，在所有毛泽东思想哺育的英雄中最为典型，毛泽东在雷锋身上看到了一切从人民利

---

❶ 济南市中学教材编写组. 济南四年制中学《语文》第一册［M］. 济南：济南市中学教材编写组，1969：14.

❷ 上海市中小学教材编写组. 上海市小学课本·毛泽东思想教育课·"老三篇"万岁（四年级用）［M］. 上海：上海市中小学教材编写组，1969：2－3.

益出发，全心全意为人民服务的精神，他把雷锋看作是社会主义社会青年的理想模型，看作社会主义接班人的典型代表——"雷锋的光辉思想品质表明，他正是党所需要的那种忠实可靠的接班人。"雷锋的这些光辉品质主要见于为无产阶级政治服务的政治伦理：忠于党，忠于社会主义、共产主义，爱憎分明的无产阶级立场；自觉服从祖国的需要，以人民利益为重，全心全意为人民服务的献身精神；坚忍不拔的意志，艰苦朴素的作风；关心同志，助人为乐，毫不利己，专门利人的共产主义思想。

为了学习毛泽东思想及其哺育下的革命英雄，全社会掀起"学英雄思想、走英雄道路、创英雄业绩、塑英雄形象"的热潮。雷锋式的英雄人物的事迹自然就编选入《语文》和《毛泽东思想教育课》两种课本内。以辽宁小学课本《语文》第七册（1972）为例，其中《大白楼村"大公无私"的代表》《国际主义战士罗盛教》《五棵小青松》等三篇辅助文围绕《中国要有一群这样的先锋分子》（毛泽东）统帅文组成了英雄人物"大公无私"的学习单元：

要造就一批人，这些人是革命的先锋队。这些人具有政治的远见，这些人充满着斗争精神和牺牲精神。这些人是胸怀坦白的，忠诚的，积极的，正直的。这些人不谋私利，唯一的为着民族与社会的解放。这些人不怕困难，在困难面前总是坚定的，勇敢向前的。这些人不是狂妄分子，也不是风头主义者，而是脚踏实地富于实际精神的人们，中国要有一大群这样的先锋分子，中国革命的任务就能够顺利的解决。❶

课文中描述的革命英雄身上的许多品质如舍生忘死、集体主义、爱国主义、锲而不舍等都是在"大公无私"这一核心的政治品质基础上展开的，都是"大公无私"的衍生品质。离开了"大公无私"的品质，其他品质都是存有"私心"的，是资产阶级的特质。因此，"公"与"私"是无产阶级与资产阶级路线的本质区别，"大公无私"是区隔和甄别资产阶级与无产阶级英雄人物的核心标准。革命英雄的"大公无私"，自然在各地的中小学语文课本中得到讴歌和颂扬。

---

❶ 辽宁省中小学教材编写组. 辽宁小学课本·语文·第七册 [M]. 沈阳：辽宁人民出版社，1972：23.

这些革命英雄人物各有不同的故事，但与资产阶级思想斗争、表现出大公无私品格的叙事模式是相同的，如黑龙江中学《语文·第七册》（1976）中的课文《房东大娘》描写了侯大娘节约用电，对小孩进行纪律教育，关心军属和爱护五保户，以及同侯小手的资本主义思想作斗争等故事。课文中的"主人公侯大娘是一个热爱集体、大公无私，坚决走社会主义道路、具有高度路线觉悟的老贫农。她在日常生活中所表现出来的这些品质是有深刻的阶级基础和思想基础的，特别是经过无产阶级文化大革命的战斗洗礼，更使她的思想发生了深刻变化。从她身上，我们可以看到在毛泽东思想哺育下，中国农村亿万普通劳动者展现出来的崭新的精神面貌"❶。

《毛泽东思想教育课》除了学习毛泽东著作及辅助学习文外，其他基本是选编毛泽东思想哺育下的革命英雄和英雄集体事迹。上海市为此还专门编写《毛泽东思想教育课·干革命靠毛泽东思想》课本，辽宁、吉林、山东、甘肃等地则专门编写《毛泽东思想教育课》的辅助读物《毛泽东思想哺英雄》或《数风流人物还看今朝》以宣传和学习英雄：

> 伟大的毛泽东时代，是英雄辈出的时代。为了便于青少年一代学英雄的榜样，走英雄的道路，使他们在党的阳光照耀下，在毛泽东思想的哺育下，茁壮成长，我们怀着无限忠于毛主席的革命路线的红心，怀着对成千成万在毛泽东思想哺育下成长起来的革命英雄和英雄集体无比崇敬的心情，把中国人民解放军集体中的一部分最突出的代表的事迹，选编成册，作为我省中学复课闹革命中活学活用毛泽东思想的一种辅助读物。❷

上海市小学课本《毛泽东思想教育课·干革命靠毛泽东思想》（1969）选编课文全部是文革时期涌现出来的学习毛泽东思想的英雄事迹：

> 毛主席的好工人——尉凤英；天目山畔的青松——记"优秀工宣队

---

❶ 黑龙江省中小学教材编写组. 黑龙江省中学课本·语文·第七册 [M]. 哈尔滨：黑龙江人民出版社，1976：40–41.

❷ 辽宁省中小学教材编写组. 辽宁中学课本·毛泽东思想育英雄 [M]. 沈阳：辽宁省中小学教材编写组，1969：封三.

员"徐松宝同志的光辉事迹；胸有朝阳何所惧 时代列车颂英雄——上海铁路分局青年养路工盛林法的英雄事迹；毛泽东思想武装起来的人是无敌的——记英雄的大寨人战胜特大雹灾夺得丰收的斗争；紧跟毛主席红心永向党——记学习毛主席著作积极分子顾阿桃……

辽宁省中学《毛泽东思想育英雄》辅助教材选用的英雄分成五种类别：战士英雄、革命干部、革命群众、知识青年、英雄群体。其中以战士英难、革命干部、英雄群体比例居多（见表4-1）。

表4-1　辽宁省中学《毛泽东思想育英雄》辅助教材（1969）的
英雄类型

英雄类型	课　文
战士英雄	无限忠于毛主席的光辉榜样——记毛主席的好战士雷锋
	革命青春红似火——毛主席的好战士欧阳海
	革命青春的赞歌——记毛主席的好战士王杰
	毛泽东思想武装的钢铁战士——记"海上英雄艇"轮机兵麦贤得
	毛泽东思想武装的又一伟大共产主义战士——刘英俊
	一心为公的共产主义战士蔡永祥
	心里只有毛主席——记毛主席的好战士年四旺
	无产阶级专政下继续进行革命的无产阶级先进分子的突出代表李文忠
革命干部	对人民鞠躬尽瘁 对革命无限忠诚 毛主席的好学生——焦裕禄
	无限忠于毛主席革命路线的好干部——门合
	不是要做官 而是要革命——记陈永贵同志担任山西省革命委员会副主任后的事迹
	一不怕苦，二不怕死的共产主义战士——记共产党员杨水才同志的光辉事迹
	党的好女儿——毕英兰
革命群众	永远保持工人阶级的本色——记尉凤英同志在无产阶级文化大革命中的先进事迹
	天目山畔的青松——记"优秀工宣队员"徐松宝同志的光辉事迹
知识青年	一不怕苦，二不怕死，一心为革命！——知识青年与工农相结合的好榜样 解正新烈士的光辉事迹
	活着就要拼命干 一生献给毛主席——记为抢救国家物资英勇献身的金训华同志的英雄事迹

续表

英雄类型	课　文
英雄集体	在活学活用毛泽东思想大道上奋勇前进——记在两条路线斗争中成长的"学习毛主席著作的模范红九连"
	艰苦作风 代代相传——记"南京路上好八连"
	毛主席挥手我出航 鹰击长空全无敌——记空军某部七一一九部队指战员一不怕苦，二不怕死的英雄事迹
	毛泽东思想统一起来的英雄集体——1124工地英雄集体的故事
	无限风光在险峰——记我国科学考察队对珠穆朗玛峰地区的科学考察活动
	无限忠于毛主席的川藏运输线上十英雄
	战斗在喜马拉雅山上——记人民解放军驻西藏高原边防战士一不怕苦，二不怕死的英雄事迹
	胸怀朝阳保边疆——记战斗在珍宝岛地区边防部队的共产党员

　　无论是《语文》还是《毛泽东思想教育课》中颂扬的革命英雄，其构成主要是以毛泽东思想哺育下的工农兵英雄或集体为主。其中毛泽东表扬的英雄的事迹，都是各地课本共同选择的内容。而涌现出来的大量学习毛泽东思想的工农兵英雄和英雄集体，因数量多，各地编选并不相同，也自然占据《语文》《毛泽东思想教育课》学习毛泽东思想的先进典型事迹的大部分内容。

　　这些反映毛泽东思想哺育下革命英雄事迹的课文大多选自报纸、期刊，因而都采用通讯体裁，表现出战斗性和颂扬性并存的写作特色，正如山东中学语文课本所说："通讯是一种战斗性很强的新闻体裁，是巩固无产阶级专政的重要舆论工具。在报刊上，它详细、及时报道三大革命运动中的先进典型，歌颂战无不胜的毛泽东思想，使广大群众受到教育和鼓舞，推进伟大的社会主义革命与建设事业。"❶ 因此，课文对革命英雄的描写多了政治色彩，少了生活趣味，多了说教，少了叙事。

　　（2）选编革命英雄的两个条件

　　课本选编毛泽东表扬的和毛泽东思想哺育的英雄，依据的是教育基

---

　　❶ 山东省中小学教材编辑组. 山东省中学课本·语文·三年级下册［M］. 济南：山东人民出版社，1973：55.

本话语建构出来的革命英雄的两个内在条件：革命性和实践性。为无产阶级政治服务，要求革命性，形成英雄的"红"；与生产劳动相结合，强调实践性，形成了英雄的"专"。

所谓革命性条件，即首先所有的英雄都必须是无产阶级革命英雄，是为无产阶级政治服务的，是在阶级斗争和为人民服务过程中作出无私奉献的人物，他们多数属于以工农兵为主体的无产阶级。所以革命性条件的核心是阶级性，民族英雄如岳飞、林则徐、孙中山等因其非无产阶级性是不能选入课文的。编选英雄的革命性（阶级性）条件在课本中通常又简化为"毛泽东思想哺育下的，或是毛泽东赞扬过的"，例如，欧阳海、王杰等，属于前一类，而后一类则如白求恩、张思德、刘胡兰、罗盛教等。在各地所编的《毛泽东思想教育课》的辅助课本中对编选革命英雄的革命性条件——"以毛泽东思想哺育"讲得非常清楚。如辽宁中学《毛泽东思想育英雄》（1969）是编者"怀着对成千成万在毛泽东思想哺育下成长起来的革命英雄和英雄集体无比崇敬的心情，把中国人民解放军集体中的一部分最突出的代表的事迹，选编成册"❶；内蒙古自治区教材编选组"怀着无限忠于毛主席、无限忠于毛泽东思想，无限忠于毛主席的无产阶级革命路线的一颗红心，怀着对英雄人物和先进集体的无比崇敬"，编选了《大海航行靠舵手，干革命靠毛泽东思想》（1970），它概括了"我们时代的伟大真理，英雄人物和先进集体走过的道路，无数次地证实了这个伟大真理"❷：

"毛泽东思想育新人。一个个先进集体和英雄人物的成长过程，就是一部部活学活用毛泽东思想的光辉历程，就是一篇篇对伟大的毛泽东思想的颂歌。学英雄榜样，走英雄道路。向英雄学习，就要象英雄那样，"誓将毛泽东思想化灵魂，生死为人民"；就要象英雄那样，"生为毛主席战斗，死为毛主席献身"；就要象英雄那样，"一不怕苦，二不怕死"。

---

❶　辽宁省中小学教材编写组. 辽宁中学课本·毛泽东思想育英雄 [M]. 沈阳：辽宁省中小学教材编写组，1969：封三.

❷　内蒙古自治区教材编选组. 内蒙古自治区中学课本·大海航行靠舵手，干革命靠毛泽东思想 [M]. 呼和浩特：内蒙古自治区教材编选组，1970：封三.

与上面两本课本一样，上海市小学《毛泽东思想教育课·干革命靠毛泽东思想》课本指明，所有的革命英雄都是在毛泽东思想的哺育下实现革命化，课文如"毛泽东思想武装起来的人是无敌的""紧跟毛主席红心永向党""心中有个红太阳 山崩地裂也敢上"等都是描写毛泽东思想哺育的英雄。

《语文》课本选编英雄事迹与《毛泽东思想课》相同，不过体裁上多了戏剧，选编革命样板戏是《语文》课本的一大特色，把革命样板戏的唱段、选场作为语文教材，目的也是为了颂扬和学习革命英雄。根据"根本任务论"——"要努力塑造工农兵英雄人物，这是社会主义文艺的根本任务"，无产阶级的英雄形象，成为了样板戏的最醒目的特征。革命样板戏着力塑造的无产阶级英雄正好发挥为无产阶级政治服务的典型示范和教育功能。频繁入选课本的京剧样板戏《智取威虎山》，其英雄人物杨子荣被塑造为在毛泽东思想哺育下为人民服务的典型代表：

《智取威虎山》不只是描写了杨子荣具有高度的勇敢和智慧，而且深刻地描写了他那勇敢和智慧的深厚的根源，描写了这种大智大勇是来自毛泽东思想的哺育，来自对人民群众的无限忠诚。这一点，在"深山问苦"一场，作了最动人的描述。

古往今来，浩繁的文艺作品中描写的"智慧"、"勇敢"的人物可算不少，可曾有过象杨子荣这样全心全意为人民服务、和劳动人民血肉相连、具有无产阶级的智慧和勇敢的艺术典型？没有过，从来也没有过。杨子荣是现实生活中千千万万无产阶级英雄的代表，是用伟大的毛泽东思想武装起来的英雄形象，是和历来文艺作品中描写的那种封建阶级、资产阶级的所谓"英雄"完全对立的崭新的英雄典型。《智取威虎山》中的杨子荣和其他革命样板戏中的李玉和、洪常青、方海珍、郭建光、严伟才等英雄典型的出现，开辟了人类文艺史上的新篇章。❶

和杨子荣一样，现实生活中千千万万的无产阶级英雄，以及编选入课本的英雄，都是用毛泽东思想武装起来的英雄。把英雄选入课文的革命性条件，基本就是"用毛泽东思想武装起来的"。

---

❶ 红城. 数风流人物还看今朝——赞革命样板戏《智取威虎山》中杨子荣英雄形象的塑造 [J]. 解放军报，1969 - 10 - 25 (2).

　　毛泽东思想是强调实践的，为无产阶级政治服务也是发生在实践中的，所以编选用毛泽东思想武装起来的英雄，还有一个实践性条件，即他是在阶级斗争与生产斗争的实践中成为英雄的。换句话说，所有的革命英雄都是劳动者，是工农兵及部分基层干部，文革时期又统一称之为"工农兵英雄"。他们都以毛泽东思想为指导在自己的工作领域作出过突出成绩或者对工作兢兢业业、付出过相当大的牺牲。实践性条件是针对长期入主"旧"课本的"资产阶级"知识分子三脱离而言的，这些旧知识分子，即所有不参加生产劳动的人，是不能作为革命英雄入选课本的，因而很少有文化名人或知识英雄能选入文革课本，即使是鲁迅也不是以文学家，而是以革命者身份被编入课本的，如江苏省中学课本《语文》（1976）第四册的课文《学习鲁讯，永远进击》，宣扬的是鲁迅的战斗性、革命性，而不是作家的文学素养。知识英雄也只有那些在"上山下乡"中投入生产劳动的知识青年，才获得革命英雄的殊荣被选入了课本，《她热爱祖国的农村——访归国华侨知识青年林淑娘》一文称赞的是她的劳动性、实践性。❶

　　实践性条件与革命性条件在课本描述的革命英雄身上表现出高度的统一。革命性条件是实践性的前提，而实践性条件是革命性实现的基础。换言之，只有用毛泽东思想武装的革命英雄才能胜任斗争实践的任务，所有革命英雄的成长总是在斗争实践中发生的。课本中对革命英雄事迹的描述就是按照这两个条件形成了一个普遍的叙述模式：用毛泽东思想武装—斗争实践。典型的例子如课文《一不怕苦，二不怕死的共产主义战士》，先描述杨水才"高举毛泽东思想伟大红旗，念念不忘两个阶级、两条道路、两条路线的斗争，念念不忘突出无产阶级政治"，再讲"与阶级敌人斗争毫不留情，走社会主义道路坚定不移"、"英雄发誓画新图 挖塘治岗破难关"❷ 等斗争实践。甘肃省小学试用课本《语文》第一学年第一学期用（1971）中课文"26. 小英雄炸坦克"：

　　越南南方少年英雄小来，最爱学习《毛主席语录》。他常常和游击

---

❶ 山东省中小学教材编写组. 山东省初中课本·语文·第四册［M］. 济南：山东人民出版社，1975：36.

❷ 山东省中小学教材编写组. 山东省中学试用课本·毛泽东思想武装起来的战士所向无敌［M］. 济南：山东省中小学教材编写组，1969：187.

队一起打美国强盗。

一天，敌人开来了十几辆坦克，小来立刻吹起海螺，向游击队报告。

坦克越来越近，游击队长下令："打！"手雷一齐向敌人扔去。轰！轰！两辆坦克起火了，剩下的掉头就逃。小来和游击队员们一齐冲了上去。小来爬上一辆大坦克，揭开盖子，把手雷塞进去。敌人拼命往外推，他就用身体紧紧压住，心里只有一个想法："下定决心，不怕牺牲，排除万难，去争取胜利。"轰！大坦克开花了。

敌人被全部消灭了。小来为了消灭美国强盗，英勇地献出了宝贵的生命。❶

这是一个虚构的讲述小英雄先学《毛主席语录》，然后在战斗中"下定决心，不怕牺牲，排除万难，去争取胜利"的故事。确立小英雄形象的革命性条件与斗争实践性条件在故事叙述中缺一不可。

革命性条件和实践性条件，不仅是课本编选革命英雄的两个基本条件，在课本中也形成了述说革命英雄的两个基本特性和模式。

2. 革命英雄的崇高

如毛泽东认定的红专统一一样，"为无产阶级政治服务"，"与生产劳动相结合"两者也是不可分离的，它们所投射的政治思想、生产劳动等诸方面的要求都会铭刻在革命英雄的身体上，身体成为红专化的纽结，在身体上实现了两种社会要求的统一。社会通过话语反复地铭写在身体之上，正如许多西方学者的研究所启示我们的：身体构成社会存在，成为社会之"肉"，社会被"肉身化"❷。身体事实上是关涉"社会秩序"的隐喻，它不是简单地归属个人支配的有机体，而是要受到且必须接受社会、道德和文化的控制、约束和规训。❸ 因此可以说，革命英雄的身体本身就是教育基本话语实践的结果，它一开始就背负着理想和象征，他不仅在话语的"他者"面前充当说话的机器，终日说着话

---

❶ 甘肃中小学教材编写组. 甘肃省小学试用课本·语文·第一学年第一学期用［M］. 兰州：甘肃人民出版社，1971：47－48.

❷ 闫旭蕾. 教育中的"肉"与"灵"——身体社会学研究［M］. 南京：南京师范大学出版社，2007：77.

❸ 阎光才. 子宫、语言与政治［J］. 读书，2007（3）：43－49.

语要求说的话，还要按照话语的逻辑做它要求做的事，追求话语为主体制造的一个个"理想"，用各种战略性意图来改造身体和生产出一种身体，使革命英雄一个个走向身体的崇高。这是一种政治身体或社会身体，是使人合乎规范的身体。任何人只要被赋予了一个政治身份，这个身份就会驾驭着人们的身体。所以，革命化在一定程度上就是身体的被政治化，通过阶级化与劳动化续写身体的乌托邦。榜样教育最成功的企望，就是要使学生崇拜革命英雄的崇高，就是进行身体的教育，通过言行举止等来规训学生。

（1）阶级化的身体

革命英雄的身体并不属于他们自己，是属于权力话语的，是话语类型化的结果。英雄前面的修饰词"革命"，摆明了英雄是属于革命的，必须献身于社会主义国家，为无产阶级政治服务。课文中革命英雄的身体是由无产阶级的教育方针中强烈的社会本位属性——"为无产阶级政治服务"所建构的，注定了"革命英雄"成为无产阶级专政的接班人典型。他/她肩负着与资产阶级斗争的使命，履行着为无产阶级政治服务的责任，在革命性的大叙事下，很难看到关乎他本人的家庭、生活、性情的小叙事。"毛主席的好战士"、"一不怕苦、二不怕死的英雄边防战士"、"无限忠于毛主席革命路线的好干部"、"党的好女儿"等，这些带着政治修饰词的课文，讲述的全是被政治定性化或定型化的"接班人"的事迹，他们作为"人"的欲望、性格、行为全部被格式化为"革命者"的英雄行为。无论是王杰、雷锋、年四旺、刘英俊，还是门合、焦裕禄、蔚凤英，他（她）们的故事中只能读出"为人民服务、大公无私"的革命品质，他（她）们如同"样板戏"中从"三突出"❶原则出发塑造出的一大批高、大、全的人物形象，体现出在特定时代人们心目中英雄人物的阶级纯粹性。他们身体上的缺点、性格、人际关系等个性化品质，在"无我"的革命话语下全被"净化"了。

---

❶　由于"样板戏"被定为至尊，戏剧创作也被引向公式化、概念化的歧途，尤其到了"文革"后期，这种倾向竟被总结为"三突出"原则，即典型化的途径。即：在所有人物中突出正面人物来；在正面人物中突出主要英雄人物来；在主要人物中突出最主要的中心人物来。此后，"四人帮"将"三突出"奉为"无产阶级文艺创作的根本原则"。这种倾向不仅在戏剧界泛滥成灾，而且在整个文艺界、教育界被当作一种标尺，整个文艺创作在这种原则统领之下生产出一大批假、大、空作品和课文。

在"听毛主席的话，做毛主席的好战士""一切行动听指挥"的话语下，很难想象在课本上还有哪个革命英雄能离经叛道，擅自主张。用福柯的话说，革命英雄是一个"驯服的身体"，不过是话语权力的产物，从臣服的意义上，主体性沦为了身体，一个没有区别的阶级身体。他说的话是毛泽东思想的话，他做的事是为无产阶级政治服务或者说是毛主席要他做的事。

对如何塑造革命英雄的身体，上海中学语文课本中的"学英雄 颂英雄"写作知识中提出"主题思想"的写作方法：

> "我们的文学艺术都是为人民大众的，首先是为工农兵的，为工农兵而创作，为工农兵所利用的。"学英雄，颂英雄，这是三大革命运动的需要，是工农兵对我们的要求。我们要更好地运用"通讯"这一文艺武器，热情歌颂工农兵，热情宣传战无不胜的毛泽东思想。
>
> 一篇好的通讯，要有正确的主题思想。主题思想是通讯的灵魂，是贯穿全文的红线。材料取舍，写人记事，叙述议论，环境描写等都是为主题思想服务。否则，就会下笔千言，离题万里。我们要站在路线斗争的高度，以敏锐的政治眼光和饱满的革命激情，确定文章的主题思想。主题思想一定要高举毛泽东思想伟大红旗，突出无产阶级政治，要集中、明确，爱憎分明。这样，文章才具有鲜明的思想性和强烈的战斗性。❶

主题思想化，就是使他/她在身体上成为高举毛泽东思想伟大红旗，突出无产阶级政治，颂扬爱憎分明的工农兵英雄。他们具有完全的同质性，被肯定"大我"——公，而否定"小我"——私，按照弗洛伊德的说法，就是用"超我"的"道德理想"力量，去限制"本我"的自私冲动，指导"自我"的形成。因此，对英雄人物的叙述方式就是"大叙述"，是自上而下的论述，从学习毛泽东思想出发的叙述，再以阶级斗争的经典故事为模式（阶级斗争模式），阐述人物的"高、大、全"，最终无产阶级战胜资产阶级。在这些讲述不同行业的革命英雄的课文中，阐述的其实是同一个故事——干革命靠毛泽东思想，亦即任何

---

❶ 上海中小学教材编写组. 上海中学课本·语文·一年级第二期用 [M]. 上海：上海中小学教材编写组，1971：66.

英雄的身体实践都是在用毛泽东思想干革命。如课文《"拉革命车不松套，一直拉到共产主义"——记无产阶级优秀战士王国福》一文的前面有一段概括英雄的话：

> 毛泽东思想哺育成长的无产阶级优秀战士、共产党员王国福，把他光辉的一生献给了伟大的无产阶级革命事业。一九六九年十一月六日，王国福同志因病逝世。在他生命的最后一刻，他仰望伟大领袖毛主席像，对守护在他身边的社队干部和同他一起扛过活的老贫农，断断续续地说："一定要听毛主席的话，……艰苦奋斗，……继续革命，……整好党，掌好权。"
>
> 王国福同志，是北京大兴县红星人民公社金星生产大队大白楼生产队革命领导小组组长。他无比热爱伟大领袖毛主席，听毛主席的话，时刻不忘阶级斗争，时刻不忘巩固无产阶级专政。他怀着共产主义的伟大理想，十七年如一日，忠心耿耿，"拉革命车不松套"，"做无产阶级和人民大众的'牛'，鞠躬尽瘁，死而后已"。❶

王国福作为"人"应该有生活需要、兴趣和喜好、爱情等，但在主题思想化的写作下，被"拉革命车不松套"的革命主题话语（或称主题思想）"无情"地删除了。对王国福的盖棺定论中留给世人的印象，他只有革命，没有生活；只做无产阶级的"牛"，不做他"自己"（私）；只听毛主席的话，只做毛主席要他做的事。因而课文围绕"主题思想"展开了身体的叙述：铁打的骨头，举红旗的人；身居"长工屋"，放眼全世界；"图的是不吃二遍苦，图的是共产主义"；"只要俺还有一口气，就要读毛主席的书"。

在强大的革命话语支配下，人身体上最突出的是阶级性，典型人物的共性，也就是他身体的阶级本质。总之，典型是"一定的阶级和倾向的代表"❷。对如何处理个性的问题，文革时期闻军曾撰文探讨这个问题，文中说："对人物形象进行精确的个性刻画，以表现好共性，这是

---

❶ 山东省中小学教材编选组. 山东中学课本·语文·三年级下册［M］. 济南：山东省中小学教材编选组，1973：21.

❷ 闻军. 共性与个性的辩证统一——学习革命样板戏塑造无产阶级英雄典型的经验［J］. 北京大学学报：哲学社会科学版，1975（6）：42-47.

革命样板戏能成功地塑造共性和个性辩证统一的无产阶级英雄典型的关键。"❶ 看来他所说的个性是为了表现共性，所有的个性只是阶级共性的一种表现形式。依此逻辑，用革命英雄身体的阶级性一面，反映了时代的本质，必然形成社会"一个阶级，一个典型"的模式。于是英雄人物就被抹去他们作为个"人"的个性，任何无阶级共性的个性都应作为资产阶级的人性，统统扔进历史的垃圾箱里。因此，课本中出现的都是千篇一律的英雄的身体事迹，其他原来占据课本的人物——帝王将相都被退隐，知识英雄作为落后、反动阶级的身体拱手让出舞台，接受革命英雄批判，衬托革命英雄的伟大。课本描述革命英雄的身体，没有个性，没有多面性，只有一条线索——阶级性和斗争性。人物内心的刻画，人物的情感历程，都淹没在阶级斗争发展逻辑之中。阶级斗争是人物身体的唯一展现阵地。❷

　　革命英雄的身体具有阶级性，换句话说他是受控的身体，而非自主的身体，是缺少自主性、主体性的身体，如福柯所认为："我实际上认为不存在一种主宰性的、奠基性的主体，一种我们在哪儿都可以找到的普遍形式的主体。我非常怀疑这样一种主体观念，甚至对它充满敌意。相反，我认为，主体是通过种种被奴役的实践构成的，或者以一种更自主的方式，就像在古代那样，通过种种解放和自由的实践被构成的。"❸ 在阿尔都塞那里，主体是由意识形态国家机器决定的，主体也务必在意识形态国家机器的作用下形成。拉康的主体是在语言结构的压力下形成的。按照这些哲人的说法，身体的主体性恰恰是以对话语的屈从取得的，主体性和屈从性同时发生。他们虽然是从不同的角度论述，共同之处在于通过话语而使身体完全是被动的，他没有抵抗的可能性和机会，身体的被生产是无法避免的，它的臣服性是彻底的。既然身体臣服话语，是被话语生产出来的，以此类推，革命英雄也是被革命话语生产出

　　❶　闻军．共性与个性的辩证统一——学习革命样板戏塑造无产阶级英雄典型的经验 [J]．北京大学学报（哲学社会科学版），1974（6）：42 - 47.

　　❷　江腊生，虞新胜．样板戏中无产阶级英雄典型的虚构本质 [J]．学术论坛，2004 (6)：116 - 120.

　　❸　(Michel Foucault, 1980) Michel Foucault (1980). Power/Knowledge. (Ed. and trans, Colin Gordon). New York：Pantheon Books. 转引自：吴越民．福柯的建构性话语观与女性主义媒介批评的整合 [J]．中国传媒报告，2010（1）：1 - 8.

来的政治性的身体，也就是说这个身体并不是自己的主宰者，而是被宰制的对象，被置于话语的格栅中统一化成固定的思维模式、语言和行动，因此也就成为丧失主体性的身体。

革命英雄还是祛除资产阶级"人性"后的身体。对待"人性"问题当时苏习在《人民日报》上撰文提出的看法颇具代表性，文中指出："无产阶级和资产阶级举起了两面根本对立的旗帜：一面是'努力塑造工农兵的英雄人物'；一面是'追求有人性的真人'。"❶ 所谓有人性的真人，是一种资产阶级的人性论，是追求身体的满足，身体的欲望——食物、性、名利等——同牲畜一样是低等任性，并可能导致疯狂的残杀。❷ 在描述英雄上，"他们张口人、人、人，闭口情、情、情。这个抽象的'情'，成为他们搞'典型化'的灵丹妙药，成为他们作品的主导思想，成为他们的'真人'的性格核心，成为他们解决矛盾冲突的重要手段。我们只要解剖一下这个抽象的'情'，就可以清楚地看出：他们的典型化，就是从人性论出发，沿着主观唯心主义的认识路线去'化'的"❸。由此判断，"资产阶级的人性"是唯心的、虚伪的，革命英雄是讲阶级性的，是真实客观的。中小学课本中选用的样榜戏《红色娘子军》就呼应着这种看法，正面女性的身体与革命话语和集体思想联系在一起，女性身体关联的是精神和灵魂的崇高与伟大，个人情感被稀释至无，《红色娘子军》中吴琼花与洪常青被删减的感情戏就是最典型的例子。描述英雄泯灭个人情感，建立阶级感情，走向崇高的身体的最典型方式，就是去私，课文《我是毛泽东思想的小宣传员》❹ 反映了这一点：

有一天晚上，刮着大风，下着大雨，天黑得什么都看不清。我有点为难：今天晚上还去不去呢？这时候，我想起了毛主席"全心全意为人民服务"的教导，就批评自己："我怕风、怕雨、怕路滑，这不都是为

❶ 苏习. 从塑造典型看阶级论与人性论的斗争 [N]. 人民日报，1972 - 05 - 12 (3).

❷ 汪民安，陈永国. 后身体文化、权力和生命的政治学 [M]. 长春：吉林人民出版社，2004：4.

❸ 苏习. 从塑造典型看阶级论与人性论的斗争 [N]. 人民日报，1972 - 05 - 12 (3).

❹ 甘肃省中小学教材编写组. 甘肃省小学试用课本·语文·第一学年第二学期用 [M]. 兰州：甘肃人民出版社，1971：33.

自己着想吗？干革命就要听毛主席的话，不能怕困难，不能有私心。"
我立刻拿起雨伞就到老奶家去了。

文中"我"批私，是为了崇高——为人民服务，如何批私，实现
崇高，当然只能用毛泽东思想这个武器。所以走向崇高的典型，一定是
具有实践"毛泽东思想"的身体。

（2）劳动化的身体

为无产阶级政治服务，不只是口头上的，毛泽东一直反对空头政治
家，强调实践上的、身体上的变化。如何为政治服务，改造世界观？毛
泽东认为对于干部、知识分子和青年学生而言，那就是要积极参加生产
劳动，走与工农相结合的道路，在生产劳动过程中把书本知识与生产实
际结合起来，接受活生生的再教育，这样就可以做到知识分子劳动化，
劳动人民知识化，逐步缩小脑力劳动与体力劳动的本质区别。

身体如何变化，除了阶级特性的烙印外，还有一个重要的特点就是
劳动的姿态。阶级差别的一个重要表现也在劳动上，无产阶级是通过劳
动获得无产阶级的身体而体现出来；资产阶级属于剥削阶级，是不参加
劳动的、或不参加体力劳动的，而无产阶级是劳动者群体。文革时期
"劳动"被赋予的功能是强大的，不仅指知识论上的实践倾向，它同时
包含着对知识分子的改造，也包含着立场、态度、感情等因素的"脱胎
换骨"，也即毛泽东《在延安文艺座谈会上的讲话》所强调的"由一个
阶级变到另一个阶级"；更指无产阶级是在劳动中生成的，劳动附着在
"无产阶级"身上。正如学者蔡翔所说："正是'劳动'这一概念的破
土而出，才可能提出谁才是这个世界的真正的创造主体的革命性命题。
这一命题深刻地影响了 20 世纪的中国。"❶ 从这个意义上，劳动被赋予
了很高的德性，从资产阶级认为的"肮脏"、"低贱"转为无产阶级认
为最"干净"、"神圣"，因此，对"劳动"的感情被转喻为一种无产阶
级的感情。

由此看来，革命英雄的劳动不是单纯的，往往是和无产阶级的感情
等政治性的东西绞合在一起的，这也符合身体社会学观点：自然的身体

---

❶ 蔡翔.《地板》：政治辩论和法令的"情理"化［J］.文艺理论与批评，2009（5）：
64－71.

总是受到社会身体观念的制约，而且社会总是不断地将其自然身体转化为社会的身体。政治将"劳动"塑造成为一种新的社会价值和社会风尚，通过劳动把原本自然的身体塑造成政治的身体。换言之，劳动不仅仅是一种生产和生活的需要，不仅仅有"我们"自身的需要，"劳动"还是一种政治的、与"阶级敌人"斗争的需要。典型如课文《中国工人阶级的先锋战士——铁人王进喜》对王进喜劳动的描写：

一九六〇年四月十四日，当一轮红日从东方升起，巍然的井架披上金色霞光的时候，井场上一片繁忙，王进喜大步跨上钻台，握住冰冷的刹把，纵情地大喊一声："开钻了！"这声音威武雄壮，气吞山河！正象王进喜在一首诗中所写的那样："石油工人一声吼，地球也要抖三抖！"此情此景，使他感到自己不只是在向地球开钻，而是手执武器在向帝修反，向整个世界宣战！●

对王进喜的劳动场面的描写不是单纯的身体劳动的展示，嵌入他身体动作上的还有"向帝修反，向整个世界宣战"的无产阶级的感情和政治意识。对农民典型的描写也是如此，如劳动是"为毛主席争光，为革命夺高产"：

说干就干，全大队出动了五百个劳动力。社员们胸怀愚公移山志，手里拿着缝衣针，一棵一棵棉花"过堂"，逐朵逐朵黄花检查，连续奋战五、六天，一针一针地刺捉蜷缩在花蕊里的红铃虫。年近半百的老顾，眯着眼睛，全神贯注地和社员们战斗在一起。大家累得腰酸背疼、眼睛肿，但是一想起毛主席关于"必须把棉花抓紧"的伟大教导，顿时心明眼亮，浑身增添了无穷的力量。人说绣花功夫深，他们的功夫比绣花不知胜几分！人民大队的贫下中农在这滔滔棉海里，精绣着千万朵向阳花，锤炼着一颗无限忠于毛主席的红心。●

再看美术课本中农民典型的形象，黑龙江省小学课本《革命文艺·美术》（1970）中"没有贫农，便没有革命"的主题绘画（如

图4-1），由两幅图组成，右图为广阔肥沃、耕种整齐的土地，左图为农民高大的劳动照，寓意是农民辛勤劳作下的农业发展，既突出了主题，也突出贫下中农的阶级地位。整个绘图结构中还有一个中心，或显著的位置——农民胸前的毛主席徽章以及手上的毛泽东著作，起到画"英雄典型"，点思想之"睛"作用——农民的劳动及其成果是在毛泽东思想的指引下取得的。

图4-1 黑龙江省小学课本·革命文艺（美术）（1970）

描写英雄战士的"劳动化"，主要是写战士和平时期为人民服务的牺牲式劳动。课文《无限忠于毛主席的英雄集体全心全意为人民的钢铁长城》写了三个消防战士如何在"毛主席教导"下为人民服务：

> 梁芝禹最先把一个工人背送到安全地带。接连又一口气把四个战友背出火场。他蹲下来对文书常广贺说："你是共产党员，这几个同志由你负责。要做好思想工作，用最高指示鼓励同志们。"接着，又背出了一名同志，他就昏过去了。
>
> 常广贺同志腿部负伤，嘴角在流血，严重脑震荡。只要他稍一眯眼就会趁势昏睡过去。但是他想到毛主席的教导："一个共产党员，应该是……关心他人比关心自己重要。"深深感到共产党员在这个战斗集体中的责任。他一把把地往脸上抹雪，使自己的头脑清醒。他向大家高喊："同志们！多坚持一分钟，就为人民多做一分贡献！"又让大家往一起靠拢靠拢。

战士李庆余……他几次试图爬到常广贺跟前去，却一点动不得。他对常广贺说："我们要活就活在一起，共同为保卫毛主席而战斗；我们死，也要死在一起，共同为保卫毛主席而献身！"他俩互相鼓励着，高喊："**坚持下去就是胜利！**"❶（加黑字体为毛主席语录）

三位战士的"劳动化"展示是政治化与道德化的身体实践。从美学角度来看，革命英雄的"劳动化"身体展示，也是审美的，一种"劳动美"——在劳动生活中所激发出来的一种阶级之美。"劳动美"就是一种"身体的美学"，颂扬劳动中的无产阶级身体的理想模式——"强健"、"健康"、"硬朗"等，上海市小学课本《革命文艺·第二册》（1970）（如图4-2）中通过讲述"广阔天地炼红心 扎根农村志不移"的故事，也突出了农民英雄典型的健康之美——古铜的肤色、健壮的身体（如图4-2）。许多课文中常用插图等视觉规范确立这种劳动之美，比如抹去了女性身体与男性的区别，统一拥有阶级性的"健壮美"。

图4-2　上海市小学课本·革命文艺（第二册）（1970）

课本中崇拜和颂扬革命英雄的阶级化、劳动化的身体，也是遵从于

---

❶　黑龙江省中小学教材编写组. 黑龙江省中学课本·语文·第三册［M］. 哈尔滨：黑龙江省中小学教材编写组，1970：64.

"为无产阶级政治服务，与生产劳动相结合"的基本话语，目的是用一种崇高的身体去反对另一种低劣的身体——资产阶级之"私"化的身体。在课本中，两条阶级路线的激烈斗争，既是思想路线的斗争，也是崇高身体与低劣身体之间的斗争，所以，课本中革命英雄的身体并不是凡体肉胎，而是接受政治的洗礼，成为无产阶级"坚不可摧"的政治身体。课本从身体学的角度也就编成一本关于身体政治的课本。

最后有必要看到，虽然有关革命英雄事迹的课文多取自文革时期社会政治运动"学英雄、颂英雄、走英雄路"的文艺作品，但获准选入课本的革命英雄及其事迹描述，无一例外必须符合或遵从教育基本话语的框架逻辑。

二、斗争知识谱

对于课本来说，知识是第一要素，知识特性是第一特性。文革课本的知识在教科书发展的百年历程中表现出鲜明的红专化特色，并形成了特有的斗争知识谱系，它区别于传统的学科知识谱系，或者说是一种不同的知识型。

1. 斗争知识论

英国学者诺曼·费尔克拉夫受福柯话语理论的影响，认为人类的一切知识都是通过话语获得的，我们与世界的关系只是一种"话语"关系。❶ 依此观点，文革课本的知识体系也是通过革命话语获得的，其中毛泽东的革命话语体系对知识体系的形成至关重要。

毛泽东受本源论思维模式的影响较深，大本大源无所不在、无所不能，它便是宇宙之真理。毛泽东相信本源的普遍和本质的存在，特别是在人心中的存在，它既充沛于天地之间，又在人心之中，因此改变世界最根本的解决之法，就是把握"大本大源"，从哲学和伦理入手，变换全国的思想。❷ 毛泽东所论及的大本大源就是马列主义，它是最高的真理，远高于具体知识，而且涵盖了一切具体知识，是所有具体知识的根

---

❶ ［英］诺曼·费尔克拉夫. 话语与社会变迁·殷晓蓉译. 北京：华夏出版社，2003：5.

❷ 刘晓. 意识形态与文化大革命［M］. 台北：洪叶文化事业有限公司，2000：77.

据。这是他一生的大本大源。同时毛泽东又受我国传统"实学"精神的影响，重视实行与实践，注重实用与实效。他在《实践论》中提出："就知识的总体说来，无论何种知识都是不能离开直接经验的。"一方面，实践是知识产生的基础，对知识的形成和发展具有决定作用，因为"你要有知识，你就得参加变革现实的实践"❶；另一方面，任何知识只有应用于实践，证明是科学地反映了客观事物的，才是正确可靠的知识。而知识一经产生并系统化变成理论即"解决本质问题"的知识，❷就会反作用于人的社会实践，对实践具有巨大的指导作用，即列宁所说的"没有革命的理论，就不会有革命的运动"。❸ 毛泽东的本源论与实行实践的知行观，也是最终形成毛泽东教育基本话语的哲学基础。

　　根据本源论与实行实践的知行观，毛泽东把知识进行了分类："自从有阶级的社会存在以来，世界上的知识只有两门，一门叫做生产斗争知识，一门叫做阶级斗争知识。自然科学、社会科学，就是这两门知识的结晶，哲学则是关于自然知识和社会知识的概括和总结。此外还有什么知识呢？没有了。"❹ 这段话为后期毛泽东的教育话语与话语实践奠定了知识论基础，把知识分成两种斗争的知识，一方面是说知识是具有阶级性的，必须为无产阶级政治服务，另一方面则是说知识具有实践性，必须与生产劳动相结合，为生产实践服务。在毛泽东的知识世界里，"并不考虑或者不承认人类的知识包括人文科学、社会科学、自然科学自身的价值和相对独立存在的意义，他重视的是教育在为政治服务、为劳动生产服务直接性和有效性"❺。在这个知识论的基础上，毛泽东形成了"教育必须为无产阶级政治服务，必须同生产劳动相结合"❻ 的教育基本话语，1963 年又衍生出为三大革命运动（阶级斗争、生产斗争和科学实验）服务的话语。到文革时期，其斗争知识的话语实践基本演变成一种理想社会建设的教育模式——"五·七指示"中提出

---

❶ 毛泽东. 毛泽东选集：第一卷 [M]. 北京：人民出版社，1991：288.

❷ 毛泽东. 毛泽东选集：第一卷 [M]. 北京：人民出版社，1991：288.

❸ 毛泽东. 毛泽东选集：第一卷 [M]. 北京：人民出版社，1991：288.

❹ 毛泽东. 毛泽东选集：第三卷 [M]. 北京：人民出版社，1991：773 - 774. 毛泽东于 1941 年 2 月 1 日中共中央党校开学典礼上的演讲——《整顿党的作风》中提出.

❺ 刘晓. 意识形态与文化大革命 [M]. 台北：红叶文化事业有限公司，2004：1.

❻ 毛泽东. 毛主席论教育革命 [M]. 北京：人民出版社，1967：11.

的"学生也是这样,以学为主,兼学别样,即不但学文,也要学工、学农、学军,也要批判资产阶级。学制要缩短,教育要革命,资产阶级知识分子统治我们学校的现象,再也不能继续下去了"。学文即学阶级斗争的知识,为无产阶级政治服务;学工、学农、学军主要是学生产斗争和军事斗争知识,是与生产劳动相结合;批判资产阶级则融入到两种斗争知识中。

对人类总体知识性质的看法直接影响到对课程知识性质的看法,亦即知识观决定课程观。❶ 课程观又决定教材观。毛泽东的斗争知识(观)话语,认为知识是"致用"和"工具"的,它是为斗争服务的,斗争知识观通过教育基本话语、"五·七"指示等的话语实践,形成了文革课程设置、课本编写的斗争"致用性",既要为阶级斗争服务(为无产阶级政治服务),也要为生产斗争服务(与生产劳动相结合)。所以,可以说文革课程、课本是以斗争为逻辑起点的"斗争课程"、"斗争课本"。在文革课本中没有不斗争的知识,因而也就有两种性质(或称两条路线)的课本。围绕两种性质课本的斗争展开的课本革命在文革期间一直没有消停,直到1976年,像福建省中学试用课本《数学》(初中二年级上册)(1976)仍是在斗争中被编写出来的:

说 明

当前,一场批判"三项指示"的修正主义纲领、反击右倾翻案风的伟大斗争正在深入发展。这场斗争对教材改革提出了新的更高的要求。……我们决心遵循毛主席关于"教育要革命"、"教材要彻底改革"的教导,以阶级斗争为纲,坚持党的基本路线,在反击右倾翻案风的斗争中进一步搞好教材改革。希望广大工农兵和革命师生进一步搞好教材改革,帮助我们在斗争中编写出一套无产阶级的新教材。

福建省中小学教材编写组

一九七六年三月

2. 斗争知识体系

在斗争知识论基础上的教育基本话语实践,不仅形成了斗争式课

---

❶ 石中英. 教育哲学导论 [M]. 北京:北京师范大学出版社,2004:148.

本，也构建了斗争知识体系。

（1）两种革命课本

依据斗争知识的两分法和教育基本话语，文科课本主要服务于阶级斗争，为无产阶级政治服务，而理科课本除了要服务于阶级斗争外，更重要的功能是服务于生产斗争，与生产劳动相结合。因此，文、理科课本基本可划分成两类：阶级斗争课本和生产斗争课本。

1）阶级斗争课本

阶级斗争课本主要是原来的文科课本《政治》《语文》《历史》《地理》等，还有新编的《革命文艺》《毛泽东思想教育课》（包括中国近代史、现代史、党内两条路线斗争史），主要是在思想文化领域对学生进行阶级斗争的教育。《语文》在复课闹革命时期即是一种完整的政治课本，故有些地区直接取名为《政治语文》，此后，无论怎样加强了语文知识内容，也没有动摇语文课本为阶级斗争服务的特性；《毛泽东思想教育课》是复课时期进行毛泽东思想教育的新课本，教育整顿后复名为《政治》，但主要还是学习毛泽东思想；《革命文艺》是将美术与音乐合编的强调阶级斗争的文化艺术，教育整顿后又再分编成仍是以"阶级斗争为纲"的《美术》（或《图画》）《音乐》；《历史》基本上是以阶级斗争为线索编纂历史；《地理》则是从社会主义和资本主义两大阵营阶级斗争的政治视角来编选和解释地理知识。

阶级斗争课本在文革时期主要在处理政治与业务关系上有所变化，反映两种话语（学术话语与政治话语）的争斗，但无论如何增加或强调课本的"个性"，都没有改变课本为无产阶级政治服务、"以阶级斗争为纲"的共性或本质。

2）生产斗争课本

生产斗争类课本主要是原来的理科类课本，但又不同于"旧"的数学、物理、化学、生物等传统学科课本，它主要是讲解与自然世界作斗争的知识，特别是直接与工农业生产实践密切相关的知识，或者说是与生产实践中的问题作斗争的知识。生产斗争课本，特别是物理、化学、生物学科在不同时期名称也有不同，虽然对基础知识的重视程度不一样，但为生产实践服务、与生产劳动相结合的特点一直没有变化。复课闹革命时期从工农生产实践出发编写课本，物理、化学、生物的课本名称大多更名，物理化学生物合编为《工农业基础知识》（石家庄直接将三门合编成《生产斗争基础知识》，佛山地区则合编为《工农兵常识》），或物理化学合编成《工业基础知识》、生物改成了《农业基础知识》，生理卫生更名《卫生》《医疗卫生》《群防群治知识》，小学的《自然》改成了《科学常识》或《常识》。课本名称更改说明课本性质发生了变化，课本知识发生了转型，从系统的学科知识转型为与生产劳动相联系的生产知识，从学科课本变成生产斗争课本。教育整顿时期，《工业基础知识》虽然大多省市复名为《物理》《化学》课本，增加了基础知识部分，但仍延续服务于工农业生产实践。开门办学后生产斗争课本为生产实践服务向专业化发展，增编了许多专业类课本，如《农村应用文》《养猪》《拖拉机》《无线电》《优良种的培育》《果树的嫁接和剪枝》《给猪注射九二零的方法》《化肥的性能和使用》等。

生产斗争课本名称的更替，暗含着两种话语（学术话语与政治话语）力量的博弈。在处理理论与实践的关系范畴上，两种话语的力量在文革课本名称的更替中就显露出此涨彼消的端倪，但力量的天平从未向学术话语倾斜，无论教育整顿时期怎样增加理论基础知识，还是无法摆脱"与生产劳动相结合"基本话语建构的宿命。

（3）两种斗争知识体系

两种斗争课本分别由两种不同的斗争知识体系组成。

1）阶级斗争知识体系

文化作为观念的上层建筑，在阶级社会必然从属于一定阶级，并为特定的阶级利益服务。文化艺术类课本如语文、英语、历史、地理、革命文艺（音乐、美术）等，在"以阶级斗争为纲"的年代更被指认为是阶级斗争的工具，而不是超阶级的文化艺术教育，课本中所有知识都具有阶级斗争性，是属于阶级斗争知识体系。北京中小学教材编审处革命大联合总部对旧语文课本的批判中，就曾引用毛主席的教导来说明不存在单独的"语言工具科"的语文课本：

"在现在世界上，一切文化和文学艺术都是属于一定的阶级，属于一定的政治路线的。为艺术而艺术，超阶级的艺术，和政治并行或互相独立的的艺术，实际上是不存在的。"毛主席的这些教导启示我们，世界上既然没有超阶级的艺术，当然也不会有什么单独学习语言的语文教

科书。❶

　　北京中小学教材编审处革命大联合总部把文科作为向学生进行思想政治教育的极为重要的学科，并把阶级斗争作为编写课本的纲，"用战无不胜的毛泽东思想"作为编写课本的最高指示，要从根本上提高学生的社会主义觉悟，有效地为无产阶级政治服务。❷ 因此，他们认为，语文课本不是"语言工具"而是"政治工具"，或者说是"阶级斗争的工具"，它的知识体系自然就是阶级斗争的知识体系。

　　在处理"政治与业务的关系"上，阶级斗争知识体系可分成两种：一种是以学习毛泽东著作为核心的知识体系，指复课时期的《毛泽东思想教育课》《语文》，它们基本不讲政治理论知识、语文基础知识，而只讲毛主席著作，以毛泽东思想为统帅，强调"政治第一"内容体系。本书称之为"共性化"的阶级斗争知识体系。另一种是在课本的"政治与业务"关系处理上，根据"共性和个性"说，突出共性通过个性来实现，强调以学科课本的学科属性或知识（如语言类课本的语言基础知识、基础文化、语言能力等）作为政治的工具，以实现为政治服务的目的。这种知识体系本书称之"个性化"的阶级斗争知识体系。

　　①"共性化"的阶级斗争知识体系

　　文革时期的文科课本突出政治第一，有的甚至直接变成了政治课本，变成学毛泽东思想、用毛泽东思想与阶级敌人斗争的政治课本，从而形成了以"毛泽东著作、语录"为核心的阶级斗争知识体系。这体系在文革时期不同阶段的课本中都有形式不一或内容不同的表现。

　　复课时期的暂用课本《语文》《毛泽东思想教育课》《英语》《革命文艺》，基本上是分门别类学习毛泽东著作的专门课本。《语文》暂用课本与《毛泽东思想教育课》名称虽不相同，但性质却是相同的，内容也差不多，语文的基础知识在《语文》暂用课本中基本看不到，

————————————

　　❶ 彻底批判修正主义教育路线［G］//北京市小学旧教材和作文教学批判专刊. 北京：北京市教育局中小学教材编审处革命大联合总部，1967：2.

　　❷ 彻底批判修正主义教育路线［G］//北京市小学旧教材和作文教学批判专刊. 北京：北京市教育局中小学教材编审处革命大联合总部，1967：1.

它们的编排形式是用"毛著"作统帅文，辅之以各种辅助学习文——一些活学活用毛泽东思想并与阶级敌人作斗争的故事。例如：复课时期的吉林中学语文第一册（1969）的课文共 18 课，其中与毛泽东著作有关的占 16 课，余下的 3 课《九户贫农坚持办学十八年》《一心为贫下中农办学的好教师》《刑场斗争》等都是活学活用毛泽东思想的选文，讲述用毛泽东思想与阶级敌人斗争的故事。

陕西省中小学教材编辑组所编陕西中学《语文》暂用课本（1969），每册按八个单元编写，包括：歌颂伟大领袖毛主席，歌颂战无不胜的毛泽东思想；为人民服务；阶级和阶级斗争；无产阶级文化大革命；培养无产阶级革命事业接班人以及毛泽东文艺思想等。其选文也是围绕毛主席著作安排学习单元，以阶级斗争为核心。

山东小学《语文》（1968）暂用课本规定"小学四、五（六）年级的每个学生都应备有《毛主席语录》和《毛泽东著作选读（乙种本)》，作为基本教材。本册教材除着重选编了一部分毛主席最新指示以外，也编写了一些诗歌、故事，作为辅助学生活学活用毛泽东思想的补充教材"❶。

再如复课时期的《英语》《俄语》课本也被编成了学习毛泽东思想的外语课本，或称是政治外语课本，其内容多为政治语言，而非生活语言。如辽宁《俄语》课本（1969）第一册共 32 课，除一课为军事用语外，其余多为毛主席语录、革命口号等政治内容。

教育整顿时期的文科课本虽增加了基础知识，但还是围绕毛泽东思想，形成了一个分门别类的完整的思想政治教育体系，仍突出了课本的"政治第一"的政治属性，以转变学生的思想。

批林批孔时期的文科课本是"以马列主义、毛泽东思想为武器，密切联系实际，深入批判林彪反革命修正主义路线的极右实质和反动的孔孟之道，切实批深批透，把它们统统扫进历史的垃圾堆"❷。

总之，文革时期的文科课本，虽经历过整顿和变化，但课本内容却

---

❶ 山东省中小学教材编写组. 小学暂用课本·语文·第五册［M］. 济南：山东人民出版社：1968：封三.

❷ 黑龙江省中小学教材编写组. 黑龙江中学课本·语文·第七册［M］. 哈尔滨：黑龙江人民出版社，1976：169.

都是围绕毛泽东著作编排，形成以毛泽东思想为核心的阶级斗争知识体系，此为课本之"共性"。

②"个性化"的阶级斗争知识体系

复课闹革命初的课本过度强调了政治化，只学毛泽东著作，成为只有"共性化"的课本，忽视了学科文化的特性，从而甚至否定了社会主义文化科学知识，因此，当时社会反响较强烈："政治要统帅文化知识，而不能代替文化知识。"❶ 重新认识和确认政治与业务之间是统帅与被统帅的关系——"新教材的根本特点是'政治第一'，为无产阶级的政治服务。'政治第一'，不是取消社会主义的文化科学知识，而是要用无产阶级政治统帅文化知识。"❷ 文化知识不能被取代，也就是说要唤起课本的"个性"，重视各学科课本所独特的文化工具功能。特别是从复课闹革命后期开始，课本编写者普遍把"政治第一"之后的"艺术第二"提了出来。

《山东中学语文课本教学纲要》曾对语文课本中思想政治教育和语文能力培养（政治与业务的关系）、"政治第一、艺术第二"作过一番论述：

在课本编写中需要处理好思想政治教育和语文能力培养的关系。思想政治教育和语文能力的培养两者是对立的统一，是统帅和被统帅的关系。思想政治教育决定语文能力培养的政治方向，也是提高语文能力的保证，是第一位的；语文能力是完成政治任务的一种手段，是第二位的。既要防止以政治代替文化知识，成为"空头政治家"，又要坚决反对以文化知识冲击政治，成为"迷失方向的实际家"。❸

根据"政治第一、艺术第二"的要求，复课后期所编的《语文》课本都普遍注意了语文知识、能力的培养，考虑了语文课本的特性。《语文》课本的"个性"特征主要是增加了语文知识和能力，恢复了一

---

❶　辽宁省中、小学教材编写组. 编写新教材中的几个问题——辽宁省中、小学教材编写组座谈纪要［N］. 人民日报，1969 – 7 – 21（4）.

❷　青岛市教材编写组."由近及远""由浅入深"——编写无产阶级教材中一个重要问题［N］. 人民日报，1969 – 7 – 21（4）.

❸　山东中小学教材编写组. 山东中学语文课本教学纲要［Z］. 济南：山东中小学教材编写组，1970.

些语文教育功能。虽然语文知识和能力大多停留在为三大革命实践服务的基点上——能写立场鲜明、观点正确、战斗性较强的论说文和一般的通讯报道，继续学习一点语法、修辞和写作知识，并学一点逻辑知识，但毕竟是不再等同于政治课本或毛泽东思想教育课本。广西高中《语文》课本第一册（1970）的课本"说明"中清楚地说明课本"以政治思想内容为单元"和"增加语文基础知识"的两个编写特征：

> 语文课，以毛主席的文艺思想为指导思想，它担负着为埋葬帝、修、反，解放全人类，培养和造就无产阶级革命事业接班人的光荣使命。语文教材，以政治思想内容为单元，在文章体裁方面，诗歌、记叙文、议论文等都作了一定安排，在原有基础上，增编了一些语文基础知识，如：应用文、写作基础知识、语法、修辞和逻辑知识。❶

成都中学课本《语文》（一年级）（1969）对语文课本的"政治性"和"工具性"诠释得更直白：

> 使学生正确掌握和使用祖国的语言文字，逐步提高读、写、说的能力，学习、宣传和捍卫毛泽东思想，为阶级斗争、生产斗争和科学实验三大革命运动服务。❷

由此判断，文革课本中的语文知识并不是单纯的语言知识，它是为政治服务的知识。课本中的语言知识又以斗批与颂扬为核心，突出两种能在斗争实践中普遍使用的知识：一是写作知识，主要是三大革命运动中常用的文体常识，如怎样写家史、小评论、革命大批判文章、通讯、调查报告等，同时也讲授一些写作基础知识，如中心和材料，记叙的顺序，论点和论据，立论和驳论，诗歌、小说、戏剧的一般常识等；二是批斗和颂扬中使用的修辞知识，比喻、夸张、拟人、排比、对偶、设问、反语、反问、象征、双关等几种常用的修辞格。这些语言知识都是阶级斗争中常见的，能帮助学生学写批判文章、通讯报道、小评论等，为阶级斗争的现实服务。

---

❶ 广西壮族自治区革命委员会中、小学教材编写组. 广西壮族自治区中学试用课本·语文·高中第一册［M］. 南宁：广西人民出版社，1970：封三.

❷ 成都市中学教材编写组. 成都市中学课本·语文·一年级［M］. 成都：成都市中学教材编写组，1969：212.

《英语》《俄语》课本，一方面编入了基本的语音、语法知识，巩固语音、语法知识的练习，培养阅读、会话、翻译能力。另一方面，编写课文时，把政治思想内容和语音、词汇、语法紧密地结合起来，使政治思想内容和语言知识内容统一起来，以达到为无产阶级政治服务的目的。例如数词一、二、三……等也可称为生活词汇，但构成"一个路线，一种观点"；"两个阶级，两条道路"；"三面红旗"，"三大纪律"时，就具有了政治思想内容。❶

《政治》课本则注意基本理论观点的教育，如黑龙江省中小学政治课本"在编选教材时，既注意到基本理论观点的教育，把学习马、列著作和学习毛主席著作结合起来，又注意联系当前阶级斗争、路线斗争和学生的实际，克服实用主义和形式主义的倾向"❷。与《毛泽东思想教育课》相比，课文篇目范围扩展了，内容上更注意讲述基本理论观点："阶级"的基本理论知识，哲学的基本问题和辩证唯物论的认识论，分清什么是唯物论，什么是唯心论。像淮阴地区所编的中学《政治》走得更远，直接把系统的马列哲学作为其主要内容。"掌握了历史唯物主义的基本观点，就可以提高识别真假马克思主义的能力，更有力地批判林彪反党集团妄图颠覆无产阶级专政，复辟资本主义的罪行。"❸

总之，这些讲了一些学科基础知识的"个性化"课本，其知识体系是遵照"政治第一，艺术第二"的原则，为阶级斗争的政治服务，并接受政治的统帅。因此，这些文科类课本的学科基础知识实质是作为为阶级斗争服务的工具，或称之为一种"个性化"的阶级斗争知识。

2）生产斗争知识体系

"生产斗争是自然科学知识的基本源泉，自然科学的知识主要是在生产斗争实践中产生和发展的，科学研究应该联系实际，走在生产建设

---

❶ 甘肃师范大学外语系. 用毛泽东思想统帅教材编写工作 [J]. 教育革命（1972 创刊号，甘肃师大训练部），1972（1）：1 - 4.

❷ 黑龙江省中小学教材编写组. 中小学政治试用课本介绍 [J]. 教育革命，1972（2）：19 - 24.

❸ 上海市中小学教材编写组. 上海市中学课本·政治·社会发展简史 [M]. 上海：上海人民出版社，1973：137.

的前面,为生产斗争服务。"这是文革时期对科学知识的普遍认识。简单说,科学知识既然来源于生产实践,就应当为生产实践服务。遵照毛泽东"教育必须与生产劳动相结合"的指示,文革理科课本闹革命后,颠覆了旧课本中不联系生产实际的知识体系,并把科学知识窄化为生产斗争知识,把科学公理体系转型为生产实践体系。

生产斗争知识体系在文革课本中表现出两种形式:第一种,打破原初的学科知识体系,完全以生产实践的需要,创编一种新型的知识体系,一般以生产知识为专题,用典型产品带动基础知识,本书称之为从生产实践出发的生产斗争知识体系。第二种,根据生产实践的需要,保留学科知识体系的一些框架,而以"能否密切联系生产实践"的标准对知识体系进行删减增补,表现出"讲清基础知识联系生产实践"的形式,本书称之为联系生产实践的生产斗争知识体系。第一种大都出现在复课闹革命时期和开门办学时期,而第二种则是在教育整顿时期的生产斗争课本中。

① 以生产知识为专题的生产斗争知识体系

从生产实践出发的生产斗争知识体系,是区别于学科知识体系的另一种完全按生产实践的需要编写的课本知识体系,即课本的生产体系。其中一种典型是只讲生产不讲基础理论知识的知识体系。复课时期的上海中学数学课本就是这种典型的课本,它打破传统的代数几何的学科"公理体系",完全以"生产体系"编排,把数学课本分编成《数学——划线》《数学——度量》《数学——三角》《数学——生产队会计》《数学——图样》《数学——图表》(1968),划线、度量、三角、生产队会计、图样、图表完全是按照生产上的需求,对原代数几何体系进行分割、提取,组成了一个数学生产斗争知识体系。如划线部分,分成划直线、划圆弧、划展开图等章,直接服务于工农业生产中的划线作业需要。

其他地区的中学数学课本的生产斗争知识内容多集中在度量、划线、求面积和体积、几何图形和画法、农村会计等工农业生产知识(见表4-2)。

表4-2　部分中学《数学》课本的生产斗争知识体系

课　本	章
福建中学暂用课本第二册内容（1969）	度量与计算；面积和体积；简单几何图形和画法；农村会计常识
吉林中学《数学》课本第二册（1969）	掌握简单图形的画法为三大革命运动服务；丈量土地；圆和正多边形；解直角三角形；柱、锥、台、球的表面积和体积；高举毛泽东思想伟大红旗，为贫下中农掌握好财权等
辽宁中学数学课本第二册（1969）	第一章划直线（十字线；平行线；三角形；勾股定理）；第二章划圆弧（找圆心；等分圆周；连接）；第三章一元二次方程（一元二次方程；一元二次方程的应用）

上海暂用课本《工农业基础知识》（1968）的工业部分分三册，分别以机械、电工、无机化学为主题；农业知识部分包括：农业"八字宪法"，"以粮为纲，多种经营，全面发展"。这些课本基本不讲基础知识，工业部分只讲生产设备与工业产品的生产。如机械部分只有三种机械设备，根本没有旧物理的"功和力"等力学知识；无机化学只讲食盐、硫酸的制备、化肥的生产，不讲化学反应方程式、原子－分子论；电工部分只讲照明电路的元件、安装和检修以及安全用电，不讲静电、电流、电压、电阻、欧姆定律等电学基础知识内容。农业部分只讲农业"八字宪法"、粮、棉、油、猪等农牧产品的生产，不讲生物的形态与生理等生物的基础知识。

其他地区的《工农业基础知识》的工业部分和《工业基础知识》知识体系如表4-3所示，基本包括机械、化工、电工三大类别，机械主要是工农业生产中常遇到的各种机械工具：杠杆、滑轮、起重机、机床、水压机、柴油机、传动装置等，化工主要是工业产品：金属、石油、肥料、农药等，电工主要是电路电器：照明电路、发电机、电动机、收音机、有线广播等。三种内容，是按三种生产专题编排，只讲生产中的常见设备和产品，根本不按力学、电学、化学学科知识体系编排。

表 4-3 部分地区中学《工业基础知识》的生产知识体系

类别	课本名	内 容
机械	长沙市《工业基础知识》(1969)第一部分	省力机械；机械制图；机床；锻造机械；热机；机械制造基础知识
机械	内蒙古自治区中学《工业基础知识》第一册(1969)	省力机械；传动装置；压强及其应用；拖拉机
机械	浙江省中学课本《机电基础知识》(1969)	简单机械；传动装置；水泵；柴油机
机械	吉林省中学物理课本(1969)上册	简单机械；兵器知识；材料的性质和加工；金属切削机床；农田水利；农业水泵和水泵站；拖拉机和犁
机械	北京市中学《工农业基础知识》第一册第一分册(1969)	起重机械；金属加工机械；农用机械；热机
化工	石家庄中学《生产斗争基础知识》化工部分上册(1969)	金属；钢铁、铝和合金；石油——工业的血液；煤——工业的粮食；橡胶、塑料和化学纤维
化学	湘潭地区中学课本《工农业基础知识》化学部分(1969)	空气和氧气；溶液；肥料；农药
化工	青岛中学课本《工农业基础知识》工业部分(化工)	物质；氧、空气；重要的酸、碱；水和溶液；合成氨和化肥；钢铁和其他金属；有机物
电工	辽宁中学课本《工农业基础知识》工业部分(电工)(1969)	照明电路；发电；电能的输送；电动机
电工	辽宁中学课本《工农业基础知识》工业部分(无线和有线广播)(1969)	无线电广播收音机；农村有线广播
电工	北京市中学《工农业基础知识》第一册第二分册(1969)	照明电路；发电机和变压器；电动机；有线广播和无线电常识

湖南省常德县蔡家岗中学 1974 年编了一套物理课本，虽未改课本名，但其知识的生产体系及其组织却是和前述《工业基础知识》相同，以工农业的生产设备或产品等为专题编排课本内容：

一是打破了原有教材体系，重点突出，实践性强。原高中物理教材共十六章，现改为四章，即《内燃机》、《电工》、《电动机》、《无线电和农村有线广播》。通过这几章的学习，能初步具备担任大队农机手和普通电工的实际工作能力。

二是按"实践—认识—再实践—再认识"的认识规律编排教学内容。每一专题都按"怎么做—为什么这样做—如何做得更好"的顺序来组织教材。如《内燃机》一章，首先现场讲解结构和操作方法，然后讲工作原理，并到现场实习，最后讲维修。这样讲，学生兴趣浓，学得活，记得住，以前启而不发的问题迎刃而解。❶

② 典型产品带动基础知识的生产斗争知识体系

另一种从生产实践出发的生产斗争知识体系，与前一种典型不同，它增加了用于理解生产实践知识的学科基础知识。

1970 年后编的试用课本《工业基础知识》《农业基础知识》针对使用者反映缺少基础知识不利于理解课本的生产斗争知识的意见，对暂用课本有所校正，根据所要学习的生产斗争知识增加部分基础知识。《山东省中学试用课本〈工业基础知识〉教学大纲》（1970）提出："新教材必须从三大革命运动出发，以工农业生产为基础，学习有关的基本理论和科学知识。"❷依据大纲编写的山东省中学课本《工业基础知识》（1970）多了一些基础知识，如电工基础部分，从学生日常接触的照明电路讲起，结合实际讲电流、电压、电阻等概念以及它们之间的内在联系，然后再讲发电原理及输电概况，并分别将所学知识用于照明电路的安装及电机的使用和维护；化工部分打破过去以门捷列夫周期率为一条线的体系，从三大革命运动的实际需要出发，结合化肥、农药、氯碱、钢铁、煤和石油等生产实际讲述化学的基本概念和基本理论；机械部分增加了力学知识，主要是为学习生产实践中的机械工具。

再如佛山专区中学的《工农兵常识》（见表 4-4），机械部分增加了运动和力、功和能，是为了理解脱粒机、压缩喷雾器、现代化抽水机械的原理；机电部分增加了电的基本知识和电功、电热以理解电器和照明电路，增加热量、热功当量以理解手扶拖拉机、柴油机、汽油机、内燃机等；化工部分增加了物质结构。

---

❶ 常德县蔡家岗中学党支部. 从农村三大革命需要出发改革教材 [J]. 人民教育, 1974 (11)：30.

❷ 山东省中小学教材编选组. 山东省中学试用课本《工业基础知识》教学大纲 [M]. 济南：山东人民出版社, 1970：3.

表 4 - 4　佛山专区中学《工农兵常识》（1970）的生产斗争知识体系

类　别	篇	章（节）
工业部分（机械）	第二编　机械	运动和力；功和能；脱粒机；压缩喷雾器；现代化抽水机械
工业部分（机电）	第三编　内燃机和拖拉机	柴油机；汽油机；内燃机的功率；热量 热功当量；热机效率；手扶拖拉机
工业部分（机电）	第四编　用电知识	电的基本知识；电功和电热；常用的电器和照明电路
工业部分（化工）	第五篇　物质结构	物质和物质的变化；分子；原子；元素 元素符号；分子的形成；分子式 分子量 克原子 克分子
工业部分（化工）	第六篇　石灰	石灰的性能和用途；石灰的制法；物质不灭定律 化学方程式；根据化学方程式的计算
工业部分（化工）	第七篇　硫酸	硫酸的性质和用途；硫酸的工业制法——接触法；学生实验——硫酸的性质 中和滴定法

其他地区的《工业基础知识》如表 4 - 5 所示，也增加了基础知识，机械部分增加了力和运动；杠杆；滑轮；功和功率；机械功的原理；斜面；螺旋；机械效率；能；液体静力学等。电工部分增加了电流与电压；电阻、电阻定律；电流定律；电路的连接；电功和电功率等内容。化工部分增加了分子-原子论。

表 4 - 5　部分地区《工业基础知识》的生产斗争知识体系

课　本	章　节
山东《工业基础知识》机械部分（1970）	力和运动；简单机械（杠杆；滑轮；功和功率；机械功的原理；斜面；螺旋；机械效率；能）；液体和气体的压强及其应用
河南中学《工业基础知识》第二册（1970）	力及其应用；物体的运动；简单机械；液体静力学基础知识；
辽宁中学《工业基础知识》（电工）（1970）	电路的组成；电流与电压；化学电源；电阻、电阻定律；电流定律；电路的连接；电功和电功率；照明电路的安装及检修 安全用电常识；新型电光源
广东中学《工业基础知识》（机电）高一	机械运动基础知识，金属加工；柴油机与手扶拖拉机；农村小型水电站
广东中学课本《工业基础知识》（机电）初二	电的基本知识；照明用电；电动机；农村有线广播

课　本	章　节
广西中学课本《工业基础知识》初中理工分册（1969）	电的知识（手电筒的研究；实验——串联电路和并联电路的研究；电阻 电路定律；电功 电热定律；电和磁；交流电；照明电路；安全用电常识；实习——安装简单的照明电路）；广播
河南初中《工业基础知识》第一册（1971）	让空气为三大革命运动服务（分子和原子）；空气的组成和利用；分子式；氧气的应用 氧化反应；化学方程式；氧气的制备；碱酸盐；增产化肥 支援农业；钢铁；国防化学

从表4-4、表4-5中可看出，《工业基础知识》中增加的基础知识是有限的，是经过"少而精"的原则编选出的，如同山东中学课本《工业基础知识》教学大纲所指出的："在旧《物理》教材中，力、电、热、光、声、分子、原子无所不包，形成了庞杂的体系。新教材则从三大革命运动出发，根据工农业生产的需要，以及中学生的实际可能，抓住机械、电工为重点，……为参加三大革命运动打下良好的基础。"❶

由此看来，《工业基础知识》编排的基点仍然是为三大革命运动服务，以工业、农业生产实践需要为出发点，这在化工部分的章节标题中也得到了确证，如"让空气为三大革命运动服务""为革命学好化工""增产化肥 支援农业""国防化学"等。从工农业生产需要出发编写课本，知识内容的编选一般采用"倒序编写法"，即先确定要学的工农业生产的生产设备、产品内容，再编选理解这些生产设备、产品等的基础知识。

《农业基础知识》增加的基础知识，主要包括植物的基础知识，如，湖南省中学《农业基础知识》（1970）第一册第一章至第四章的植物的基础知识，第二册第六章的动物的基础知识，包括：组织和哺乳动物——猪的解剖和生理。安徽中学课本《农业基础知识》（1971）的第一册编排的"第二章 植物的基础知识"（植物体的构成，种子，根，茎，叶，花和果实）等。

《数学》课本如何从三大革命运动的实际需要出发编选数学知识？黑龙江省中、小学教材编写组第三连得出了自己的编选经验：

---

❶ 山东省中小学编材编选组. 山东省中学试用课本《工业基础知识》教学大纲 [M]. 济南：山东人民出版社，1970：4.

首先，编选"学以致用"的数学基础知识。

就要从三大革命运动的实际需要出发，选择有关的内容编入教材，使学生能够得到比较系统的最基本的数学知识，同时对某些数学知识在生产中的应用有一般的了解，为参加三大革命运动打好基础。例如，在小学阶段，注意加强培养四则计算能力和分析应用题的能力。在函数知识方面，把平面三角中的三角函数同代数的有关内容结合起来，比较集中地讲述初等函数的一些重要性质、图象和应用……

其次，删去旧课本中一些"繁杂"的内容。

新教材删去了旧教材中那些脱离实际、用途不大以及对进一步学习和参加生产劳动关系不大的内容，删去了那些不必要的重复内容，简化了那些过于繁琐和不易为学生所理解的内容。例如，删去了绝对值不等式、多次方程、排列组合、反三角函数以及脱离实际的几何空间作图题和用途不大的尺规作图题，过于繁难的证明题……

最后，形成的知识体系是参加三大革命实践所需的生产知识，既包括参加三大革命运动所需的算术、代数、几何、三角等方面的基本知识，也包括划图、生产会计等生产知识。

新教材的内容选择，既注意当前的需要，又注意长远的需要；既给予学生参加三大革命运动的基本知识，又给予学生在三大革命运动中继续学习的基础知识。在头七年尽量让学生接触到有关算术、代数、几何、三角、简单测量等方面的知识，使七年制学校的学生毕业时能学到参加三大革命运动在数学方面的基本知识，又为继续学习提高打下基础。❶

再如，湖南省中学《数学》课本第二册（1970）的第三章"直线与角""学习的是最简单的图形——直线与角，它是构成直线形的重要元素，是进一步研究各种生产实践常见图形的基础"。

这些增加了的基础知识，是以学习生产设备、工具、产品等为出发点的，因而也是作为生产知识的一部分选编入课本，组成了典型产品带

---

❶　黑龙江省中、小学教材编写组第三连. 编写数学教材理论联系实际的几点体会 ［A］. 黑龙江省教育革命服务站. 教育革命资料（教材改革专辑）·第十三期 ［C］. 哈尔滨：黑龙江省教育革命服务站，1969：13.

动基础知识的生产斗争知识体系。

　　③ 讲清基础知识基础上联系生产实际的生产斗争知识体系

　　联系生产实践的生产斗争知识体系，也是为生产实践服务的知识体系，与从生产实践出发的生产斗争知识体系不同，它保留了原学科知识体系的一些框架，而以"能否密切联系生产实践"的标准对知识体系进行删减增补。其典型是教育整顿时期理科课本的知识内容体系。

　　教育整顿期间，《工业基础知识》基本都改回了《物理》《化学》，课本的复名，是对"文革"课本过于忽视教学质量、不讲基础知识的批评和反正，提出要"在加强基本理论教学的同时，坚持开门办学，坚持理论和实践统一"❶。因此，此时《物理》《化学》知识体系的主要特点是在讲清基础知识的基础上联系生产实际。以北京市中学《物理》第二册（1972）为例，它的知识结构是按照"基础知识—实际应用"的模式设计的（如表4－6）：电流的基本规律和照明电路；电磁运动的基本规律和电机；扩音机的原理和有线广播。课本保留或是按着电流、电磁、电子等电学知识框架设计，大量增加基础知识的同时，强调知识的生产应用。联系生产实践的生产斗争知识体系一般采取"顺序编写法"，先编学科基础知识体系再编其应用。

表4－6　北京市中学《物理》课本第二册（1972）内容结构

第一章　电流的基本规律和照明电路	电路；电流；电压；电阻；欧姆定律；电阻的串联和并联；电功；电功率；电流的热效应；安全用电；照明电路的安装和检修
第二章　电磁运动的基本规律和电机	电流的磁效应和电磁铁；电磁感应；发电机和交流电；三机交流电；高压输电；变压器；三相异步电动机的构造；三相异步电动机的转动原理；三相异步电动机的性能；三相异步电动机的起动和维护
第三章　扩音机的原理和有线广播	几种常用的无线电元件；话筒和扬声器；二极电子管整流；三极电子管放大；扩音机与扬声器的配接；扩音机的使用和维护；农村有线广播网

　　这种先讲基础知识再联系实际的编选方式，还是以服务生产实践为

---

　　❶　张家口市第二十二中学党支部. 加强基础知识和基本理论教学［N］. 人民日报，1972－10－15（4）.

终极目标，还是"与生产劳动相结合"的一种话语实践，因此，其内容也是归属于生产斗争知识体系。

3. 斗争知识的语言

斗争知识依赖语言，其性质或实现在一定意义上取决于语言的述说。如果对文革课本中斗争知识的语言加以分类的话，可以在自然世界和人工世界（霍布斯的分法）基础上，区分成两种语言：一种是纯粹描述性的、价值无涉的自然语言；另一种是在描述的同时也在进行价值判断的道德和政治语言。作为自然语言，其功能是描述性（descriptive）和认识性的（cognitive），是客观的，其目的在于传播信息或交流知识，在文革课本中常见于理科课本中的生产斗争知识，主要与生产劳动相结合；而作为道德和政治语言，其功能是高度"政治性"或"意识形态的"，它已经超越了自然语言的认知功能，并追求一种实践—政治性的目标，在文革课本中常见于文科课本中的阶级斗争知识（也包括理科课本中的一些阶级斗争知识），主要为无产阶级政治服务。故而，在此意义上，这种道德和政治的语言在很大程度上是一种政治和道德辩护。生产斗争知识的自然语言，因较少的政治附着性，与其他时期相比，其描述性、认识性的特点基本相同，在此不作重点讨论，以下主要是对最具特色的阶级斗争知识的道德和政治化语言作进一步的分析。

在阶级斗争的世界里社会及对待社会的态度只能区分成非此即彼的两种情况：要么是革命的，要么是反革命的，对革命的世界要颂扬，对反革命的世界要批斗。因此，在文革课本中也形成了一套新的词语系统：颂扬语和批斗语。其中以《语文》课本语言表现力最丰富、最显著，因此，以下主要以《语文》课本为例。

（1）颂扬语与批斗语

所谓颂扬语，即是对革命的事物大加赞赏、表扬，极端状态下甚至不吝溢美之词，几近谄媚之态。颂扬语是一种情感用语，代表一种积极正面的态度，因此，它也是道德或政治用词。在"以阶级斗争为纲"的课本中，主要颂扬无产阶级的事物、政治路线和无产阶级的革命英雄。对无产阶级革命英雄的颂扬，以歌颂毛主席最多、最具代表性。文革课本被要求是以毛泽东思想为统帅的课本，因此，要树立毛主席的权威性，一个重要的途径就是颂扬。这些过于热烈的颂扬为"个人崇拜"的兴起起到助推剂的作用，在"文革"时期对毛主席个人及其思想的颂扬语已趋于神化，在文革课本中神化了的"毛泽东"及其"毛泽东思想"也是比比皆是，空泛的"颂扬语"演变成了政治仪式的"颂圣语"。如上海市小学英语第一册（1969）仅从课文题目上看，就有 12 篇是以颂扬为主的课文，其中又以颂扬毛主席的课文为主：

1. 毛主席万岁！2. 毛主席万万岁！3. 毛泽东思想万岁！4. 中国共产党万岁！5. 中华人民共和国万岁！6. 中国工人阶级万岁！7. 敬祝毛主席万寿无疆！8. 我们是毛主席的红小兵；9. 毛主席是我们的红司令；10. 毛主席，我们心中的红太阳；11. 毛主席是我们伟大的领袖；12. 我们伟大的党；13. 一本《毛主席语录》；14. 一枚毛主席像章；15. 工人阶级是领导阶级；16. 我们要当工农兵；17. 千万不要忘记阶级斗争。

颂扬文最具典型的莫过于早期普遍选入各地自编的《语文》或《毛泽东思想教育课》的林彪对毛主席个人崇拜的指示和《〈毛泽东著作〉出版前言》，福建小学《语文》第六册（1970）第一课"林副主席的指示"，就是出版前言的一部分：

毛泽东同志是当代最伟大的马克思主义者。毛泽东同志天才地、创造性地、全面地继承、捍卫和发展了马克思主义，把马克思列宁主义提高到一个崭新的阶段。

毛泽东思想是在帝国主义走向全面崩溃，社会主义走向全世界胜利的时代的马克思列宁主义。毛泽东思想是反对帝国主义的强大的思想武器，是反对修正主义和教条主义的强大的思想武器。毛泽东思想是全党、全军和全国一切工作的指导方针。❶

山西小学语文第二册（1970）中第一课"林副主席的题词"：

伟大的导师 伟大的领袖

伟大的统帅 伟大的舵手

---

❶ 福建省中小学教材编写组. 福建省小学试用课本·语文·第六册［M］. 福州：福建省中小学教材编写组，1970：1.

毛主席万岁！万岁！万万岁！❶

课本中的颂圣语，与《音乐》课本中的歌曲"东方红""大海航行靠舵手""万岁！马列主义、毛泽东思想""毛主席挥手我们歌唱""太阳一出满天红""草原上升起不落的大阳"❷等一样，多是歌颂毛泽东本人的英明伟大及其思想的光芒万丈等。河南小学《政治语文》（1970）课本第三课"在红太阳升起的地方——参观韶山的外国朋友无限热爱毛主席的故事"从第一句话就开始颂扬毛主席：

韶山是我们敬爱的伟大领袖毛主席的家乡。世界革命人民对它无限向往……

北京中学课本《语文》（1976）第一册上册第二课"赞歌献给毛主席"歌颂了毛主席领导中国革命的丰功伟绩，表达人民热爱毛主席的心情：

西湖的碧波漓江的水，
比不上韶山冲里的清泉美。
毛主席就是那引泉人，
浇得春满园啊，
花也红来叶也翠！
海底的珍珠深山的宝，
比不上井冈山顶的青松好。
毛主席就是那栽松人，
栽得万山绿啊，
革命的青松永不老！
十五的圆月满天的星，
比不上延安窑洞灯火明。
毛主席就是那掌灯人，
照得天地亮啊，

---

❶ 山西省中小学教材编写组. 山西省小学试用课本·语文·第二册 [M]. 太原：山西人民出版社，1970：1.

❷ 湖南省中小学教材编写组. 湖南省小学试用课本·音乐·第二册 [M]. 长沙：湖南人民出版社，1973：1.

革命人民心里红彤彤！

雨后的彩虹清晨的霞，

比不上天安门广场旗如画。

毛主席就是那绘图人，

绘出万年景啊，

四海同开胜利花！❶

上海市小学语文课本（1967）第十课"父子读红书"颂扬《毛主席语录》：

有个非洲小孩叫里克。他今天非常高兴，放学回家，一进门就拿出一本金光闪闪的红书，大声地说："爸爸，爸爸，快来呀！这是中国叔叔送给我的《毛主席语录》。"里克的爸爸一听是《毛主席语录》马上走过来，从里克手中拿过红书，激动地说："太好了，我早就想有一本《毛主席语录》，这是世界人民的革命宝书啊！"说完，父子俩就打开《毛主席语录》大声地读起来：帝国主义和一切反动派都是纸老虎……❷

由于"毛泽东思想"被置于至高无上的统帅地位，是全党、全军和全国一切工作的指导方针，因此，它也被赋予了神奇的功效，不仅能用它战天斗地，战胜一切困难，而且也可以用它斗垮一切敌人。总之，有了毛主席的教导和领导，无产阶级充满力量、生机勃勃、战无不胜的颂扬语在一本课本中就举不胜举：

"有了毛主席的英明领导，扑不灭的革命烈火啊，直冲云霄。"❸

"下定决心，不怕牺牲，排除万难，去争取胜利"的毛主席教导，使他在烈火中毫不动摇。❹

---

❶ 北京教育局教材编写组. 北京中学课本·语文·第一册上册 [M]. 北京：北京人民出版社，1976：6-7.

❷ 上海市中小学教材编写组. 上海市小学暂用课本·语文·二年级用 [M]. 上海：上海革命教育出版社，1967：11.

❸ 福建省中小学教材编写组. 福建省小学试用课本·语文·第六册 [M]. 福州：福建省中小学教材编写组，1970：15.

❹ 福建省中小学教材编写组. 福建省小学试用课本·语文·第六册 [M]. 福州：福建省中小学教材编写组，1970：49.

"在毛泽东思想的灿烂阳光照耀下，陇东高原上呈现一派蓬勃兴旺的景象。"❶

......

以上这些语句，有一个基本的句式：在毛主席教导（毛泽东思想照耀）下（谁）就会取得（战胜、充满等）……毛主席的教导成了威力无比强大的精神力量，无所不能，无所不在。对毛主席的颂扬，就像对上帝一样，变成了"颂圣"。

课文中大量的颂扬语当然也毫不吝啬地给了那些被毛泽东赞扬或学习毛泽东思想的革命英雄们，给了中国共产党、无产阶级、工农群众、路线方针等一切代表无产阶级的人和事：

伟大的毛泽东思想，把他从一个旧社会的放牛娃，培养成为胸怀祖国、放眼世界的无产阶级先锋战士。他为我们留下的"铁人精神"，永远激励我国人民勇往直前。❷

与颂扬语态度相反的是批斗语。整个文革时期一直被认为存在两条路线的斗争，从前面对文革课本革命阶段的划分来看，从复课闹革命时期的斗批改到批林整风、批林批孔，"批斗"是文革课本的另一个语言特色。"批斗"性语言在文革课本中基本上反映了那一时期散发着血腥味的对人摧残、迫害的语言暴力，"使用嘲笑、侮辱、诽谤、诋毁、歧视、蔑视、恐吓等不文明的语言，致使他人精神上和心理上感受到痛苦或伤害"❸。在课本中常出现的暴力性的词语有：专政、斗批改、狠斗、揪斗、文攻、武卫、斗、斗倒、斗臭、斗垮、批、狠批、批倒、批臭、斩黑手、炮轰、砸烂、绞死、打倒、大批判、清理阶级队伍、上纲上线等。

刁晏斌先生曾对文革时期的"语言暴力"作过详细考察，认为构成此期语言暴力的，主要有以下几类言辞及表达内容：一是攻击性言

❶ 福建省中小学教材编写组. 福建省小学试用课本·语文·第六册 ［M］. 福州：福建省中小学教材编写组，1970：53.
❷ 吉林省中、小学教材编写组. 吉林省中学试用课本·语文·第三册 ［M］. 长春：吉林人民出版社，1972：15.
❸ 金立鑫. 文革语言的社会心理文化分析 ［J］. 书屋，2001（3）：21－26.

辞；二是詈骂性言辞；三是贬斥性言辞；四是威胁性言辞。❶ 他主要从词类的角度来论述语言暴力，文革课本的言辞特点与之相同，本书不再赘述。本书主要从"批斗性"的角度来探讨语言特色。笔者主要从人身和人格的角度，将课本中的批斗语大致分为口头的和行动的，即"批"是口头上的"怒骂"，属于人格攻击性的，要从精神上战胜阶级敌人，语句中常见到如罪大恶极、十恶不赦、死有余辜、叛徒、内奸、工贼、走狗等词语；"斗"是行动上的"攻击"，即人身攻击性，要从身体上消灭敌人，语句中常见如"打倒、打碎、打垮、打死、砸烂、砸碎、横扫、连根铲除"等词语。

批斗语指向的对象一般有两种，一种指向具体的人，另一种指向资产阶级、修正主义路线。前一种在课本中常见的、最多的是"批判刘少奇"。山东中学语文一年级下册（1971）课文"八、十恶不赦 死有余辜——再论彻底清算刘少奇叛党叛国的罪行"一文中充斥着怒骂式的批斗语：

无产阶级文化大革命的狂风暴雨，把刘少奇的狰狞嘴脸冲刷出来了。这个党内头号走资派，是一个埋藏在党内的叛徒、内奸、工贼，是罪恶累累的帝国主义、现代修正主义和国民党反动派的走狗。他双手沾满了革命同志的鲜血，罪大恶极，十恶不赦，死有余辜。

……

中国的赫鲁晓夫刘少奇也好，苏联的赫鲁晓夫也好，他们既然叛变了革命的原则，留下的脑袋，只是一堆不齿于人类的狗屎堆，遗臭万年！

……❷

也有攻击性的批斗语：

彻底打倒叛徒、内奸、工贼刘少奇！❸

---

❶ 刁晏斌. 略论"文革"时期的"语言暴力"[J]. 江南大学学报（人文社会科学版），2007（4）：82–86.

❷ 山东省中小学教材编选组. 山东省中学试用课本·语文·一年级下册 [M]. 济南：山东省中小学教材编选组，1971：29–35.

❸ 山东省中小学教材编选组. 山东省中学试用课本·语文 一年级下册 [M]. 济南：山东省中小学教材编选组，1971：35.

还有一种指向资产阶级、修正主义路线的批斗语：

"读书无用论"是"读书做官论"的变种，它们是修正主义教育路线一根毒藤上的二只毒瓜，是一对反动的"孪生子"。●

我们要牢记党的基本路线，狠批"阶级斗争熄灭论"，狠批林彪、孔老二鼓吹的"中庸之道"，既要打退阶级敌人的糖弹进攻，又要教育一些政治上的糊涂人，使他们猛省过来。❷

······

批林批孔时常见批斗孔老二及儒家作品的，如图4-3"铁笔怒扫《三字经》"。

图4-3　上海市小学课本·美术·第三年级第一学期（1973）

批斗语常见在革命大批判课文中，如《不许攻击无产阶级专政》《吃吃喝喝决不是小事》《揭穿剥削阶级'友情为重'的反动实质》《受害者的控诉》《有几个苍蝇碰壁》等，这些课文多选自三报一刊，政论色彩强烈，语言辛辣。山东初中课本《语文》第三册（1975）中写作知识"怎样写革命大批判文章"提出语言要有战斗性，不仅是"认真搞好斗、批、改"和巩固无产阶级专政的需要，也概括了批斗语的特点：

语言要有战斗性。革命大批判文章，是无产阶级上层建筑领域对资

● 贵州省中小学教材编写组. 贵州省中学试用课本·毛泽东思想教育课 [M]. 贵阳：贵州省中小学教材编写组，1970：324.

❷ 天津市中小学教材教研室. 天津中学试用课本·语文·第一册 [M]. 天津：天津人民出版社，1975：29.

产阶级实行全面专政的重要武器，是声讨帝、修、反的檄文，是射向国内外阶级敌人的炮弹，因此，文章语言要尖锐泼辣，具有战斗的风格。

此外，由于批驳的对象不同，错误的性质不同，因此，写革命大批判文章时，要注意划清敌我界限，切实掌握党的政策。对于阶级敌人的谬论，必须进行无情的驳斥，辛辣的讽刺，揭露其反动本质；而对于人民内部的错误思想，就必须用保护人民、教育人民的满腔热情来说话，以达到既要弄清思想，又要团结同志的目的。❶

理科课本中的颂扬语与批斗语并不多，主要出现在"让学生对比新旧中国"的编排中，颂扬、批斗的语言与文科课本一样，批资产阶级、旧中国，颂无产阶级、新中国，如北京市中学试用课本《工农业基础知识》（第一册第二分册）（1969）对照明的新旧中国对比：

> 入夜，首都灯火辉煌，……每当毛主席最新指示发表时，革命群众总是手捧红宝书，怀着无比深厚的无产阶级感情，隆重地举行庆祝游行。天安门广场和中南海的门前，在高压水银荧光灯、碘钨灯的照耀下，宛如白昼，革命群众人山人海……
>
> 可是，我们怎能忘记过去。解放前的北京，是富人的天堂，穷人的地狱。照明用电几乎都成为帝国主义、官僚买办和资产阶级的奢侈品……❷

再如河北省初中课本《工业基础知识》（化工部分）（1970）中的批斗：

> 氢氧化钠水溶液有涩味和滑腻感。腐蚀性很强，能腐蚀皮肤和衣物，所以俗称火碱或苛性纳。如果不慎沾到皮肤或衣物上，要立刻用水冲洗干净。生产和大量使用烧碱时，应戴橡皮手套和防护用具。可是在万恶的旧社会，反动资本家只顾赚钱，根本不管工人的死活。在生产和使用烧碱时，丝毫不顾工人的劳动安全，不给工人防护用具，竟让工人赤手在烧碱池里操作。许多工人的手被烧碱腐蚀得脱皮溃烂，甚至失去

---

❶　山东省中小学教材编选组. 山东省初中课本·语文·第三册［M］. 济南：山东人民出版社，1975：63.

❷　北京市中小学教材编写组. 北京市中学试用课本·工农业基础知识·第一册第二分册［M］. 北京：北京市中小学教材编写组，1969：1.

双手，丧失劳动能力，被狠心的资本家踢出工厂。万恶的资本家对工人进行了敲骨吸髓的剥削，欠下了累累血债。而叛徒、内奸、工贼刘少奇却叫嚷什么"今天资本主义剥削不但没有罪恶，而且有功劳"。真是什么阶级说什么话！刘少奇是地地道道的地主资本家的孝子贤孙，是帝国主义的忠实走狗，是工人阶级的不共戴天的死敌。●

（2）修辞性重述

英国思想史家昆廷·斯金纳（Quentin Skinner）认为："任何一个社会都需要通过语言和修辞的运用来成功地建立、支持、质疑或改变它的道德认同，通过描述把一些行动赞扬为忠实的、友好的、勇敢的，而把另一些行动贬低为背叛的、侵略的和怯懦的，以此来支撑我们所采取的社会行为。"● 在文革课本中欲建立的是一个为无产阶级政治服务、与生产劳动相结合的世界，其借助的手段也只能是语言和修辞，通过它来确立什么是革命、无产阶级的，什么是反革命、资产阶级的。因而任何"言说"都是高度政治化的，都是革命话语的实践，它要说服学生接受某种观点和行为，目的是捍卫无产阶级的革命道德和政治认同，而颠覆资产阶级的反革命道德和政治认同，正是从这个意义上说，文革课本中使用的语言"不仅仅是在交流信息，而是在为我们的言说伸张权威，并去激发我们交谈对象的情感，并借以创造排斥和包容的边界，从而得以施行各种社会控制活动"● 其中最具有代表性的语言策略就是修辞性重述●，它像乔治·奥维尔说的换一套"新说法"（Newspeak）一样，是用语言重新塑造人的观念、态度和行为。

由于语言具有转换性，所谓"杀一人是罪犯，杀百人是英雄"，同样是杀人，罪犯和英雄之间却是可以转换的。正是由于这种转换性，就可以通过"修辞性重述"过程操纵语言，把苟且偷生说成是委曲求全，

● 河北省中小学教材编写组. 河北省初中试用课本·工业基础知识·化工部分［M］. 石家庄：河北人民出版社，1970：52-53.

● 转自王芳. 斯金纳思想史研究中的修辞理论［J］. 理论导刊，2009（10）：35-37. Quentin Skinner. Visions of Politics（Volume 1）［M］. London：Cambridge University Press，2002.

● 周保巍. "罗生门"与剑桥学派的"修辞"：剑桥学派思想史研究方法札记之四［J］//张立升. 社会学家茶座：总第二十辑. 济南：山东人民出版社，2007：86.

● 修辞性重述是古罗马修辞学家所使用的一种辩论技术，后被斯金纳挖掘出来，用来指操纵语言，使任何事物都可以通过重新描述，使它看来更好或更坏。

把胆小如鼠的"怯懦"说成是忍辱负重的"审慎"，把"友情为重"描述成大搞"烟酒外交""义气交易"，且看课文《揭穿剥削阶级"友情为重"的反动本质》：

　　叛徒、内奸、工贼刘少奇是地主资产阶级人性论的狂热鼓吹者。所谓"友情为重"之类，就是他贩卖的一种黑货。刘少奇早就喋喋不休地宣扬什么"共产党人"要以"最忠诚朴实的私人感情与互助互爱"来对待"一切朋友"，不要"辜负任何一个朋友"，要"对得起朋友"。刘少奇的这些黑话，根本否定"友情"的阶级性，不讲共产党人必须分清敌我友，而大肆鼓吹以"友情"待人。这完全是别有用心的鬼话！
　　……
　　阶级敌人在"交朋友""讲友情"的幌子下，大搞"烟酒外交""义气交易"，用糖衣炮弹腐蚀我们的干部和群众；而我们有些同志，受"刘毒"麻醉，也敌我不分，被"友情"障眼，不敢同阶级敌人彻底决裂……❶

这种对事情、语言、行为的修辞性重述多数出现在写革命大批判文章中，反驳与批驳的对象，除上文被定性为"资产阶级修正主义代表人物"等外，批驳最多的就是批林整风、批林批孔时期的"奴隶主阶级的代言人孔丘"，如课文《不是"爱人"是吃人》就对孔子的"仁者爱人"进行了批判性的修辞性重述：

　　两千年前，奴隶主阶级的代言人孔丘说什么"仁者爱人"、"泛爱众"等。他说的"仁"是什么玩艺儿？到底是爱人还是吃人？
　　……这些"仁爱"不离口的"救世主"，在中国儿童的累累白骨上面建立了他们的"天堂乐园"，过着荒淫无耻、花天酒地的生活。"仁慈堂"是帝国主义分子在"仁慈"、"仁爱"等漂亮的字眼掩盖下，残杀中国儿童的一座人间地狱，是中外反动派合伙摆设的一桌"人肉筵宴"。
　　孔老二"仁者爱人"的反动思想，是杀人不见血的软刀子。两千

---

❶ 上海市中小学教材编写组. 上海市中学课本·语文·一年级第二学期用［M］. 上海：上海市中小学教材编写组，1971：32－35.

多年来，它与中外反动派的暴力镇压相配合，残酷杀害了多少劳动人民？❶

　　而对秦始皇的"焚书坑儒"却进行了颂扬性的修辞性重述。历史上被定性为"残暴"的"焚书坑儒"事件，在《语文》《反孔和尊孔斗争的故事》中被说成是"秦始皇领导的反复辟斗争"：

　　秦始皇推行革新路线，不是一帆风顺的。原来六国那些孔孟之徒和旧贵族，人还在，心不死，时刻梦想复辟。他们还经常引用孔丘删改的《诗》《书》上的话，赞美奴隶制，攻击新政权……

　　秦始皇采纳李斯的意见，下令把民间宣扬奴隶制的书都烧了。后来，有的反动儒生仍在暗地里攻击新制度。秦始皇严加追查，揪出了四百六十个最反动的家伙，把他们统统活埋。这就是历史上著名的"焚书坑儒"。"焚书坑儒"是厚今薄古的革命措施，有力地打击了阴谋复辟的反动派，加强了新兴的地主阶级专政。❷

　　"焚书坑儒"，是秦始皇在奴隶主阶级的反扑面前，被迫采取的阶级自卫措施。它有力地打击了奴隶主阶级的复辟活动，进一步巩固了新兴地主阶级的专政。❸

　　以上这些语言文本产生于文革时期，都是为了回答社会中一些特定的问题，围绕"阶级斗争"和"为无产阶级政治服务"，经过修辞性的重述，揭示的正是语言的"政治性"及其话语的"殖民性"特征。因而，经过重述的文本不仅是一连串的陈述，而且是一系列的论辩，并在话语实践的维度，构成了当时革命话语的"介入"和"干预"，构成了对特定人物、事件、行为的反对、驳斥或赞成、捍卫。在"为无产阶级政治服务""以阶级斗争为纲"的话语指示下，是需要借助修辞性重述的语言手段，在课本中确立革命与反革命的两分世界，以实现"灭资兴无"的目的。由此看来，修辞性重述是为一定政治目的服务的、具有战

---

❶　山东省中小学教材编写组. 山东小学课本·语文·第九册［M］. 济南：山东人民出版社，1975：31 – 33.

❷　山西省中小学教材编审组. 山西省小学常识课本·反孔和尊孔斗争的故事·五年级用［M］. 太原：山西人民出版社，1975：19.

❸　山东省中小学教材编写组. 山东小学课本·语文·第九册［M］. 济南：山东人民出版社，1975：30.

斗性的语言策略，也印证了"笔为利剑"的一句老话。

第二节　"红专化"的编排体例

教科书的编者与作家一样，在编之前面临着两次选择：第一次是选择编（写）什么，第二次是选择怎样编（写）。编（写）什么自然是重要的，但怎么编（写），用怎样的话语体式去编织怎样的语言秩序，也很重要。这就涉及与文体或体例类似的教科书体例的问题。

所谓编排体例，就是著作的编写格式，文章的组织形式。例如，可以将史书分为编年体、纪传体、纪事本末体；后又加入了西方传入的章节体，就是先按历史的发展阶段分时段，再在各个时段中将历史按照政治、经济、文化等内容分块。章节体，又称为教科书体例，它是适应近现代教学需要，而由西方传过来的一种新型体裁，其基本特点是按篇章节编排，因事命题，分篇综述，既分门别类，又融会贯通；糅记叙、论说为一体，熔人、事、物于一炉，容量大，适用面广等，它在一定程度上弥补了旧史体书体裁顾此失彼的不足，是近现代历史文献的主要体裁。❶

根据文献学的"体例"或义例、凡例定义，体例是关于一部文献内部如何组织和表达其基本内容、基本宗旨的原则和方法。教科书体例即教科书编写的格式，或教科书的组织形式。编写教科书必须合乎体制，如写诗要像诗，写小说要像小说一样，不能不遵守体制随意乱编（写），如果体制得不到大体的遵守，势必产生非驴非马的东西。教科书的体制又是什么？从不同的角度，可以看到不同的编写体例，如纵向组织与横向组织，逻辑顺序与心理顺序，直线式与螺旋式，任务驱动与问题中心，当然还有学术模式和革命模式，等等。它们都是受不同的知识观、教学观等教育话语的影响而采取的不同教科书编写体例。有人提出：所谓的"教科书体"，即教科书编写者根据教学大纲的要求，"生产"出的主题先行的课文。❷ 虽然此说法没有确切说出教科书体例到底

---

❶　引自百度文库. 编纂［M］. http：//wenku. baidu. com/view/ec5362da6f1aff00bed51e47. html，2011－2－5.

❷　叶开. 作家批中国语文教育 学到肚里全垃圾［EB/OL］. http：//www. sinovision. net/index. php？module＝news&act＝details&news_id＝156210&articlepage＝6，2010－12－15.

是什么,但"主题先行"确实是存在的,换句话说,不管采用什么体例,编写教科书都需要确定编写的指导思想、基本理念,以传达教科书的目标:是传承经典,还是促进儿童成长,是为成人生活做准备,还是发展学生的智能。这个主题也最终影响教科书体例。文革课本的"主题"是"为无产阶级政治服务,与生产劳动相结合",由它建构的"统帅体""学用体",分别培养接班人的"红"和"专"。因而本书称之为"红专化"的编排体例。

一、统帅体

文革课本受主题影响非常明显,"本教材力求高举毛泽东思想伟大红旗,突出无产阶级政治……"❶ "编写农业教材必须以毛泽东思想为统帅,以工农兵的需要为出发点,以三大革命运动的实践作源泉,以阶级斗争为纲,以革命大批判开路,突出无产阶级政治,努力做到政治统帅业务……"❷ 这个主题就是要以毛泽东思想为统帅,突出"为无产阶级政治服务"的教育基本话语。主题不仅影响内容的选择,也影响内容编写。"以毛泽东思想为统帅"的话语要求下,课本编写最后形成了编排上的"统帅体",即是一种从封面到课文、从形式和内容上突出毛泽东思想、语录的格式。在文革课本中"统帅体"有三种形式:统帅图、统帅文、统帅语。不一定文革时期每个阶段的每本文革课本都有这三种形式,但至少有其中一种。

1. 统帅图

为了让毛泽东思想的光辉照亮每一个角落,建立一个红彤彤的新世界,教育基本话语之一"为无产阶级政治服务"的话语实践无处不在,并渗透于课本的各个角落,其中在课本的图案(主要指封面和插图)中的话语实践特别具有特色,形象地反映了文革时期的教育革命。这些图案都是或以毛泽东及革命符号为图,或以学工学农学军为图,传达课

---

❶ 湘潭市中小学教材编写组. 工农业基础知识·化学部分 [M]. 湘潭:湘潭市中小学教材编写组, 1969:96.

❷ 山东中小学教材编写组. 山东农业基础知识教学大纲 [M]. 济南:山东人民出版社, 1970:1.

本"以毛泽东思想为统帅",因此称之为统帅图。

（1）"红光亮"的毛主席及革命符号

文革时期兴起"红色海洋"的运动,凡是有人群的地方就有红旗,造反派戴的是醒目的红袖章,语录本也是清一色的红塑料皮……凡是能用红色装饰的地方都用了红色,把属于无产阶级政治的抽象物也说成是红的,主席著作叫"红宝书",政权叫"红色政权",总之,"文化大革命"时期的中国被称为"红海洋"❶。红色是最具代表性的革命颜色,成为共产主义运动的一个通用的意识形态的符号,是无产阶级革命的象征。文革课本一方面受"万里江山一片红"的"革命景象"的影响,另一方面为了"编无产阶级的新教材",以区别旧课本,因此,"红色"成了课本封面的基本色,红太阳、红旗、红字、红色的毛主席等,作为课本的主题图案。

为了表达课本是在毛泽东思想统帅下编写的,封面上的主要图案大致可以分成两种类型:一种是围绕毛主席像组成的象征性图案,或是围绕毛主席语录、红宝书组成的象征性图案;另一种是隐喻性的图案,如红太阳、红旗等。

围绕毛泽东头像组成的革命图案,较简单的只用毛泽东侧面红色戎装头像;大多课本封面都增加了毛泽东头像的衬托图案,如嵌入红太阳中的毛泽东头像,毛泽东头像金光闪闪;复杂一点的图案,围绕毛主席像、工农兵、红卫兵手拿和举着毛主席著作的图案,向日葵、红旗、语录、毛泽东故居及"五大里程碑"的一大上海会址、井冈山、遵义会议地址、延安宝塔、天安门等象征性的红色图案。封面上的毛泽东图像几乎全是毛泽东的戎装头像,并作为主题置于封面的中心偏上位置,金光闪闪隐喻毛泽东思想像红太阳一样光照四方,头像主要是木刻版,趋于保守单薄和脸谱化,全力塑造和突出无产阶级领袖的英雄气概。

另一种是主要由围绕学习毛泽东思想或语录组成的图案,通常由语录、工农兵红卫兵学毛著、天安门、红太阳、红旗组成。语录主要是毛泽东说过的有关教育的指示,出现最多的是"我们的教育方针"和"两个必须",在设计上通常把它们框起或用红旗烘托。《工业基础知识》与《农业基础知识》课本也有用毛泽东的语录"工业学大庆""农业学大寨""人民公社好"等作为课本封面的主题。

"9·13"事件前还有一种较常见的课本封面设计，即林彪题词的"大海航行靠舵手 干革命靠毛泽东思想"，这也是为了突出毛泽东思想。工农兵、红卫兵学习"毛著"是较常见且重要的封面设计。为表达对"毛著"的崇敬，一般采用托举头顶和手持胸前的姿态。

还有一种隐喻式的封面设计，主要用隐喻的图案，如红太阳、红旗、宝塔、毛泽东故居等来表达课本的无产阶级政治立场，太阳必定等于领袖，向日葵代表红心向党，红旗代表无产阶级，宝塔、故居代表毛泽东思想的诞生地，诸如此类。

以上所有的课本封面设计表达的立场是用"毛泽东思想"作统帅，忠于毛主席，因此，较直白的设计甚至编出了"忠"字课本，表示"三忠于"——"无限忠于毛主席，无限忠于毛泽东思想，无限忠于毛泽东的革命路线"。

封面图案无论采取哪种组合，都表现出"红光亮"的特性，画面呈红色，且明亮、平整，人物的精神饱满，满面红光，脸部不追求明暗对比。各种图案都是以类型化、符号化、指事、借代、喻意、象征等为特征，突出和颂扬毛泽东及思想。这种"颂圣"式的设计，不仅是受当时的"红光亮""高大全"美术设计风潮的影响，更重要的是为了与旧课本划清界线，作政治上的宣誓——编写一本无产阶级的、以毛泽东思想为统帅的课本。因此，封面设计是从"寓意性"的角度，充分发挥了课本的教喻性功能，实践了教育基本话语在课本封面上的权力运作。

从审美的角度看，这些"颂圣"式图案，致力于塑造崇高美和大集体的归属感，强调整齐划一的审美愉悦，意在使学生体会到参与革命实践的使命感和重任在肩的激情，从而唤起对于完美乌托邦的执着向往。显然，这种类型化、共通性的封面设计在教育基本话语权力运作下，实现了它的视觉趣味规则的集体无意识。仅此还不够，扉页上还用毛主席各种照片，附上文字"伟大的领袖毛主席万万岁！"一方面强化毛泽东思想的统帅性，另一方面也说明，"个人崇拜""颂圣"的话语已全面浸入文革课本的肌体中。

封面图案全面的"颂圣"化模式，在 1972 年以后逐渐淡化，"颂圣"的形式化，被批为是林彪反革命集团的阴谋，后逐渐转向内容中"颂圣"。

课文插图中的"颂圣"也屡见不鲜，有结合"颂圣"式课文的，如俄语课文"伟大的领袖"，英语课文"毛主席万岁！""毛主席是红太阳"等，风格类同于封面的设计；也有不结合课文的，纯粹为向毛主席思想、语录致敬的"颂圣"插图，通常是红小兵、革命群众高举毛主席语录，向语录、红太阳致敬等图案。

统帅图的"红光亮"设计作为一种整体风格，如同"圣像画"一样，其艺术性消失在"以毛泽东思想为统帅"的政治性集体风格中，组成了一个政治虔诚式的课本图画世界，因而，成为一个时代的教育象征。

（2）"高大全"的工农兵

另一类常见统帅图案属于"教育与生产劳动相结合"的话语实践，一般是与学工学农学军相关的图案，分成写实性和写意性图案。写实性的图案如：学生到田间、工厂、军队向农民、工人、解放军学习，或者是工农兵劳动的景象。都以学工学农学军为中心，突出工、农、兵形象。福建小学算术第八册（1975）的封面是学生在田地中收获粮食，内蒙古小学算术第十册（1975）封面是学生在工厂学用机床。课文图案突出工农兵劳动形象时，也是为了宣传毛泽东思想，如上海市的中学课本《工农业基础·电工》（1969）课文中以工人阶级用静电植绒的方法精制毛主席宝像图，一方面是为了突出工人阶级根据电荷相互作用原理，结合生产实际，创造静电植绒机的伟大成就，另一方面也是为了宣传和捍卫毛泽东思想。

毛泽东在"五·七"指示中提出要学工、学农、学军，旨在与生产劳动相结合，为社会主义建设服务。在"与生产劳动相结合""学工学农学军"教育话语的"指示"下，工农兵成为主要的宣传形象，作为英雄式符号表现出"高大全"特点：一是高大壮实。虽然重视写实，但画面又显夸张，主题人物占据画面的大部分，不分男女都表现矫健喜悦、目光坚定、高大憨厚的体形与性格，没有性别差异及个体特征，人物刚性化。二是灿烂微笑中的幸福感。在毛泽东思想的引导下，在劳动中微笑的工农兵表现出幸福感和自豪感，同时唤起人们对共产主义理想与美好生活的憧憬。三是捍卫式的身体姿态。如对阶级敌人的横眉冷对，对毛主席思想昂首挺胸的仰视与尊崇，对毛主席著作的高举、紧握的捍卫姿态，等等。符号化、公式化的身体姿态模式体现了无产阶级专政强烈的战斗风格。所以，"高大全"的英雄化、概念化的人物图谱也是"教育为无产阶级政治服务"的话语实践，在宣传工农兵英雄的政治运动中使颂英雄、学英雄成为课本封面和插图的主题。

在写实图案之外，还有一种写意性的"学工学农学军"图案，仅把表示工厂、农村的工业设备（如化工生产的高炉）、农业工具（如水泵）等作为封面图案或插图。这种图案大多出现在文革后期的课本中，过度化"颂圣"形式受到批评后，为了开门办学、与生产劳动相结合，课本编写简略化了到实践中去学工学农学军的符号。如江西中学课本《物理》第一册封面只有拖拉机图。虽然并没有人物形象，但器具符号也是以隐喻的方式表达：要结合工农业生产的实际，学工学农学军。

无论是封面图案还是插图，图案都占据较大版面，处在核心显眼位置，它对于课本、课文并不只是起到辅助，以达到图文并茂作用，主要还是试图用图案来突出以"毛泽东思想统帅"或"与生产劳动相结合"的意图。辽宁省中学课本《数学》第五册（1971）"第五章 展开"前的插图是毛泽东思想统帅下的工人绘图（见图4－4），它既说明了本章要学的内容，也提示这是毛泽东思想统帅下的一章内容，总而言之，它就是一幅统帅全章的统帅图。

2. 统帅文

课本的课文一般是按单元组成的。单元是学科课本中性质相同或有内在联系的、可以相对独立的部分。一门学科的课本通常由若干单元组成；单元与单元之间也有一定的联系。课本单元的划分，有助于在一段连续的时间内系统完整地进行某一方面的知识传授和技能训练，克服课与课之间的割裂。❶ 看来单元是课本组织的基本单位，一般来说，语文、外语、政治等文科类课本的单元结构较明显，通常都明显区分单

---

❶ 楚兴虎. 论语文教材中单元的作用 [J]. 松辽学刊（人文社会科学版），1999（6）：44－47.

图4－4　辽宁省中学试用课本·数学·第五册（1971）

元，而物理、化学、生物、数学等理科类课本的单元，系统性较完整，通常以篇章结构来强调单元性。

文革课本设置的单元结构，有一个非常明显的特色是统帅结构，可称之统帅式单元体。这种特点在语文课本中表现得最明显，每个单元有一篇统帅文，作为单元的核心课文，单元的其他课文作为学习核心课文的辅助课文。山东省小学语文教学大纲（1969）提出教材编选原则"要突出无产阶级政治，用毛泽东思想统帅整个教材"，把毛泽东著作和语录作为语文课最重要、最基本的教材，各个单元一般都设毛泽东著作或语录作统帅篇。❶ 天津延安中学语文教学大纲（1968）曾对这种单元统帅体作过说明，把"教材分基本教材和辅助教材"：

废除旧的以文体为单元，以时代为阶段的编排方法，采用以毛主席一篇或几篇著作为纲，统帅辅助教材，兼顾语文特点，组成一个讲授单元的编选原则。根据林彪同志"对于那些有决定意义的东西，一定要反复地学，反复地练"的教导，教材的编排，虽然以毛主席著作一篇或几

---

❶ 山东省中小学教材编选组. 山东省小学一至五年级《语文》教学大纲［M］. 济南：山东省中小学教材编选组，1969：1.

篇为纲，统帅有关的辅助教材，但又不是把主席同类性质的文章进行归类，集中讲授，而是把主席的同类性质的文章，按深浅难易分选在各个年级的教材里，以便师生既能对主席的基本观点反复学，反复用；又可由浅入深，由易到难，逐步提高。这样就避免了同一性质的文章归类集中讲授的单调的现象，显得生动活泼。❶

自把语文课本定性为学习毛泽东思想的课本开始，用毛主席著作作为基本课文，统帅其他辅助课文，就成为语文课本课文编排的定式。虽然这个定式后来发生了变化，产生了许多变式，但以毛泽东思想为统帅，为无产阶级政治服务的编排思路没有变化。

以北京市中学《语文》第三册（1970）的单元结构为例（见表4-7），从课文篇目上分成八个单元，单元之间相互间隔开。每一个单元有一篇统帅文，其中有五篇毛泽东著作，一篇列宁著作，一篇江青讲话。统帅文的题目用加黑格式突出。统帅文后都附辅助文，作为学习统帅文的补充。

表4-7 北京市中学《语文》第三册（1970）单元结构

单元	统帅文	辅助文
一	一 毛主席诗词二首	二 历史的结论 三 北京市革命委员会成立和庆祝大会给毛主席的致敬信
二	四 炮打司令部（我的一张大字报）（毛泽东）	五 在庆祝无产阶级文化大革命群众大会上的讲话（林彪） 六 紧跟毛主席 一步一层天
三	七 愚公移山	八 读毛主席的书全在于应用（陈永贵） 九 毛泽东思想哺育的水下尖兵
四	一〇 中国人民政治协商会议第一届全体会议开幕词（毛泽东）	一一 珍宝岛从来就是中国的领土 一二 "国际专政论"是社会帝国主义的强盗"理论" 一三 伟大祖国的壮丽山河，决不容许苏修侵犯！
五	一四 毛主席诗一首 七律人民解放军占领南京	一五 论"打落水狗"（鲁迅） 一六 红日照碧海 海鹰展翅飞

❶ 天津延安中学教材编写组. 语文教学大纲 [M]. 天津：天津人民出版社，1968：2.

续表

单元	统帅文	辅助文
六	一七　欧仁·鲍狄埃（列宁）	一八　国际歌
七	一九　谈京剧革命（江青）	二〇　深山问苦 二一　数风流人物还看今朝 二二　愚公移山（寓言）

广东省中学课本《语文》（初中一年级用）（1970），统帅文除了一篇林彪的《〈毛泽东选集〉再版前言》外，全部都是毛泽东的著作或讲话，结构与上述的北京中学语文课本相同。

云南省中学试用课本《语文》（1970）第一至四册都是由"毛著"统帅的单元结构：

第一册以毛主席的光辉著作"老三篇"为统帅。按照"老三篇"的基本观点，选编了毛主席关于彻底埋葬帝、修、反，解放全人类的词一首，反映中国人民国际主义精神的通讯一篇和描写工农兵英雄的文章七篇，组成三个单元。

第二册共三个单元，每单元以毛主席或林副主席的著作或《红旗》杂志社论（《毛主席诗词》《照毛泽东思想办事，我们的党就前进，就胜利》《千万不要忘记阶级斗争，不要忘记无产阶级专政》《毛主席诗词》）为统帅课文。第一单元，培养学生对毛主席、对毛泽东思想、对毛主席的革命路线无限热爱的深厚无产阶级感情；第二单元，教育学生牢牢树立阶级、阶级斗争和无产阶级专政的观点；第三单元，教育学生热爱和拥护解放军，向解放军学习。

第三册以毛主席的三篇文章（《在中国人民政治协商会议第一届全体会议上的开幕词》《将革命进行到底》《全世界人民团结起来，打败美国侵略者及其一切走狗!》）作为统帅课文，分为三个单元。第一单元的中心是歌颂伟大的社会主义祖国；第二单元的中心是歌颂"一不怕苦，二不怕死"的革命精神，将革命进行到底；第三单元的中心是仇恨、鄙视、蔑视帝修反，准备打仗。

第四册以毛主席的光辉著作（《人的正确思想从哪里来的?》《我们的文艺是为什么人的?》《青年运动的方向》）为统帅，分三个单元。第一单元的中心是活学活用毛主席的哲学思想，搞好思想革命化和思想科学化；第二单元的中心是坚持毛主席的革命文艺路线，文艺为工农兵服务；第三单元的中心是知识分子走与工农兵相结合的道路，接受工农兵的再教育。

这种统帅文—辅助文的单元结构在 1972 年后有所变化，过渡到以观点作统帅，重点是用毛泽东思想的基本观点作统帅，所以统帅文并不全是毛主席著作，也用了反映毛泽东思想的文章作统帅文。如《山东省中学语文教学意见》（1973）就对语文课本的单元编写部分作过系统的考虑："针对不同年级学生的思想实际，确定思想教育重点，以马列主义、毛泽东思想的基本观点作统帅，并充分兼顾语文教学的需要，组织单元。有的按文体的相同或相近安排单元，便于学习语文知识。"❶ 以山东中学《语文》（1973）为例，这套课本的各册均安排了重点单元（每册一般是两个）。重点单元与一般单元之间，既有区别，又有联系，前后照应，相辅相成。以一年级上册为例，重点是对学生进行阶级教育、路线教育和为人民服务教育，各单元之间分工清楚，并不重复，形成了一个较完整的毛泽东思想教育体系，选文既有毛泽东著作（第一、三、一二课）作单元统帅文，也有其他课文作统帅文，如第七课、第八课（详见表 4－8）。

表 4－8　山东中学《语文》一年级上册（1973）

单元	单元目的	课文
一	歌颂伟大领袖毛主席，歌颂毛主席的革命路线	一、毛主席词二首 二、诗歌二首（赞歌献给毛主席；井冈翠竹）
二	着重进行阶级教育、路线教育	三、革命先锋（毛泽东） 四、一块银元 五、为人民鞠躬尽瘁 六、为毛主席革命路线放好哨站好岗打好仗
三	配合路线教育，歌颂大好形势，批判修正主义的反动谬论	七、海关钟声 家乡图

❶ 山东省中小学教材编辑组. 山东省中学语文教学意见［M］. 济南：山东人民出版社，1973：3.

续表

单元	单元目的	课　文
四	学习目的教育	八、我要读书
五	对学生进行自觉遵守革命纪律的教育	九、风雪传红心 一〇、红歌传万代 一一、做自觉遵守纪律的革命战士
六	全心全意为人民服务教育	一二、论联合政府（毛泽东） 一三、革命日记摘抄 一四、铺路 一五、车从北京来 一六、一件小事
七	古为今用	一七、寓言二则 一八、古诗二首

以毛泽东思想的基本观点作为单元统帅在《毛泽东思想教育课》用得较多，其单元结构也是基本教材—辅助教材，基本教材是毛泽东著作或林彪指示，辅助教材为学习毛著的辅助课文，多是报刊上的社论或学毛著的先进典型事例。样本如贵州中学《毛泽东思想教育课》初中第二册的第三讲（1970）（如表4-9）。虽然不是单元结构，而是篇章节结构，但功能基本相似，一讲为一单元，分基本教材与辅助教材，基本教材是统帅文。

表4-9　贵州中学《毛泽东思想教育课》初中第二册（1970）第三讲结构

讲	节	基本教材	辅助教材
第三讲 走与工农兵相结合的道路	第一节　知识青年必须与工农兵相结合	毛主席语录； 青年运动的方向； 林副主席指示	坚定地走上同工农兵相结合的道路； 与贫下中农相结合，在农村干一辈子革命
	第二节　到三大革命运动中去，接受工农兵的再教育	毛主席语录； 在中国共产党全国宣传工作会议上的讲话； 林副主席指示	活着就要拼命干 一生献给毛主席
	第三节　农村是一个广阔的天地	毛主席语录； 林副主席指示	广阔天地　大有作为； 他们战斗在广阔的天地里； 评"读书无用论"

再如广东中学课本《政治》（1972）各单元的内容分正文和辅助教材部分，正文全部选用马列和毛主席著作，作为统帅文，是学生的必读部分，辅助教材只作为进一步领会正文精神实质的文本。

在"毛泽东思想统帅一切"的话语要求下，理科课本理应也要接受统帅，但因其学科性质不同，编排与文科类课本的统帅体有所差异，通常采用将课本的第一章作为统帅文（章），以讲毛泽东思想照亮工农业发展的道路为主要内容，强调用毛泽东思想来学习工农业基础知识（详见表4-10）。这种统帅文（章）常见于复课时期的理科课本中。

表4-10 部分理科类课本内容统帅结构（仅例举）

课 本	统帅章	辅助章
内蒙古中学《工业基础知识》第一册（1970）	第一章 毛泽东思想照亮了社会主义工业化的道路	第二章 省力机械；第三章 传动装置；第四章 压强及其应用；第五章 拖拉机
辽宁中学《工业基础知识·电工》（1970）	第一章 毛泽东思想的灿烂阳光照亮了我国电力化的道路	第二章 照明电路；第三章 发电与输电；第四章 电动机；第五章 无线电；第六章 农村有线广播
江西中学《农业基础知识》第一册（1970）	第一编 红太阳照亮了我国农业发展的道路	第二编 以粮为纲 多种经营 全面发展
玉溪专区中学《数学·农业会计》（1970）	第一章 高举毛泽东思想伟大红旗 当好贫下中农的红管家	第二章 财务管理制度；第三章 记账单据；第四章 日记总账及分类账；第五章 登记簿；第六章 生产队的粮食分配和收益分配；第七章 结转旧账建立新账

数学课本的统帅性，通常是用语录统帅，在后面会作详述，也有少部分与黑龙江小学《数学》第一册（1975）一样，设第一单元是"为革命学好数学"作为统帅文。文中编排"老贫农上第一堂课、开门办学和为革命学数学三幅图画，教育学生痛恨旧社会、热爱新社会，树立为革命、为巩固无产阶级专政而学好数学的思想"❶。

文革后期这种过度形式化的统帅文在正文中基本被删除或简化了，统帅文一般都变为前言、引言，内容幅度都大幅删减，但以毛泽东思想

---

❶ 新编小学数学、语文课本（第一册）使用说明［J］. 黑龙江教育，1975（6）：29-36.

为统帅的思路依旧。如化学课本一般在绪言中强调"为革命学好化学",再如江西省二二制高中物理第一册(1975)的"引言"强调"政治第一"的统帅地位。

河南省高中课本《物理》(1972)在序言中明确提出物理学是为一定阶级服务的,要以马列主义、毛泽东思想为武器,并与生产劳动结合起来:

......

在物理学的领域里,从来就存在着唯物论和唯心论、辩证法和形而上学的斗争。因此,我们在学习物理这门课时,必须以马列主义、毛泽东思想为武器,开展对唯心论的先验论的批判,用人民创造科学的观点来看物理学的产生和发展,正确评价科学家、发明家作出的贡献,他们之所以能够作出贡献,都是以广大劳动人民的生产实践为基础的;要努力学习毛主席的哲学思想,用辩证唯物主义的观点来观察和分析各种物理现象和规律;要实行理论联系实际的原则,把书本知识的学习与生产劳动、科学实验结合起来,并把所学的知识应用到三大革命实践中去。❶

也有以每章的引言部分作为统帅文的,如江苏省中学课本《物理》第三册(1976)第一章"气象站"引言部分:

气象同农业、工业、国防、交通、商业、渔业、海运、粮食储备和人民生活等有着密切的关系。我国的气象事业,和其他各条战线一样,在它的发展道路上充满着唯物论和唯心论、辩证法和形而上学的斗争......

"农业是国民经济的基础。"农作物的整个生长过程受自然条件特别是气象条件的影响很大。为了适应"农业学大寨"、普及大寨县的革命运动的需要,必须以阶级斗争为纲,坚持党的基本路线,学习有关气象的知识,了解一些当地的气候条件和气象的演变规律,为农业生产服务。❷

---

❶ 河南省高中《物理》上册[M]. 郑州:河南人民出版社,1972:2.

❷ 江苏省中小学教材编写组. 江苏省中学课本·物理·第三册[M]. 南京:江苏人民出版社,1976:1.

统帅文—辅助文的编排模式是在"为无产阶级政治服务""以毛泽东思想为统帅"的话语要求下,在复课闹革命时期兴起的一种突出"红色"的单元结构。从教育整顿时期开始,统帅结构逐渐在形式与内容上有所简化或消退,从表面上是受政治运动的直接影响,其实质是教育中两种话语(学术话语与政治话语)博弈的此长彼消。在"政治第一、艺术第二"的话语中,学术力量毕竟还没有占据上风,"政治第一"在形式上的消退,只是课本编写从革命理想主义向革命理性主义回归,本质上仍要"为无产阶级政治服务",保证"政治第一"。

3. 统帅语

对文革课本文本的研读,读者总有这样的感受:不断有凸显的语录从文中跳出来,横亘在理解课文、语句的路口,指引着它们前进的方向。毋庸讳言,文革课本中大量的革命话语,已渗入了课本的整个机体。而对"毛主席语录"引用的过度泛滥,确实降低了课本应有的理智和科学水平。自1964年林彪提出要"活学活用毛主席著作"并指示出版了《毛主席语录》以后,《毛主席语录》成了红宝书,成了毛泽东思想的象征。引用威力无比的毛主席语录来引证课文和事物的革命性和合理性,自然成为"忠于毛主席""为无产阶级政治服务"的重要手段,"语录体"也就成为识别文革课本的一道炫目风景线。❶

在课本中穿插引述毛主席语录、教导、最高指示,反复引申、阐释其原理,一方面凸显其最具革命性,加大了课本的政治保险系数,无异于给课本请了一尊保护神。另一方面反复引述"毛主席语录",也说明它们就是统领课本编写、课文选择、观点论述的基本话语,换句话说,根据"毛主席语录"或者用"毛主席语录"编写课本的内容,最终形成了课本特色鲜明的"语录体"现象。

"语录体"在课本位置上来看,大致有三种情况:一是在扉页或封

---

❶ 《毛主席语录》一本小册子。与浩如烟海的词典、工具书相比,它的装订毫不显眼。在文革中却发挥出了巨大的能量。它是毛主席革命理论的精华,是红色的革命宝典,号称世界革命人民的红宝书。全国人民人手一册,背诵语录是全国人民的头等大事。林彪提倡的"早请示,晚汇报",更是把这种造神运动推上了史无前例的高峰。红色的标语,红色的旗帜,红色的《毛主席语录》,一片狂热的红海洋。人们跳"忠"字舞,念语录操,唱语录歌,几近疯狂!《圣经》中主教诲人类的旨意是:神就在你心中,上帝无时不在你身边!《毛主席语录》也无时无刻不在你生活中。

二的语录，是课本的统帅语；二是在章头、节头的语录，是课文的统帅语；三是在文中的语录，是论述的统帅语。

（1）课本的统帅语

扉页、封二的毛主席语录，一般是作为整个课本的统帅语，是课本编写的基本话语，所以，出现频率最高的是教育方针、"两个必须"和"五·七指示"等三个重要的教育话语。此外，在复课闹革命时期，林彪颂圣式的语录"大海航行靠舵手，万物成长靠太阳""读毛主席的书 听毛主席的话 照毛主席的指示办事"也是较常见的。

除了以上话语外，还有两种"语录"式的统帅语：

一是与当时政治形势有关的政治话语，如江苏中学《数学》第四册（1975），是在反"资产阶级回潮"运动时编写的课本，封二增加了毛主席语录："列宁为什么对资产阶级专政，这个问题要搞清楚，这个问题不搞清楚，就会变修正主义，要使全国知道。"在复课闹革命时期，常用的还有毛泽东关于领导权的语录"……工人宣传队要在学校中长期留下去，参加学校中全部斗、批、改任务，并且永远领导学校。在农村，则应由工人阶级的最可靠的同盟者——贫下中农管理学校"以及斗、批、改的语录："不破不立，破，就是批判，就是革命，破就是讲道理，讲道理就是立，破字当头，立也就在其中了。"这些与政治形势有关的话语作为统帅语统领着课本的编写思路、使用方式等。

二是和学科课本有关的语录，通常是一些与国家工农业、教育、文艺等有关的宏观理念性质的话语。在语文、革命文艺、美术、音乐等文艺类课本中常见文艺类语录："我们的文学艺术都是为人民大众的，首先是为工农兵的，为工农兵而创作，为工农兵所利用的。"辽宁小学《美术》（1970）的两句统帅语分别是教育方针和文艺性质的"毛主席语录"。

在语文、英语、俄语等语言类课本中常见语言类"毛主席语录"："为什么语言要学，并且要用极大的气力去学呢？因为语言这东西，不是随便可以学好的，非下苦功不可。"作为《农业会计常识》的统帅语除了教育基本话语之外，还有与会计有关的语录："节省每一个钢镚为着战争和革命事业，为着我们的经济建设，是我们的会计制度的原则。"湖南中学《卫生》（1974）课本的统帅语录是"动员起来，讲究卫生，减少疾病，提高健康水平……"湖南中学《历史》课本是一本阶级斗争的历史，其中的统帅语录是："指导一个伟大的革命运动的政党，如果没有革命理论，没有历史知识，没有对于实际运动的深刻的了解，要取得胜利是不可能的。""阶级斗争，一些阶级胜利了，一些阶级消灭了。这就是历史，这就是几千年的文明史。""人民，只有人民，才是创造世界历史的动力。""全世界各国人民的正义斗争，都是互相支持的。"大多数《农业基础知识》通常含有语录："农业学大寨。"辽宁省中学选用课本《拖拉机》（1975）有"农业的根本出路在于机械化"等"语录"。

这些与课本性质相契合的统帅"语录"，是在教育基本话语的统领下具体指导课本编写的特殊话语或子话语。无论是与课本学科性质相关，抑或是与政治形势相关的"语录"式话语作为课本统帅语，都对课本的编写起到了指示指导作用。但这些统帅语都无法逾越教育基本话语的辐射范围，它们仍是在教育基本话语的框架内，作为革命话语体系中的一个陈述，共同指导课本的编写。

（2）课文的统帅语

在复课闹革命时期编写的课本，除了课本的统帅语外，进入课文或章节后，常会在课文（章节）头编排毛主席语录作为课文的统帅语。由于课文的内容不一样，所以引用的统帅语也多种多样。

科学类的课文，通常引用毛主席关于唯物主义认识论和方法论的"语录"作为统帅语。如广州暂用课本《地理常识》（1970）中"第一部分 地球知识"的统帅语："人们为着要在自然界里得到自由，就要用自然科学来了解自然，克服自然和改造自然，从自然里得到自由。"（见图4-5）

还有一些政策类的"语录"，如辽宁小学《常识》（1970）中"三、钢铁"的统帅语："一个粮食，一个钢铁，有了这两个东西就什么都好办了。"

还有号召类的"语录"，如四川中学《医药卫生知识》（1971）"第二章 爱国卫生运动"前的统帅语：

毛主席语录

动员起来，讲究卫生，减少疾病，提高健康水平，粉碎敌人的细菌战争。

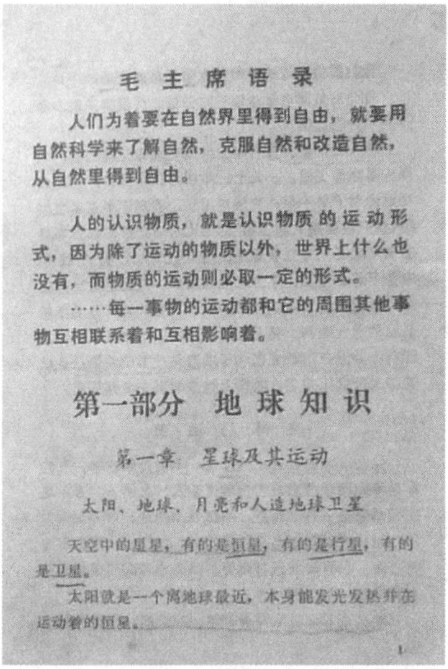

毛主席语录

人们为着要在自然界里得到自由，就要用自然科学来了解自然，克服自然和改造自然，从自然里得到自由。

人的认识物质，就是认识物质的运动形式，因为除了运动的物质以外，世界上什么也没有，而物质的运动则必取一定的形式。……每一事物的运动都和它的周围其他事物互相联系着和互相影响着。

第一部分　地球知识

第一章　星球及其运动

太阳、地球、月亮和人造地球卫星

天空中的星星，有的是恒星，有的是行星，有的是卫星。

太阳就是一个离地球最近，本身能发光发热并在运动着的恒星。

1

图4-5　广州暂用课本·地理常识（1970）

我们必须告诉群众，自己起来同自己的文盲、迷信和不卫生的习惯作斗争。❶

这些课文统帅语种类繁多，不胜枚举，很难分门别类，既可能是政治方向，也可能是政策号召；既可能是思想方法，也可能是实践方法；既可能是哲学的，也可能是文学的……总之，课文的统帅语是依据课本内容选择的指导性话语，其核心功能是指导性的，它指导读者（学生和教师），必须依据“毛主席语录”来学习内容，或者在学习内容的同时理解和运用毛泽东思想。

（3）论述的统帅语

文革时期在工作与生活的交流中人们也经常引用毛主席语录，似乎这才叫革命，才是真正忠于毛主席。

在“以毛泽东思想为统帅”课本中“毛主席语录”就像课本的神经系统一样，不只驻留在前言后语、章节列表，指导着课本、课文的编

---

❶　四川省革命委员会中小学教材编写组. 四川省初中试用课本·医药卫生知识［M］. 成都：四川人民出版社，1971：6.

写，它的神经触角还延伸至字里行间，以政治导向、基本依据指挥着内容的论述和逻辑的论证，统帅着课文论述。这种统帅语通常有两种情况：一种是作为论据、前提，即作为一种世界观、认识论；另一种是作为一种政治观，或行动指南。

第一种如广西中学课本《工业基础知识》初中化工部分"第三节化学方程式及其应用"中的一段论述：

> 毛主席教导我们："要认真总结经验。"我们在前面已经讲过无机物的分类和分解、化合、置换、复分解反应等基本的化学知识，我们应当"从中找出规律性的东西"，掌握这种规律性后，又用到生产和科学实验中去，制造出我们所需要的物质。我们不但要知道哪些物质在一定条件下经过化学反应能够生成哪些新物质，而且还"要有基本的数量的分析"，要"注意决定事物质量的数量界限"。这样才能掌握用多少原料可得到多少产品，或生产一定量的产品需要多少原料，有利于"执行厉行节约、反对浪费这样一个勤俭建国的方针"。掌握化学反应方程式及其计算，有助于我们达到上述的目的。❶

这是一段学习"化学反应方程式及其计算"目的的论述，高频率地出现了五次"毛主席语录"，它们组成了论述的基本框架或逻辑："要认真总结经验"—"从中找出规律性的东西"—"要有基本的数量的分析"—"注意决定事物质量的数量界限"—有利于"执行厉行节约、反对浪费这样一个勤俭建国的方针"。把学习化学方程式提高到实现勤俭建国方针的高度，强调其政治性，是当时编写课本、论证事实的"政治第一""为无产阶级政治服务"话语实践逻辑。

大多数的"毛主席语录"都是立论的前提，或者说是论述的逻辑基础，所以一般的"毛主席语录"通常会放在段落或句式的前面。如北京市中学《世界历史》（1973）"第一章 古代埃及"中的一段论述：

> "军队、警察、法庭等项国家机器，是阶级压迫阶级的工具。"以国王为代表的埃及奴隶主阶级，掌握政治、军事、司法等各方面的大

---

❶ 广西壮族自治区革命委员会政治工作组. 广西中学课本《工业基础知识》初中化工部分 [M]. 南宁：广西壮族自治区革命委员会政治工作组，1969：87.

权,对内剥削并镇压奴隶、贫民,对外发动战争,掠夺奴隶、土地。古代埃及国家,就是奴隶主阶级压迫奴隶阶级和贫民的工具。❶

再如湖南中学《化学》第一册(1972)课本"绪言"中:

毛主席教导我们:"自然科学是人们争取自由的一种武装。"化学就是研究物质的组成、结构和变化规律及其在生产实践中应用的一门自然科学。

用"毛主席语录"作为普遍性的原理、原则,来证明各种特殊性,用"毛主席语录"来讲清世界万事万物的"道理",这是文革课本中常见的理论论证方式。

另一种是纯粹活学活用"毛泽东思想"的论述,常见在例题或练习中,把毛主席语录、教导作为一切行动的指南。如:

1. 毛主席教导我们:"不少青年人由于缺少政治经验和社会生活经验,不善于把旧中国和新中国加以比较,不容易深切了解我国人民曾经怎样经历千辛万苦的斗争才摆脱帝国主义和国民党反动派的压迫,而建立一个美好的社会主义社会要经过怎样的长时间的艰苦劳动。"请老工人忆苦思甜,讲厂史和两条路线斗争史。有条件的地方组织参观食盐水电解实际生产过程。❷

例1 永新化肥厂职工深入开展"工业学大庆"的群众运动,在7天中就增产化肥122.5吨,平均每天增产化肥多少吨?❸

无论是用"毛泽东思想"来讲道理,还是用"毛泽东思想"来指导行动,毛主席语录都是作为论述的基础,作为说话、行动的统帅语来实践"为无产阶级政治服务"的课本使命。"统帅语"的课本编写思路与当时解放军某部编的《遇到问题和学习十六条要从〈毛主席语录〉

---

❶ 北京市教育局教材编写组. 北京中学课本·世界历史·上册 [M]. 北京:北京人民出版社,1973:4-5.

❷ 南通区、市教材编写组. 南通中学课本·工业基础知识·化工部分· 高二用 [M]. 南通:南通区、市教材编写组,1970:6.

❸ 湖北省中小学教学教材研究室. 小学课本·算术·第八册 [M]. 武汉:湖北人民出版社,1976:1.

中找答案》❶ 一书一样，要求把《毛主席语录》作为认识、改造世界的唯一思想工具，正如当时林彪神化毛泽东语录时说的："毛主席的话一句顶一万句，要把毛主席的话溶化在血液里，落实在行动上。"

文革课本对毛主席顶礼膜拜的同时，也把毛主席语录当作了圣经，语录就如同《圣经》中主教诲人类的旨意一样：神就在你心中，上帝无时不在你身边！毛主席语录也无时无刻不在人们的学习、生活、工作中，当然也在教师和学生使用的课本之中。加之"语录"本身具有极强的理论性、逻辑性和战斗性，易于被那个狂热年代的人们学习和掌握，成为其"革命""斗争"的武器，❷ 因此，文革课本也极易形成一个有所选择、有所突出的"语录体"，作为统帅体，统帅课本的内容及其论述。随着林彪宣扬的"立竿见影""急用先学"的毛主席著作学习方式的机械化、简单化，"语录体"式毛泽东思想在复课闹革命的课本中被片面化、教条化、形式化，甚至庸俗化了。1972 年整顿后的课本，过度形式化有所弱化，但并没有完全消失。

二、学用体

由教育基本话语衍生的"为三大革命实践服务"，最后引致教育中的致用主义，即不仅致用于生产斗争实践，也致用于阶级斗争。致用主义不同于实用主义，1974 年发表在《教育革命通讯》上的隽之的文章《谁说开门办学是"实用主义"》对此作了区分，提出我们是"深入三大革命实践，遵循'实践、认识、再实践、再认识'的辩证唯物主义的认识路线，逐步掌握为三大革命实践服务的知识与本领。而实用主义教育提出的所谓'从做中学'则是一种主观唯心主义的教育思想"❸。它们的区别是：实用主义是为"我"所用，而致用主义是为"三大革命实践"所用。因此，教育基本话语的致用特性，一方面要求尽量删去那些旧课本中不能从三大革命实践出发，或不能联系实践的繁而杂的知

---

❶ 遇到问题和学习十六条要从《毛主席语录》中找答案 [M]. 解放军某部印，1966.

❷ 谭献民，王军. 科学地认识《毛主席语录》 [J]. 中共郑州市委党校学报，2008 (6)：224 – 226.

❸ 隽之. 谁说"开门办学"是实用主义？[J]. 教育革命通讯，1974 (11)：41 – 42.

识，做到"少而精"，另一方面又要求"学以致用"，学用结合，即与生产劳动相结合，与三大革命实践相结合，因而在课本上形成编排上的学用体：少而精、学和用。

1. 少而精

少而精，是为学以致用而"删繁就简"，突出"精"和学生特点。

（1）教育的"删繁就简"

毛泽东对中国传统教育的烦琐深有体会，特别是，对 20 世纪 50 年代苏化教育过于重视智育、忽视学生，且学习年限长、课堂学习过多，以书本为中心、以教师为中心等引起的学生负担过重问题，毛泽东洞若观火，在 50 年代末至 60 年代中多次提出"学制要缩短""课程要减少"，因而造成 50 ~ 60 年代教育改革频繁"删繁就简"。有学者总结了毛泽东提出解决学生负担过重的三方面的思考："第一方面是，革命的教育方针、中国共产党人的教育方针，在于培养青年们在德、智、体诸方面生动活泼地主动地得到发展，课程太多，对学生压力太大，不利于全面贯彻科学的教育方针。第二方面是，课程设置与学制问题应相适应。缩短学制，但增加课程，达不到应该达到的目的，要达到真正全面贯彻科学的教育方针的目的，则必须使课程设置与学制问题相一致，即减少课程与缩短学制相统一，要防止在缩短学制后而从另外一个方面增加学生的学习时间。第三方面是，对于学生来讲，德、智、体三育应并重，但学校学习期间，正是学生长身体的时间，学习负担过重则会影响身体健康，从而也会影响打下今后工作的基础和继续学习理论的基础。"❶

以上三个方面思考的最终落脚点是学生身体健康的问题。毛泽东早就认识到健康的身体是从事革命和建设的"本钱"，对于学生来说，健康的身体，是他们从事学习和其他活动的物质基础。要求学生在德育、智育、体育几方面都得到发展，首先要有健康的身体，才能更好地提高思想政治觉悟，学习文化科学知识，准备将来为社会主义革命和社会主义建设服务。因此，毛泽东从新中国成立初就开始以"身体"名义反

---

❶ 张国新. 对毛泽东教与学少而精原则的理论思考 [J]. 毛泽东思想研究, 1997 (4)：43 - 46.

对旧教育，批驳旧教育烦琐，学制过长，课程过多，占用学生活动时间，影响学生的健康。

因学制过长、课程过多过繁导致的健康问题，最终影响到教育方针的实现。那么，缩学制、减课程就是一条重要的解决途径。文革开始后，毛泽东在"五·七"指示及"十六条"中还着重提到"学制要缩短。课程设置要精简。教材要彻底改革，有的首先删繁就简"。❶ 一方面是批评课本忽视了思想政治教育，另一方面又批评课本搞烦琐哲学，多而杂，学生读了许多无用的东西，无法与生产劳动相联系。因此，课本革命的重要步骤是"删繁就简"，最终达到"少而精"。

在毛泽东的早期著作和讲话中都可以明显地看到"精兵简政"（出自《党委会的工作方法》）、"应该研究一下文章怎样写得短些，写得精粹些"（出自《反对党八股》）等类似少而精的思想，特别是 1964 年的春节讲话后，人民日报社论《培养生动活泼的主动的学习空气》（1964年 4 月 11 日）和人民日报来信综述《改进教学方法提高教学质量把学生培养成革命的接班人》（1964 年 7 月 1 日）等，明确把少而精的教学原则作为毛泽东教育思想的重要组成部分。根据毛泽东的"少而精"的思想，人民日报 1965 年 9 月 6 日发表迎接 1965 年新学年的社论《教学工作要贯彻少而精的原则》：

> 要培养这样的新人❷，就教学工作而言，就要贯彻"少而精"的原则，减轻学生负担。所谓少而精，就是说，课业活动、课外活动和社会活动都要安排得少些、好些、精些，保证学生有充分的休息时间和自由支配时间。这样，就有利于增进学生身体健康，使学生的学习更加生动活泼，更加积极主动。❸

当时开展的学习毛泽东教育思想活动中，对少而精有较多的讨论和

---

❶ 《中国共产党中央委员会关于无产阶级文化大革命的决定》（1966 年 8 月 8 日）。

❷ 新人是指"我们的教育方针，应该使受教育者在德育、智育、体育几方面都得到发展，成为有社会主义觉悟的有文化的劳动者"。也就是要把学生培养成为身体健康、政治坚定、思想进步、业务较好、富有创造精神、能文能武的无产阶级革命战士，成为全面发展的新人。

❸ 《人民日报》编辑部. 教学工作要贯彻少而精的原则——迎接一九六五年新学年[N]. 人民日报，1965 – 09 – 06（1）.

体会，认为贯彻这个原则是当前进一步减轻学生学习负担、提高教学质量、调动学生学习的主动性和积极性、促进学生在德、智、体多方面得到全面发展的中心环节。因此，能否在课本中、在教学中做到少而精，是关系到党的教育方针是否能得到全面贯彻和能不能培养又红又专的革命接班人的大问题。❶

（2）课本的"少而精"

虽然在文革前就提出"删繁就简"，但教育教学中依然没有解决课程与课本繁而杂的问题，原因就是文革时期批判的"走修正主义教育路线，与三大革命实践联系不紧密，搞烦琐哲学"。所以，文革课本在"闹革命"后，提出将"少而精"作为课本编写的重要原则。《人民日报》1969 年 8 月 19 日曾介绍江苏省泰州中学革命委员会的经验"新编教材如何做到少而精"，他们对少而精有较详细的解释：

根据毛主席关于"学制要缩短。课程设置要精简。教材要彻底改革，有的首先删繁就简"的教导，编写新教材必须贯彻少而精的原则。所谓少而精，就是说教材内容要精简，要压缩，抓住中心，抓住重点，抓住精华，把主要问题突出出来。❷

少而精，是针对多而杂❸，其实质是要正确处理数量和质量的关系。也就是说，编写课本时，要控制数量，提高质量。质量的核心如上所述就是抓中心、重点。对于文革课本来说"政治第一"就是中心，"与生产劳动相结合"就是重点。换言之，提高质量、避免"多而杂"就是要服务于或称能学以致用于三大革命实践，只有这样才能做到"少而精"，因此，为"致用"而"删繁就简"的"少而精"，就形成了一种"学用体"，一切为"用"编排课本。在课本中有三种表现形式：一是"政治第一"式的"少而精"，二是"与生产劳动相结合"式的

---

❶ 郑芸珍，施荫民. 贯彻少而精反对多而杂——学习毛主席教育思想的一点体会［J］. 中山大学学报，1965（4）：15 – 21.

❷ 驻江苏省泰州中学工宣队，江苏省泰州中学革命委员会. 新编教材如何做到少而精［N］. 人民日报，1969 – 08 – 19（4）.

❸ 多而杂是指，既脱离了三大革命实践需要，又不从学生实际出发，教学上不分主次，贪多求全、烦琐庞杂。它的后果必然是妨碍学生在德、智、体等方面的全面发展。它是一种唯心主义、形而上学的教学思想。

"少而精",三是"考虑学生的特点"的"少而精"。

"政治第一"式的"少而精",用江苏泰州中学革命委员会的编写体会来说就是"用毛泽东思想统帅各科教材,是贯彻少而精原则的灵魂",因为"毛泽东思想是放之四海而皆准的真理,是一切工作的指导方针,是各科教材的灵魂。各科教材只有用毛泽东思想来统帅,才能使学生学习到无产阶级观察问题和分析研究问题的立场、观点和方法,用毛泽东思想改造主观世界和改造客观世界"❶。泰州中学革命委员会所编的《物理》的政治第一的中心是"毛主席的辩证唯物主义":

> 在旧物理教材中,关于原子结构和电离学说部分,大谈古人、洋人的个人作用和这门学科的发展过程,内容陈旧、烦琐、抽象,学生学了无用。我们在新编物理教材中,编入"物质的对立统一性"一章,用毛主席的辩证唯物主义观点研究了物质的结构,分析了"物质的无限可分性"。这样,不仅使学生了解了物质结构的一般知识,更重要的是掌握了物质的对立统一规律,提高了学生认识世界和改造世界的能力。❷

全国各地所编的文革课本都无法摆脱这个政治中心,特别是《语文》《政治》《毛泽东思想教育课》等课本都以"毛泽东思想"为中心,形成围绕毛主席著作编写的课文体系,从而删去了其他与之相悖的知识体系。如山东小学《语文》教学大纲中提出:贯彻"少而精"的编选原则,反对烦琐哲学,"教材以毛主席著作为重点,围绕着毛泽东思想的几个基本观点反复学习,反复运用"❸。少而精的编写原则,也形成了特色课文结构——统帅文—辅助文或主题文—辅助文,因此这种"少而精"又可称为"毛泽东思想统帅"的"少而精"。

"少而精"的另一种重点表现形式是"与生产劳动相结合",在能"用"的基础上,举一反三,触类旁通,从而形成了用典型产品、典型设备、典型生产引路的课本知识编排体系,可称之为典型产品引导的少

❶ 驻江苏省泰州中学工宣队,江苏省泰州中学革命委员会. 新编教材如何做到少而精[N]. 人民日报,1969 – 08 – 19(4).

❷ 驻江苏省泰州中学工宣队,江苏省泰州中学革命委员会. 新编教材如何做到少而精[N]. 人民日报,1969 – 08 – 19(4).

❸ 山东省中小学教材编选组. 山东小学试用课本·语文教学纲要[M]. 济南:山东省中小学教材编选组,1970:3.

而精。例如，上海的《工农业基础知识》工业部分中"机械"是以讲最具代表性的工作母机为主：

> 毛主席教导我们："书并不一定读得很多。马克思主义的书要读，读了要消化。读多了，又不能消化，也可能走向反面，成为书呆子，成为教条主义者、修正主义者。"新教材在突出无产阶级政治，理论联系实际的基础上，必须做到少而精，突出重点。少而精不是少而空，既要少又要解决实际问题，要有针对性，有代表性。如工业部分中的机械，我们在理论联系实际的原则指导下，把工业生产中的工作母机选进了教材。工业生产中的工业母机种类很多，有车床、刨床、钻床、磨床等等。我们总结了上一次教材编写工作中的经验教训，选择车床为重点代表，集中讲解机械原理。找出工作母机共性的东西，如传动箱、变速箱、车头箱、进刀箱等几个主要部件，突出重点，由浅入深集中讲解，讲深讲透。这样使学生能真正学到一点东西，并能举一反三，触类旁通。❶

农业部分中的水稻栽培则通过讲早稻从种到收的生长发育过程及生产环节，进行举一反三：

> 农业部分中的水稻栽培，过去是讲早稻、单季晚稻、双季晚稻等从种到收的过程，这样一本书中水稻就要重复讲几次。现在本着少而精的原则，选择早稻为代表，讲解水稻从种到收的生长发育过程及生产环节，而单季稻及双季稻只要把它们不同的地方点出来就可以了，这样处理我们认为不仅贯彻了少而精的原则，又能使教学内容重点突出，使学生学了能举一反三，触类旁通。❷

天津延安中学的《四年制普通中学化学教学大纲》（1968）把"少而精"作为确定化学教学内容的一项重要原则，砍掉庞杂、烦琐、重复、脱离实际的内容，密切联系生产实际：

---

❶ 上海市中小学教材编写组. 上海市中小学《科学常识》《工农业基础知识》教学大纲[M]. 上海：上海市中小学教材编写组，1969：4-5.
❷ 上海市中小学教材编写组. 上海市中小学《科学常识》《工农业基础知识》教学大纲[M]. 上海：上海市中小学教材编写组，1969：4-5.

"教学内容要精简，要压缩。应该把那些次要的东西坚决砍掉，一定要舍得砍去那些次要的问题。"而旧教材庞杂、烦琐、重复、脱离实际。现在砍掉硒、硅、溴、碘等元素及其化合物，对一些内容较深不易被学生掌握的理论如氧单位、化学键、元素周期律、有机结构理论等也作了适当删减。而集中精力学习重要的酸、碱、盐、化肥、铁、铝等重要内容，以及化工生产中经常遇到的有关化学计算内容。有机化学打破了过去以"官能团"为中心的旧框框，内容安排密切结合生产实际。

在介绍工农业生产实践知识方面，应争取安排现场教学，内容力求少而精，做到举一反三，如化工生产方面仅对硫酸、合成氨、炼铁的生产工艺做重点介绍，删去了盐酸、硝酸的工业生产等项内容。使学生既掌握无机合成及金属冶炼的典型方法，又不致过分重复，加重负担。❶

为了服务于三大革命实践而提出课本编写的少而精原则，其出发点是为了减轻学生的学习负担，方便学生学用结合于生产实践，因此，删繁就简后，除了抓重点、抓主要矛盾之外，也要相对考虑学生的特点。所以，少而精的第三种表现形式是"考虑学生特点"的"少而精"。文革时期青岛市教材编写组较早提出编写课本要考虑学生特点，并在《人民日报》上撰文提出"'由近及远''由浅入深'——编写无产阶级教材中的一个重要问题"。文中介绍青岛市教材编写组为了贯彻执行毛主席提出的少而精的原则，从旧教材中砍去了许多烦琐无用的东西，保留和增添了最基本的理论知识和技能，重新进行编排的经验。最初，他们对一些基本概念和过渡性知识也认为是烦琐哲学而砍掉了，因此在各部分知识之间出现了很多"真空地带"，使教材前后脱节，不利于学生的学习。这种情况特别是在编写中学阶段的数学教材时碰到的比较多。他们提出了两种解决办法：

首先是打破了那种代数、几何、三角分门独进，形数分家的旧教材体系，把必学的代数、几何、三角知识结合在一起，重新建立了从形到数、形数统一的新教材体系。一方面做到在有关章节中适当安排一些过渡性知识。例如根式这一章，虽然在生产实践中直接用不上，但它是学

---

❶ 天津延安中学革命委员会，天津东风大学教育革命办公室. 四年制普通中学化学教学大纲（试用稿）[M]. 天津：天津人民出版社，1968：5.

习一元二次方程、三角函数、体积公式等章节所不可缺少的，如果砍掉，就会造成教材很大的跳跃性，因此，我们就在一次方程和锐角三角函数之间安排了这一内容，进一步加强了教材的连贯性。另一方面又做到低年级侧重于基本运算能力的培养，高年级侧重于理论和解决实际问题能力的提高，使教材前后呼应，逐步加深。这样就使学生能够顺利地、循序渐进地掌握所学的知识技能。❶

《人民日报》同日同版上发表的由上海控江中学工宣队的蔡汝馨撰写的《选编语文教材的一些体会》，提出毛主席关于少而精的教导，是编写新教材应该坚持的方向。"我们在编写教材时，认识到既要注意结合学生的思想实际，加强政治思想教育；也注意从学生的实际水平出发，'由近及远'，'由浅入深'，多读多写，读写结合。"❷ 在编者看来，根据学生的特点，由近及远、由浅入深，也是对课本编写贯彻"少而精"原则的一个重要认识。

黑龙江省中小学教材编写组对小学《算术》（1972）"少而精"的处理，注意抓"主要矛盾"，分主次，突出重点，但同时也考虑了根据学生特点由具体到抽象、由近及远、由浅入深：

本册教材注意抓"主要矛盾"，对选入的内容，也注意分清主次，突出重点。对重点内容，注意安排好"预备性"教材和较多的练习或其他实践活动。问题的提出、概念的建立，注意充分利用学生已有的实践经验，由具体到抽象、由近及远、由浅入深，通俗明白、便于复习，使教材比较精练。例如，儿童入学后，一开始学习数学就是口算和珠算结合学习。算盘既是计数的直观教具，又是计算的工具，它给教学创造了许多方便的条件；但是由于珠算的某些特点又给教学带来了一些"难点"。教材要少而精，就必须有效地排除那些"难点"。只要进入 5 的认识和加减法，就要遇到珠算"以 1 代 5"和"欲加必减、欲减必加"的问题。这样的问题，对于刚入学的儿童来说，是比较困难的，对这类问题，教材作为"主要矛盾"加以解决。在它的前边编入了"预备性"

❶ 青岛市教材编写组. "由近及远""由浅入深"——编写无产阶级教材中的一个重要问题 [N]. 人民日报，1969 – 07 – 21 (4).

❷ 蔡汝馨. 选编语文教材的一些体会 [N]. 人民日报，1969 – 07 – 21 (4).

教材（比较两数相差多少），问题提出之后先用容易理解的算法作为过渡办法（4 加 1，用 5 个下珠表示），而后再指出动用上珠的一般拨珠方法。并用口算 5 以内的加减进行辅助，经过充分的珠算计算实践，达到迅速进行珠算加减计算（动用上珠）的目的。❶

再如山东省小学《科学常识教学大纲》指出，贯彻"少而精"的原则，需从三大革命运动的需要和学生的实际水平出发，突出重点，解决主要问题。要努力使学生学的知识，能用得上，用得活。❷ 山东中学《农业基础知识教学大纲》中提出抓主要矛盾时，还要考虑学生的特点，只有这样才能使学生举一反三、触类旁通：

> 林副主席指示我们："教学内容要精简，要压缩。应该把那些次要的东西坚决砍掉……"。农业教材的编写必须抓住主要矛盾，由近及远，由浅入深，符合认识规律，适合学生程度，内容少而精，文字简明扼要，通俗易懂。使学生学了能够举一反三，触类旁通。❸

贯彻少而精的原则，在实践中，无论是抓"政治第一"的中心，还是抓"与生产劳动相结合"的重点，容易出现几种片面性。一种是认为越少越好，什么定理、公式、概念，统统都不要，主张数、理、化打通，政治课、语文课合一，外语课砍掉，陷入致用主义的泥坑；一种是过分强调"专业化"，例如在编写氯碱工业这一章时，开始有人主张把氯碱工业各部门的生产过程、操作方法以及安全措施全部编进教材。❹

如何避免片面性，最终落实到"精"呢？江苏省泰州中学革命委员会提出要有针对性才能"精"："编写新教材要针对当前形势，针对学生将来毕业后参加工农业生产的需要，针对学生的实际情况，针对当地

---

❶ 黑龙江省中小学教材编写组. 新编小学数学、语文课本（第一册）使用说明 [J]. 黑龙江教育，1975（6）：29 – 33.

❷ 山东省中小学教材编选组. 山东小学试用课本《科学常识》教学大纲 [M] 济南：山东省中小学教材编选组，1970：3.

❸ 山东省中小学教材编选组. 山东中学试用课本《农业基础知识》教学大纲 [M]. 济南：山东省中小学教材编选组，1970：2.

❹ 驻江苏省泰州中学工宣队，江苏省泰州中学革命委员会. 新编教材如何做到少而精 [N]. 人民日报，1969 – 08 – 19（4）.

的特点，才能正确贯彻少而精的原则。"❶ 根据这"四个针对"性，泰州中学在语文课本中贯彻"少而精"：

我们新编的语文教材，针对当前形势，选编了毛主席关于无产阶级专政下继续革命的学说和加强团结、落实政策的文章；针对学生将来参加工农业生产劳动的需要，选编了革命大批判文章、通讯报道稿、应用文和革命文娱宣传材料等思想性强、体裁不同的文章；针对学生的实际情况，一、二年级选编的文章篇幅短小，内容通俗易懂，三、四年级选编的文章篇幅较长，内容较深；针对地方特点，还选编了反映本地区社会主义革命和社会主义建设的文章，作为乡土教材。由于新编语文教材针对性强，达到了学用结合，立竿见影的效果，学生容易学得精通，用得灵活。❷

以上所述的"少而精"，无论是针对"政治第一"，还是针对"与生产劳动相结合"，抑或是针对"考虑学生特点"，实际上都是为了学用结合，试图帮助学生取得立竿见影的学习效果。

2. 学和用

教育基本话语"为无产阶级政治服务，与生产劳动相结合"，以及"为三大革命运动服务"等话语，在逻辑上都是致用性的，所以强调"用"的编排体例在文革课本中司空见惯。此外，文革后全国再次掀起的"活学活用，学用结合"的毛主席著作学习浪潮，推动了"用"的体例——"学与用"在课本中全面形成。课本中的"学与用"主要表现为两个方面："学用结合，立竿见影"和"洋为中用，古为今用"。

（1）学用结合，立竿见影

"学用结合"源于学"毛著"的运动，它的盛行与毛泽东强调理论联系实际的思想有一定的切合性。"学用结合"的目的是解决旧课本中理论脱离实际的问题，通过与三大革命实践相结合，与生产劳动相结合，使学生学了就能用，以达到立竿见影的效果。这种学用结合在课本

---

❶　驻江苏省泰州中学工宣队，江苏省泰州中学革命委员会. 新编教材如何做到少而精[N]. 人民日报，1969－08－19（4）.

❷　驻江苏省泰州中学工宣队，江苏省泰州中学革命委员会. 新编教材如何做到少而精[N]. 人民日报，1969－08－19（4）.

中一般表现为两种情况：

第一种学用结合是内容上突出三大革命斗争实际的编排。教育为三大革命实践服务的特点就是取材于三大革命斗争实践，因而在编排上文科类课本突出阶级斗争的现实；理科类课本突出生产斗争实践。文科类课本取材革命斗争中的历史和现实，如广东中学英语课本的编写者"在编写中，坚持依靠工农兵和革命师生，总结工农兵在三大革命斗争中的创造发明和先进经验，使教材紧密结合三大革命斗争实际。例如，试用课本中的《农讲所放红光》《中国出口商品交易会》《党的需要就是我的志愿》等课文，就是取材于三大革命斗争。这些课文，既能反映出时代的精神面貌，有实践性，又能反映出我省的地方色彩，有地方性"。❶突出编排既有实践性又有地方性的课文，就是为了让课本的学习者从现实中找到斗争的原型，实现学用结合，达到立竿见影的目的。文科类课本"学用结合"的课文，通常是一些有现实针对性且得到宣传颂扬的题材，所以，选文多采自党的重要报刊的时事评论等，如《人民日报》《红旗》《解放军报》《文汇报》等的社论和报道等。其中以学英雄、颂英雄的题材最多，如课文《"拉革命车不松套，一直拉到共产主义"——记无产阶级优秀战士王国福》（选自《人民日报》1970 - 1 - 20）、《做自觉遵守纪律的革命战士》（选自《解放军报》1969 - 7 - 20）、《心中只有毛主席——记毛主席的好战士年四旺》（选自《人民日报》1967 - 10 - 12）、《彻底地亮 狠狠地斗 坚决地改——李文忠同志生前思想汇报提纲》（选自《人民日报》1967 - 12 - 25）等都是取材于报刊，通过讲述工农兵英雄的故事激励学生学英雄、走英雄路。内容编选自报刊主要是为了适应革命发展的需要，通过学习革命形势帮助学生即时用于革命实践，《山东省中学语文教学意见》所附的《中学语文教材简介》中就谈到这一点：

山东中学语文课本从最近报刊杂志选入部分课文，以适应革命发展的需要，例如，一年级上册第三单元，选入《海关钟声》《家乡图》两篇文章，主要是歌颂大好形势，批判刘少奇一类骗子所谓"民富国强"

❶ 广东省中小学教材编写组英语组. 中学英语试用课本简介 [J]. 教育革命参考资料，1972（7）：9 - 10.

的反动谬论；二年级下册第二、三单元，选入《实践出真知识》《群众是真正的英雄》，教育学生树立唯物论的反映论，批判唯心论的先验论；四年级上册第三单元，选入《总结加强党的领导的经验》《要做光明正大的老实人》等三篇文章，教育学生认真学习和贯彻毛主席关于"要搞马克思主义，不要搞修正主义；要团结，不要分裂；要光明正大，不要搞阴谋诡计"的伟大指示，进一步提高学生识别真假马克思主义的能力。❶

这种选自报刊反映三大革命运动实际的"学用结合"式内容编排，一方面促使学生认清革命形势，另一方面是为了让学生能贯彻毛主席的指示，在实践中大有作为。

理科类课本"学用结合"编排，突出三大革命实践更是屡见不鲜。从典型产品引路，到讲基础知识时联系实践，再到编专门课本，其知识体系都是选自生产实践中常遇到的产品、设备等。以上海中学的《工农业基础知识》为例，复课闹革命时期（1969年），由上海市中小学教材编写组编写的上海中学《工农业基础知识》的教学大纲提出"理论联系实际"的编写原则，指出编排是从生产实际开始，上升到理论，引出概念，最后再回到实践中去，如化工部分，"过去是以门捷列夫周期表为体系，讲了一大堆洋人、死人，原子、分子、元素、卤族元素、碳族元素、氮族元素、氧族元素，等等。完全是脱离生产实际的抽象的理论，使学生学了无用。现在完全打破了过去的体系，以化肥、农药、钢铁、石油等为出发点，结合生产实际讲述化学的基本理论，引出概念"❷。依据大纲编定的《工农业基础知识》化工部分，不仅简化了化学基础知识，而且在讲这些基础知识时都是从生产实践开始。第二章"物质的变化"是从讲化学工业的特点与大搞综合利用，变"三废"为三宝开始的，第三章"空气的利用"，从惰性气体的用途、氧气的广泛用途开始。所有的化学基本理论又是为进一步理解化肥、钢铁、农药、石油的生产实践作准备的。

---

❶ 山东省中小学教材编辑组. 山东省中学语文教学意见［M］. 济南：山东人民出版社，1973：28.

❷ 上海市中小学教材编写组. 上海市中小学《科学常识》《工农业基础知识》教学大纲［M］. 上海：上海市中小学教材编写组，1969：4.

再如山东省《工业基础知识》(1970) 中电工基础部分,"从学生日常接触的照明电路讲起,结合实际讲电流、电压、电阻等概念以及它们之间的内在联系,然后再讲发电原理及输电概况,并强调将所学知识用于照明电路的安装及电机的使用和维护。化工部分打破过去以门捷列夫周期率为一条线的体系,从三大革命运动的实际需要出发,结合化肥、农药、氯碱、钢铁、煤和石油等生产实际讲述化学的基本概念和基本理论。机械部分增加的力学知识主要是为学习生产实践中的机械工具"❶。

天津延安中学《化学》课本的编者依照"毛主席一再教导我们:'对于马克思主义的理论,要能够精通它、应用它,精通的目的全在于应用。'我们学习化学的目的也必须如此。理论联系实际,使化学知识为工农业生产建设服务。所以我们突出介绍三酸二碱以及化肥、农药、石油、塑料等在工农业生产中最基本的内容,和解放以来高举毛泽东思想伟大红旗所获得的巨大的化学科学成就"❷。

在教育整顿时期对《工业基础知识》进行改编,虽然强调要加强基础知识的学习,但上海市中小学教材编写组在 1974 年初总结编写新课本的经验时,仍突出强调重视联系社会主义革命和建设实践的编排,重视知识能用于解决实际问题:

> 经过修订的中学理科教材《工业基础知识》的电工部分,通过引导学生安装一盏电灯的实践,使学生对电路的一般结构有一定的感性认识,并着重学习电流、电压、电阻、部分电路的欧姆定律等基础知识;接着,通过两盏电灯的安装,了解串联、并联电路的结构、特点,着重学习电功、电功率、电流热效应等基础知识;以后又应用这些基础知识去分析和解决在照明电路的安装和检修中遇到的一些实际问题。这样,使学生既会动手,知其然,又懂得基本道理,知其所以然。在学农时,有的学生能够为贫下中农安装和修理照明设备和电动机,受到贫下中农

---

❶ 山东省中小学教材编选组. 山东省中学试用课本《工业基础知识》教学大纲 [M]. 济南:山东省中小学教材编选组,1970:3.

❷ 天津延安中学革命委员会,天津东风大学教育革命办公室. 四年制普通中学化学教学大纲 [M]. 天津:天津人民出版社,1968:4.

的赞扬和欢迎。❶

课本内容上突出学用结合，联系生产实践的同时，编排上也突出"学与用"模式，如北京市中学《物理》第二册（1972），它的内容编排就是按照"基础知识—实际应用"的模式设计的：电流的基本规律和照明电路；电磁运动的基本规律和电机；扩音机的原理和有线广播。课本是先讲清基础知识，再讲知识在生产中的应用。

此外，学用结合、"用"是目的的编排方式在设计例题时更是比比皆是，如云南小学《算术》第十册（1973）中"正比例和反比例的应用题"：

"抓着了世界的规律性的认识，必须把它再回到改造世界的实践中去"。应用正、反比例的意义和性质，可以解决三大革命实践中的一些计算问题：

例1　北京铁路局"毛泽东号"机车组，在超额完成运输任务的同时，大搞节约运动，仅机车用煤5年就节约1520吨，照这样计算，25年（1946年到1971年）共节约煤多少吨？❷

开门办学后，中小学课本的编写权力进一步下放，各地教育部门及中学结合三大革命斗争的实际需要自编的一部分专业课课本，也都以突出"用"的实践内容为重点，组织课本内容。

第二种学用结合是"学习评价"上突出到三大革命运动去应用。这种应用通常表现在旧课本所说的"作业题""思考题"中，受"学用结合，活学活用"方法论的影响，在以学毛泽东著作为主要内容的《语文》《毛泽东思想》等课本中，"学和用"取代原"思考题""练习题"等，成为课本编排的必要环节，受此影响，《工业基础知识》《农业基础知识》等理科类课本中也是弃"练习"树"学用"。教育整顿后，虽然不再提林彪的"学用"字眼，课本中也复名"思考题""练习"等，但教育基本话语的致用性逻辑，使得"思考题""练习"与

---

❶　教育革命通讯编辑部. 上海市中小学教材改革取得新成果［J］. 教育革命通讯，1974（1）：18－19.
❷　北京市教育局教材编写组. 云南小学课本·算术·第十册［M］. 北京：北京人民出版社，云南人民出版社重印，1973：65.

"学和用"的结构和思路一脉相承。

到三大革命运动中去应用，文、理科课本并不完全相同，文科类课本的学用结合主要是活学活用毛泽东思想，指导阶级斗争实践；理科类课本的学用结合主要是应用于生产斗争实践。

前面已经论及《语文》《政治》《毛泽东思想》《历史》《革命文艺》等文科课本，都是为了宣传和学习毛泽东思想的课本，学是为了用，活学即活用，学毛泽东思想就是用毛泽东思想来指导一切工作，因此选编的课本内容，一方面要为学习毛泽东思想服务，以毛主席著作为统帅、主体内容，删除了那些"烦琐哲学和无用的知识"，从而实现以上所述的"少而精"，方便学生在实践中运用。另一方面就是通过"学和用"的设置来活用毛泽东思想。"学和用"与旧课本的练习或思考题以巩固知识、熟练知识的目的不同，"学"和"用"是一体的，学毛泽东思想的目的是用毛泽东思想指导实践。在编排上，"学和用"基本上分成"学"和"用"两部分，例如：上海中学《语文》二年级第一学期用（1969）中的第一题是学毛主席诗词；第二题是学毛主席著作后，联系国内外形势进行分析，即"用"；第三题还是学毛主席提出的"一不怕苦，二不怕死"的彻底革命精神，用故事说出来；第四题学"夹叙夹议的写作方法"，用记叙文歌颂工农兵。很明显第一题是"学"，第二、三、四题是"用"。

各地课本的"学和用"形式多样，名称也各不相同，有"学用建议"，如贵州中学《毛泽东思想教育》（1970）初中第二册第三讲"走与工农兵相结合的道路"的学用建议，类似于教学建议：

一、通过这一讲的学习，要明确知识分子必须与工农兵相结合，为工农兵服务，这是辨别青年是否革命的唯一标准。从而坚定我们在毛主席无产阶级革命路线指引下，到工农兵中去，去三大革命运动中接受工农兵的再教育的决心。特别是要树立到农村去，扎根于农村，在农村干一辈子革命的思想。

二、组织报告会。请到农村插队落户，接受贫下中农再教育，有一定收获、取得一定成绩的上山下乡知识青年报告他们的收获体会。

三、组织批判会。彻底批判叛徒、内奸、工贼刘少奇散布的"读书做官""读书无用""下乡镀金"等修正谬论。

四、召开讲用会。讲一讲学习这一讲前后自己对上山下乡接受贫下中农再教育的认识有些什么变化，对伟大领袖毛主席"农村是一个广阔的天地，在那里是可以大有作为的"这一教导认识有些什么提高。❶

组织报告会、批判会、讲用会、座谈会等，或写批判文章、写歌颂工农兵的故事等，通常是活学活用毛主席著作的常规方式，通过宣传、宣讲和活用毛泽东思想，达到斗私批修的目的。

内蒙古中学课本《语文》七年级第一学期用（1969），提出的"革命实践活动建议"也是"学和用"的一种方式：

一、同下乡知识青年开座谈会，谈谈对上山下乡的重大意义的认识。

二、写一篇批判"读书做官论""下乡镀金论"方面的批判文章。❷

少数没有在单元后附"学与用"的课本，一般都会在"说明"中提出教学建议，要求"活学活用"。

不用"学与用"，改用"思考题"或"练习"后，仍是为了用。如山西省中小学教材编审组语文组在《新编小学语文课本介绍》（1976）中谈到"新编课本的指导思想和编写意图"中提到"让儿童把学用结合起来"：新编课本每篇课文后有作业题，每单元之后有"实践和练习"。目的是不仅使学生粗知马列主义的基本观点，而且能够逐步学会运用马列主义的立场、观点、方法去分析和解决问题。❸

理科类课本的学用结合在"学与用"中表现得更突出和明显，先看河南初中《工业基础知识》第一册中的"第五章 钢铁"的"学与用"：第一、二题是建议组织学生到生产工厂去实地参观钢铁冶炼、锻打小件农具的知识。第三、四、五题是关于炼钢过程中的生产计算的问题。五个习题非常明确要促使学生将所学知识"用"于生产实践，与

---

❶ 贵州省中小学教材编写组. 贵州省中学试用课本·毛泽东思想教育·初中第二册[M]. 贵阳：贵州人民出版社，1970：324–325.

❷ 内蒙古自治区革命委员会政治部学校组编. 内蒙古自治区九年一贯制学校试用课本·语文·第十三册（七年级第一学期用）[M]. 呼和浩特：内蒙古自治区革命委员会政治部学校组，1969：98.

❸ 山西省中小学教材编审组语文组. 新编小学语文课本介绍[J]. 山西教育，1976（2–3）：60–64.

"说明"中的教学建议相辅相成——"建议革命师生走出课堂，进行现场教学。拜工人、贫下中农为师，虚心学习工农兵丰富的实践经验，以更好地为三大革命运动服务"。❶

再以广西中学《卫生知识》（1971）为例，它的"第二章 人体的基本结构与功能"的"学与用"包括：

1. 人体由哪几个系统组成？应用毛主席关于对立统一的观点，举例说明人体是一个对立统一整体。

2. 互相练习俯卧压背人工呼吸法，掌握这种方法的要领。

3. 怎样预防消化、呼吸系统常见病？为什么？

4. 怎样理解劳动、军体训练跟增强体质和预防疾病的关系？❷

这一章虽然主要讲基础知识，但其后所附的"学和用"服务于三大革命运动的目的非常明显，其中第一题较有代表性，"人体由哪几个系统组成"是陈述性知识，它的"用"是用毛泽东的哲学思想来分析人体。《卫生知识》课本以为三大革命运动实践服务的预防、治病知识为主要内容，因此"学与用"也是以促进学生掌握预防、治病的技能或实践性知识为目的。同样性质的"学与用"也见于"第六章 常见病的防治"的"学和用"：

1. 喷洒农药时应注意哪些事项？

2. 预防沙眼和近视眼应注意哪些问题？

3. 怎样预防蛔虫病和钩虫病？❸

"学与用"改为"练习"后，学用结合仍然在练习中继续，如江西省小学《算术》第七册的"练习十二"是有代表性的"学""用"结合：

1. 把表中的数，按要求四舍五入：

---

❶　河南省革命委员会文教卫生局中小学教材编辑室. 河南初中试用课本《工业基础知识》第一册 [M]. 郑州：河南人民出版社，1971：封三.

❷　广西壮族自治区革命委员会中、小学教材编写组. 广西壮族自治区中学试用课本·卫生知识 [M]. 南宁：广西人民出版社，1971：33.

❸　广西壮族自治区革命委员会中、小学教材编写组. 广西壮族自治区中学试用课本 卫生知识 [M]. 南宁：广西人民出版社，1971：33，125.

2. 计算下面各题（得数保留两位小数）：

3. 计算下面各题（得数保留一位小数）：

4. 育新中学积极开展节约运动，三月份节约用电 58 度，四月份节约用电 68 度，如果每度电 0.161 元，这两个月各节约多少元？

5. 井冈山小学去年收蓖麻籽 86.7 斤，如果每斤蓖麻籽可榨油 0.46 斤，共可榨油多少斤？

6. 松柏峪大队解放前粮食最高亩产量是 125 斤，解放后产量连年上升，一九七一年平均亩产量是解放前的 7.65 倍，一九七一年平均亩产量是多少斤？

7. 南村大队原有沟地 39.53 亩，由于战山治水修梯田，沟地面积已扩大至原来的 7.48 倍，现在沟地多少亩？（得数保留一位小数）

1，2，3 题是侧重学，与知识巩固性质相同，而 4，5，6，7 题侧重于用，是结合生产实践活动的知识应用题。

再看云南省二年制初中试用课本《物理》第二册（1974）"习题"：

1. 电灯泡上注有"220V40W"是什么意思？

2. 根据 $N = IV$，利用欧姆定律公式 $I = V/R$，推导出计算电功率的另外两个公式：$N = I^2 R$ 和 $N = V^2/R$。

3. 红旗大队有一台电动机，它的功率是 3 千瓦，若用这台电动机带动水泵抽水 4 小时，消耗多少电能？

4. 胜利大队在大办小水电中，安上了电灯，全大队共有"220V40W"的电灯 30 盏，"220V25W"的电灯 60 盏，"220V60W"的电灯 10 盏，这些电灯泡都从同一总电路并联接出，为了计算全队照明耗电量，需要买一只电度表装在总电路中，试问买多大安培的？

5. "五·七"学校的一个教室里有 4 盏 40 瓦的日光灯，为了节约用电，他们做到人少少开灯，人走熄灯，这样平均每天每盏灯可以少用半小时，试问一个季度（每月按 30 天计算），可为国家节约多少度电？❶

第 1、2 题是知识巩固题，以学为主，第 3、4、5 题是应用题：电

---

❶ 云南省教育局教材编审室编. 云南二年制初中试用课本·物理·第二册 [M]. 昆明：云南人民出版社，1974：30.

动机（第3题），电路安装（第4题），节约用电（第5题），主要是联系生产实践中的问题。

学用结合，强调"学"是为了"用"，因此，可以说没有单纯的知识巩固性习题，"用"是最终的目的。

学用结合的形式在文革课本的革命过程中经历过多种变化，但突出三大革命实践的内容，强调到三大革命实践中应用的编排，作为"为无产阶级政治服务、与生产劳动相结合"的话语实践，始终如一。

（2）古为今用，洋为中用

1964年9月27日，毛泽东根据中央音乐学院陈莲来信，向中共中央宣传部长陆定一作出重要批示，其中提出了"古为今用，洋为中用"的"八字方针"。无论是作为理论原则、指导思想，还是作为方针、政策，其适用的范围，早已不仅限于文化艺术领域。"八字方针"本意是对传统文化、西方文化批判地继承。但在对课本编写的指导上，其为"今"和"中"所用的标准，变成"为无产阶级政治服务"，所以，"古为今用，洋为中用"是符合教育基本话语之"用"。

"古为今用"在课本中的编排结构，就是每一本中学语文课本都编排古典文学。如《山东省中学语文教学意见》（1973）"遵照毛主席'批判地吸收''古为今用'的方针，为了培养学生初步阅读文言文的能力，并逐步提高学生分析、批判的能力，新编教材共选入古典文学作品十六篇，占12.4%"。主要编排"毛主席引用过的，学习后有助于理解毛主席著作的，反映当时社会阶级矛盾和民族矛盾的，揭露封建统治阶级的罪恶，表现人民对封建统治阶级的不满和反抗的，反映中华民族的悠久历史文化和创造发明的；内容有一定的积极因素，在语言运用和表现形式上对今天有借鉴作用的。入选的作品，适当照顾到各个时期和名家、名著"❶。与山东语文课本一样，作为学习毛主席著作和"以阶级斗争为纲"的其他各地的中学语文课本，编排二至三篇古文，作为"为无产阶级政治服务"之"今用"，是通常的课本编排定式。编排的古文主要是两种：一种是毛主席引用过的古文，学习后有助于理解毛主

---

❶ 山东省中小学教材编辑部. 山东省中学语文教学意见 [M]. 济南：山东人民出版社，1973：27－28.

席著作；一种是反映阶级斗争的古文。

如黑龙江中学试用课本《语文》第三册（1970）的《愚公移山》《叶公好龙》这两篇寓言故事，就是依据"毛主席引用过"选编的：

> 毛主席在党的第七次全国代表大会上的闭幕词，以"愚公移山"作题目，引用"愚公移山"这个故事，鼓励全党和全国人民"下定决心，不怕牺牲，排除万难，去争取胜利"。在《湖南农民运动考察报告》中，用"叶公好龙"这个成语，深刻地揭露了大革命时期蒋介石之流打着革命的旗号，而实际上反对革命、镇压革命的反革命两面派的丑恶嘴脸。毛主席在使用这两则寓言时，都给了改造，加进了新的内容，为我们学习、使用成语典故树立了光辉的典范。❶

山东《语文》一年级上册（1970）编排《黔之驴》是因为"抗战时期，毛主席在《一个极其重要的政策》一文中引用了这篇寓言"❷，说"柳宗元曾经描写过的'黔驴之技'，也是一个极好的教训，一个庞然大物的驴子跑进贵州去了，贵州的小老虎见了很有些害怕。但到后来，大驴子还是被小老虎吃掉了。我们八路军新四军是孙行者和小老虎，是很有办法对付这个日本妖精或日本驴子的"。

湖南省中学试用课本《语文》第六册（1969）编排的《武松打虎》是毛主席在《论人民民主专政》这篇光辉著作中引用的故事。❸

山西省初中试用课本《语文》第四册（1971）编排《得道者多助，失道者寡助》，是根据毛泽东针对被压迫民族和人民革命斗争的前途在1970年5月20日发表的声明："无数事实证明，得道多助，失道寡助。弱国能够打败强国，小国能够打败大国。"❹

古文《曹刿论战》是《毛泽东选集》第一卷《中国革命战争的战略问题》第五章第三节"战略退却"中的前一部分，《关于共工头触不

❶　黑龙江省中小学教材编写组. 黑龙江中学试用课本·语文·第三册［M］. 哈尔滨：黑龙江省中小学教材编写组，1970：73.

❷　山东省中小学教材编辑部. 山东省中学试用课本·语文·一年级上册［M］. 济南：山东省中小学教材编辑部，1970：100.

❸　湖南省中小学教材编写组. 湖南省中学试用课本·语文·第六册［M］. 长沙：湖南省中小学教材编写组，1969：100.

❹　山西省中小学教材编写组. 山西省初中试用课本·语文·第四册［M］. 太原：山西人民出版社，1971：109.

周山的故事》是《渔家傲·反第一次大"围剿"》一词中引用的故事。❶

《陈涉起义》选编自《史记》,是根据毛泽东在《中国革命和中国共产党》中所提到的农民起义选编的:"地主阶级对农民的残酷的经济剥削和政治压迫,迫使农民多次举行起义,以反抗地主阶级的统治。从秦朝的陈胜、吴广、项羽、刘邦起,……直至清朝的太平天国,总计大小数百次的起义,都是农民的反抗运动,都是农民的革命战争……"❷

另一种古为今用的编排,是编排反映阶级斗争的古文,如前述"有反映当时社会阶级矛盾和民族矛盾的,揭露封建统治阶级的罪恶,表现人民对封建统治阶级的不满和反抗的,反映中华民族的悠久历史文化和创造发明的"。这些古文不一定被毛泽东引用过,却是根据阶级斗争需要编排的,如《方腊起义》是关于阶级斗争的农民起义,在"学和用"中要求"以毛主席关于阶级、阶级斗争的光辉学说分析本文,说明古代农民起义的原因及其意义"❸。其他课文还有:《卖炭翁》《狼》《人有亡铁者》《廉颇蔺相如列传》《赤壁之战》《文天祥传》《捕蛇者说》《中山狼传》《劝学篇》等。

1974 年后随着批林批孔、尊法反儒运动合流,"古为今用"的编排重点在批孔。《教育革命通讯》1974 年第八期发表《夺取中小学批林批孔的新胜利》,要求开学后的第一件大事就是如何深入、普及、持久地开展批林批孔运动。学校的一切工作都要提到这条纲上来:

> 要自始至终抓紧马列和毛主席著作的学习,运用马克思主义的立场、观点和方法研究儒法斗争史和整个阶级斗争史,批判尊儒反法观点,正确地评价不同历史时期法家在历史上的进步作用和局限性,深入地批判不同历史时期儒家在历史上的反动作用和欺骗性,努力做到理论与实际统一,努力做到"古为今用",研究历史要为社会主义革命时期

---

❶ 上海市中小学教材编写组. 上海市中学课本·语文·二年级第一学期用 [M]. 上海:上海市中小学教材编写组: 1969: 108.

❷ 山东省中小学教材编选组. 山东省中学试用课本·语文·三年级下册 [M]. 济南:山东省中小学教材编选组, 1971: 98.

❸ 山西省中小学教材编写组. 山西省高中试用课本·语文·第一册 [M]. 太原:山西人民出版社, 1971: 158.

的现实斗争服务，为进行思想和政治路线教育服力，为巩固无产阶级专政服务。❶

　　课本"古为今用"编排的重心转到"儒法斗争"，提出运用马克思主义的立场、观点、方法来批判儒家著作，推崇法家思想。如：河南中学《语文》第四册（1974）选编了洪秀全诗二首《古风》《吟剑诗》，选编了《西门豹治邺》《天论》；北京中学《语文》第一册（1976）选编"论衡二则"《孔丘不能先知》《人死不能为鬼》；山东中学《语文》第三册（1975）选编《〈论语〉批注》《更法》等。学习这些批儒尊法的古文时，要求"运用马克思主义的立场、观点、方法，批判儒家的书，研究法家著作。讲授古典作品，要引导学生向前看，做到'古为今用'"❷。例如《〈论语〉批注》这篇最具代表性且入选课本较多的课文，"节选了有关批注孔老二'克己复礼'、唯心主义'天才论'及其为没落奴隶主阶级培养接班人的反动教育路线部分"。编者提出："学习本文，要以马列主义、毛泽东思想为武器，密切联系实际，深入批判林彪反革命修正主义路线的极右和反动的孔孟之道，切实批深批透，把它们统统扫进历史的垃圾堆。"❸ 编者认为，只有用马列主义、毛泽东思想作武器分析古文才能实现"古为今用"。选编《〈三字经〉批注》的编者也认为：在普及、深入、持久开展的批林批孔运动中，把《三字经》这个反面教材拿出来，用马克思主义的立场、观点、方法，加以分析批判，清除其流毒，对于提高我们的阶级斗争和路线斗争觉悟，坚持无产阶级专政下的继续革命，是很有必要，也是很有好处的。❹ 黑龙江中学《语文》第七册（1976）中第五单元选编《五蠹》《封建论》两篇古文，对"古为今用"说得更加直白："学习本单元，了解法家代表人物——韩非、柳宗元坚持革新、反对倒退的政治主张，在历史上的进

　　❶　《教育革命通讯》编辑部. 夺取中小学批林批孔的新胜利［J］. 教育革命通讯，1974（8）：1–2.

　　❷　河南省革命委员会教育局中小学教材编辑室. 河南省初中课本·语文·第四册［M］. 郑州：河南人民出版社，1974：封三.

　　❸　山东省中小学教材编辑部. 山东省初中课本·语文·第三册［M］. 济南：山东人民出版社，1975：112–113.

　　❹　山东省中小学教材编辑部. 山东省初中课本·语文·第一册［M］. 济南：山东人民出版社，1975：34–35.

步作用，及其历史与阶级的局限。要从历史上的儒法斗争中吸取经验教训，为现实的阶级斗争、路线斗争服务。"❶

与"古为今用"连体的"洋为中用"，也多见于语文课本的编排中。如山东初中课本《语文》第一册（1975）"遵照毛主席'洋为中用'的教导，新编教材选入了外国进步文学作品五篇，占 3.8%"❷。各地的中学语文课本基本上每本都编有外国作品，常见的有：列宁的《欧仁·鲍狄埃》《青年团的任务》《中国的战争》《苏维埃政权的当前任务》《伟大的创举》《共产主义运动中的"左派"幼稚病》《共产主义社会的第一阶段》《再论工会、目前局势及托洛茨基和布洛林的错误》等；欧仁·鲍狄埃的《国际歌》、高尔基的《海燕》、恩格斯的《在马克思墓前的讲话》、高尔基的《法庭上的斗争》、斯大林的《悼列宁》、马克思的《马克思致路·库格曼》等。所谓"洋为中用"的"洋"只是少数的国外无产阶级政治家的作品，其中以列宁作品为最多，真正的文学家的作品也只有高尔基的，且这些文章的中心思想集中表现为要彻底推翻资产阶级和一切剥削阶级，用无产阶级专政代替资产阶级专政，在地球上消灭人剥削人的制度，使全人类都得到解放。从编排的内容和作者的性质来看，编排"洋文"实则也是为"今用"——为当时的无产阶级政治服务。

无论是"古为今用，洋为中用"，还是"学用结合，立竿见影"都是作为学用体的一种表现形式，是在致用主义下形成的编排形式。学用体，为"用"之目的形成的特色编排，与"统帅体"并立，成为文革课本编写的两大特色，它们的产生，归根结底还是教育基本话语在课本中的话语实践。

---

❶ 黑龙江省中小学教材编写组. 黑龙江省中学课本·语文·第七册 [M]. 哈尔滨：黑龙江人民出版社，1976：174.

❷ 山东省中小学教材编辑部. 山东省中学语文教学意见 [M]. 济南：山东人民出版社，1973：27–28.

余论　告别"红色"课本

文革时期在革命话语的"指示"下课本实现了革命，并形成了革命课本。革命话语对课本的建构，关键应归因于革命话语的功能。

一、革命话语的功能及其后果

革命话语对课本演变与生成具有"以言行事"的功能，即不仅传递信息，更是表达意图并促使意图实现。换句话说，编写新课本的方式必须是"我认为"的方式，课本的知识必须是"我认可"的知识，课本的言说必须是"我喜欢"的言说，这就是革命话语的秘密。

首先，革命话语颠覆课本。当毛泽东发出"五·七"指示提出"资产阶级知识分子统治学校的现象再也不能继续下去了"时，这个否定一个旧世界、建立一个新世界的号召，就是"以言行事"的颠覆性行为，它采用"破中立"的方法，否定旧课本的一切价值，对旧课本进行破坏性的摧毁，并在它的废墟上建立一种体现新秩序的课本，正如阿伦特所说，革命话语许诺的一个"历史进程突然重新开始了，一个全新的故事，一个之前从不为人所知、不为人所道的故事将要展开"❶。新旧故事是完全不同的叙述，新旧课本是完全不同的知识型，没有任何相似和继承之处，只有红白式对立。这种颠覆式的革命话语，用"阶级斗争"的利刃，不仅割断了新、旧课本之间相联系的文化"脐带"，也把新、旧课本阻隔在革命与反革命、进步与落后、善与恶的两岸，抛弃了代表"落后、反动"的旧课本的一切优点，否定知识的系统性，使得课本知识显得支离破碎，否定理论基础知识，使课本"少而精"变成"少而缺"。

其次，革命话语推动斗争。革命话语在中国产生于一个阶级对抗另一个阶级的语境中，斗争是革命话语的核心词，也是革命话语合法生存的武器。斗争一旦进入并主导课本编写，就成为编写课本和解释世界的方法论，所有的知识和观点都必须与斗争有关，并把课本及其知识体系分成两种：阶级斗争的课本与知识、生产斗争的课本与知识。以阶级斗争为主的文科课本，纯粹沦为阶级斗争的工具，用政治教育取代德育，

---

❶ ［美］汉娜·阿伦特. 论革命［M］. 南京：译林出版社，2007：17.

用政治代替知识，用阶级斗争判别知识属性，用毛泽东语录判断真理，否定了人文知识世界的多元、宽容和人性；以生产斗争为主的理科课本，则沦为为生产服务的工具，放弃了启智与科学启蒙的阵地。从生产斗争出发的知识体系，其性质是科学的布尔什维克化，是用无产阶级教育路线的生产知识来对抗和反对"资产阶级教育路线"的学科理论体系。此外，革命话语还形成了分别对应于两个世界的"批斗性与颂扬性"的斗争式语言。在知识与语言的共同作用下，掀起了教师和学生"狠斗私字一闪念""灵魂深处闹革命"的批斗激情。

再次，革命话语垄断知识和真理。文革时期的革命话语，与毛泽东的权力及权威相结合，形成了自上而下的"指示"性话语，它有一种滔滔不绝的、不容置疑的真理独白风格，它以知识与真理的名义进入课本、报刊、故事、学术专著，它成为学生学习的内容，教师教学的方法，作家引述的依据，样板戏述说的台词……。从全国人民代表大会的主席台上，到偏远农村的高音喇叭中，扩散到社会精神生活的每一领域。革命话语从而形成了"定天下于一尊"的统帅地位，它是大本大源的，是不容怀疑的，因此，革命话语"指示"着课本的编写，促成了课本编写的真理独白风格，用随处可见的毛泽东语录与指示，控制着知识，规训着身体，也捕获灵魂。"真理独白"的风格，以掌握了真理自居，不仅掌控了课本的编写、选择权，也垄断了知识的解释权，使得课本的编写并不以事实是否真实为唯一标准，而以是否以"毛泽东思想"为统帅为标准，不以知识是否合理，而以是否能为无产阶级政治服务为标准，对一切历史和事实都声言"阶级化"和"政治化""意识形态化"，最终在革命课本中筑起了一个高度一致、统一的"褊狭神话"。所以，课本无可逃遁地变得"片面"和"褊狭"了，不仅少了知识，也少了一些真理。

总之，文革时期在革命话语建构下的课本革命，是一次对教育发展具有破坏性的倒退。课本革命经验告诉我们，在教育发展的过程中，特别是社会主义教育事业平稳过渡时期，对教育和课本来说应慎谈革命。

当然，革命话语也并非一无是处，革命所带给课本的知识平等、人民至上、与生产相联系的观念，便是当前教科书编写可以借鉴和发扬的。

二、"红色"课本的"革命合理性"及其困局

革命课本的形成有其特殊的历史原因，它是针对传统课本的"智育第一"引发"身体问题"，导致学生全面发展落空，在此基础上进行激进教育革命的产物，在现实中有其革命的合理性。但在以摧毁为使命的教育革命中，课本编写在处理"政治与业务""理论与实际"两大关系时走向极端和偏执，最终走向一种革命式的迷局：革命后，怎么办？

1. "红色"课本的"革命合理性"

课本革命反对"智育第一"，试图解决课本中理论联系实际的问题，提出与生产劳动相结合的课本改革道路，有其现实的历史基础。

首先，与生产劳动相结合编写课本有理论合理性。从学生全面发展的学说来看，新中国初十七年教育中的课本确实存在过于重视知识学习的问题，课程过多，课本为"升学"服务，过多的纯理论知识，这些都大大阻碍了学生的全面发展。编写与生产劳动相结合的课本，就是试图通过生产劳动促进学生在德、智、体等方面的全面发展。从理论联系实际的方法论来看，编写与生产劳动相结合的课本，在一定程度上是对"智育第一"、理论脱离实际的旧课本的纠正，这种做法试图通过联系生产实际，达到理论联系实际的目的。

其次，与生产劳动相结合编写课本有社会现实合理性。数理课本的生产致用化，其现实基础是学校教育僵化的问题：一方面，新中国成立后苏化的凯洛夫教育体系一直统治着我国的学校，使学校成为一个惹人厌烦的地方，学校教育与社会实践脱节，"现在学校课程太多，对学生压力太大。讲授又不甚得法。考试方法以学生为敌人，举行突然袭击。这三项都是不利于培养青年们在德、智、体诸方面生动活泼地主动地得到发展的"[1]。另一方面，在中国近代化的道路上，在"赶英超美"的激情下，现代化提速被放在特别重要的位置上，大跃进时期的大炼钢运动和人民公社，无不迫切需要教育能为之提供大量的社会主义建设人

---

❶ 毛泽东. 关于学校课程的设置、讲授和考试问题的批语 [EB/OL]. http：//www. xiaoshuo. com/readbook/0011015083_ 1113. html, 2009–01–01.

才，特别是在我国基础教育还不能普及、职业和高等教育还很不充足的情况下，大量初高中学生毕业后会立即作为知识青年参加社会主义的现代化建设。但学校教育培养精英的苏化模式显然无法满足需求。这样，初高中阶段的教育就不可避免地需要兼顾社会的需要，进行职业教育。因此，在初高中课本里编排类似于职业教育性质的生产知识，也是应社会之需。

再次，文革课本强调与生产劳动相结合，使得文革课本编写更加灵活，因此有方法上的合理性。我国全国各地区域差异太大，编写统一与僵化的课本，不利于联系当地的生产实际。文革时期主要通过鼓励地方自编课本，或编写乡土教材，或对课本进行删、减、增、补等三种编写方式与生产实际相联系。

自编课本，除了省、市可自编外，地、县、校都可自编，各省市编的课本都能结合本省市的情况选择内容，例如，河南中学《地理》课本（1975）四编中就有"第三编 前进中的河南"：

> 比较清楚地了解河南省优越的自然条件和全省人民在毛主席革命路线的指引下，战天斗地，建设社会主义的大好形势。并进一步认识"农村是一个广阔的天地，在那里是可以大有作为的"。树立扎根农村干革命，建设社会主义新农村的雄心壮志。❶

再如上海市中学课本《工农业基础知识》中机械一编，讲的是上海市特有的港口和造船方面的机械，如螺丝跳、革新吊、夹板锤、空气锤、内燃夯、水压机等。而承德地区的《工业基础知识》主要讲本地的农业机械：水泵、水轮泵及其他农业机械。根据本地生产情况自编课本确实有助于解决全国各地的区域差别问题，适用于不同区域的学生学习和教师教学。

编写乡土教材，是响应"最高指示"——"教材要有地方性，应当增加一些地方乡土教材。……讲一点乡土文学，讲自然科学也是一样。"而实施的理论联系实际的措施，以实现毛泽东的"教育与生产劳动相结合"的教育蓝图。正是因为要编写乡土教材，才使得文革课本种类繁

---

❶ 河南省周口地区教育局. 河南省中学试用课本·地理［M］. 周口：河南省周口地区教育局，1975：1.

多，名称多样，如广东廉江县横山公社中学教师通过深入工厂、农村，作调查访问，开座谈会，向有实践经验的工人、贫下中农请教，搜集一批对三大革命运动有实用价值的数学实例。经过研究，整理归类，编写了乡土教材《农村常用数学》共九类。仅一门课程就开发出如此多的乡土教材，都是因为"教育与生产劳动相结合"的话语力量，它能使学生更易理解数学的功用。文革期间形形色色的乡土教材，以本地方的地理、政治、经济、民族、生产状况等为内容，教给学生乡土知识，不仅符合教学由近及远、由具体到抽象的原则，而且有助于学生认识乡土和培养热爱乡土的观念，特别是，有助于学生树立为农村的工农业发展服务的志向。

开门编书时对课本"增、删、补、换"，增补了一些批林批孔和专业知识的课文和课本，给了课本使用以一定弹性，使教师能根据学校和学生的具体情况对课本进行调整，增加或补上本地的斗争知识，删去或换掉不适的斗争知识，使课本更能贴近实际和学生。

与生产劳动相结合编写课本的三种方式，在一定程度上赋予了地方、学校、教师更多的编写权力，让教师参与进来，使得课本编写争奇斗艳，一方面增加课程、课本的种类，丰富了一些乡土教材，另一方面也提高了地方课本的编写水平。

从"与生产劳动相结合"的理论、社会现实、方法的合理性中不难看出，"与生产劳动相结合"确实看起来似乎是救治旧课本，使其摆脱"智育第一"疾病的一剂良药，但它以革命式的强烈手段，犹如天雄、大黄式的猛剂，治了"智育第一"的病，却伤了教育和谐的有机体。

2. 红色课本的革命式困局

以"毛泽东思想为统帅"的革命课本，是以"无产阶级的教育路线"反对"修正主义教育路线"结出的"政治之果"，虽然对旧课本的批判和改造有其合理之处，但以革命为目的和特性的课本重编，也深陷于因"革命"而导致的困局：

首先，教育为无产阶级政治服务，"以毛泽东思想为统帅"，使课本陷入政治取代业务的困局。

一方面，"政治第一，艺术第二"的选文原则，使课本知识政治化、狭隘化。以为无产阶级政治服务作第一标准，把世界上的知识或文化分成两种，一种是无产阶级的，是革命的，需要宣扬和学习，另一种是非无产阶级的，是反革命的，需要批判和抛弃。课本只能选那些为无产阶级政治服务的课文、知识，课本中的知识都被标上了"为无产阶级政治服务"的标签。因而那些优秀的封建或资产阶级文化都被当作糟粕而被抛弃了，结果在课本中不仅少了许多能"洋为中用、古为今用"的内容，而且也限制了为生产劳动服务的知识范围。

另一方面，突出"政治第一""以转变学生思想为任务"的课本，不符合按学生认知发展水平编写课本的规律。

课本不仅是知识的载体，更是教学的内容。评价课本的重要标准之一就是从认知心理的角度判断课本是否考虑学生的年龄特征和认知水平，是否能反映学生的生活世界。而革命课本总体上却因过强的政治要求而无法顾及学生的认识心理，其中尤以《语文》为甚：

一是课本本身虽有供使用的对象，但选文并无明显的层级差异。《语文》课本大多以政论文为主，而政论文主要针对有一定政治和文化素养且水平相当的大众，并不适用于区别用书对象——学生。

二是课文脱离学生的认识水平，不能让学生理解。例如：小学低年级选用的毛主席语录"把无产阶级文化大革命进行到底！""世界上一切革命斗争都是为了夺取政权，巩固政权"等，都不符合小学课本编排应遵照的学生认识发展的规律——先具体后抽象。小学低年级就选用抽象的政治用语作为课文，一方面令儿童无法理解，另一方面也会导致儿童厌学。

三是课文脱离学生日常生活，不利于启发学生思维。口号作为课文，特别是"打倒"类暴力式口号大量选入课文，无疑对文革期间红卫兵、造反派盲目、极端的暴力行为具有催化作用。另外，课文中大量的斗争词，如牛鬼蛇神、斗争、打倒、苏修、美帝、反动派、走资派等含有仇恨意义的词汇，无形中确实进行了立场教育，却与学生的生活渐行渐远，旧课本中的"春夏秋冬""猪牛羊马""树木花草"等充满生活气息的内容，已经在红色课本中消失得无影无踪。过早的立场教育对儿童的伤害是巨大的，不仅使其失去了是非判断的能力，也会造成其成年后人性和心理的扭曲。

其次，教育与生产劳动相结合，从三大革命实践出发的生产"致用"主义，使系统的基础知识受到肢解和破坏，课本陷入无法真正为工农业生产服务的困局。过于生产致用化的趋向，在数理课本中表现最明显，不仅模糊了基础教育与职业教育的界限，也忽视了基础的、系统知识的学习。文革时期把学校教育僵化的问题，可归结为教育路线斗争，课本的编写也就跟着"政治正确"走向"旧"课本的对立面——追求生产致用，根据生产实践需要编写课本。追求生产致用的知识是基础教育急功近利的表现，却被当时的人们误以为致用的知识可以解决实践中的问题，事实上在课本有限内容中无法讲解所有社会实践的知识，只能把一些典型的生产知识介绍给学生，掌握这些知识无法让学生理解非典型的、千差万别的大量生产知识，如掌握了拖拉机的知识，却不清楚汽车的工作原理，掌握了电动机的知识，却不明白发电机的原理一样，在社会实践中反而无法真正为生产实践服务。所以，接受过这样的文革教育的人往往只记住了"八字宪法""三机一泵"等，很少有人依靠它们真正成为社会主义建设的又红又专的人才。

依前所述，"教育为无产阶级政治服务，教育与生产劳动相结合"既是革命课本形成的起因，也是革命课本革命式困局的源头。它过于理想化和乌托邦式的色彩，过于依赖暴风骤雨式的手段，对学术模式采取断然的否定和拒绝，使得"教育为无产阶级政治服务，教育与生产劳动相结合"的话语实践必然走向学术模式的对立面，对政治与业务、理论与实际之间关系的调整必然与旧课本相背。用政治统帅业务、用生产代替理论的课本革命，最终反而严重地破坏了政治与业务、理论与实际的辩证关系，革命式困局也就不可避免了。

文革课本 10 年革命史，时间虽不长，但却为我国中小学课本改革中革命模式与学术模式的争斗、革命课本的形成提供了一个最佳的观察标本。这段革命模式最终占据上风的历史为我们提供了可资借鉴的经验与教训，历史希望我们不要简单地走回头路，也不要轻易地否定每个阶段教育改革尝试的所有方面，历史向我们提出了这样一个需要大胆探索和艰苦努力才能回答的难题：在正规化的"学术模式"和非正规化的"革命模式"之间，是否有一种综合模式可以选择或创造？❶ 我们如何

---

❶ 袁振国. 中国当代教育思潮（1949～1989）[M]. 上海：生活·读书·新知三联书店上海分店，1991：12.

告别革命课本？

　　1985 年中共中央、国务院在北京召开全国教育工作会议后颁布的《中共中央关于教育体制改革的决定》（以下简称《决定》）作出了一次尝试和创新，《决定》指出："教育必须为社会主义建设服务，社会主义建设必须依靠教育。"它实质上已经改变了 1958 年中共中央、国务院发布的《关于教育工作的指示》中所提出的"教育为无产阶级政治服务，教育与生产劳动相结合"的教育工作方针，成为新的历史时期的教育基本话语。

参考文献

［1］石鸥，吴小鸥. 百年中国教科书图说［M］. 长沙：湖南教育出版社，2009.

［2］石计生. 意识形态与中小学教科书研究［M］. 台北：前卫出版社，1993.

［3］蓝顺德. 教科书的政策与制度［M］. 台北：五南图书出版股份有限公司，2006.

［4］陈月茹. 中小学教科书改革研究［M］. 北京：教育科学出版社，2009.

［5］［美］迈克尔·W. 阿普尔. 意识形态与课程［M］. 上海：华东师范大学出版社，2001.

［6］［美］迈克尔·W. 阿普尔，L. 克丽斯蒂安·史密斯. 教科书政治学［M］. 上海：华东师范大学出版社，2005.

［7］吴洪成. 中国学校教材史［M］. 重庆：西南师范大学出版社，1998.

［8］曾天山. 教材论［M］. 南昌：江西教育出版社，1997.

［9］王建军. 中国近代教科书发展研究［M］. 广州：广东教育出版社，1996.

［10］［比］弗朗索瓦－玛丽·热拉尔，易克萨维耶·罗日叶. 为了学习的教科书：编写、评估、使用［M］. 上海：华东师范大学出版社，2009.

［11］谢利民. 中小学教材比较研究［M］. 北京：中国人民大学出版社，2009.

［12］汪家熔. 民族魂：教科书的变迁［M］. 北京：商务印书馆，2008.

［13］孔凡哲. 教科书质量研究方法探索［M］. 北京：人民教育出版社，2008.

［14］高凌飚. 基础教育教材评价：理论与工具［M］. 北京：人民教育出版社，2002.

［15］周士林，李嘉瑶. 教材建设浅论［M］. 北京：北京航空学院出版社，1986.

［16］石鸥. 教学别论［M］. 长沙：湖南教育出版社，1998.

［17］石鸥. 教育困惑中的理性追求［M］. 长沙：湖南师范大学出版社，2005.

［18］张楚廷. 课程与教学哲学［M］. 北京：人民教育出版社，2003.

［19］张楚廷. 教育哲学［M］. 北京：教育科学出版社，2006.

［20］张传燧. 行走于传统与现代之间［M］. 长沙：湖南师范大学出版社，2005.

［21］周庆元. 中学语文教材概论［M］. 长沙：湖南人民出版社，1994.

［22］刘铁芳. 生命与教化［M］. 长沙：湖南大学出版社，2004.

［23］吕达. 中国近代课程史论［M］. 北京：人民教育出版社，1994.

［24］张华. 课程与教学论［M］. 上海：上海教育出版社，2000.

［25］詹姆斯·洛温. 老师的谎言［M］. 北京：中央编译出版社，2009.

［26］程晋宽. "教育革命"的历史考察（1966~1976）［M］. 福州：福建教育出版社，2001.

［27］周全华. "文化大革命"中的"教育革命"［M］. 广州：广东教育出版社，1999.

［28］袁振国. 中国当代教育思潮（1949~1989）［M］. 上海：生活·读书·新知三联书店上海分店，1991.

［29］黄忠敬. 知识权力控制：基础教育课程文化研究［M］. 上海：复旦大学出版社，2003.

［30］石中英. 教育哲学导论［M］. 北京：北京师范大学出版社，2004.

［31］金生鈜. 规训与教化［M］. 北京：教育科学出版社，2004.

［32］闫旭蕾. 教育中的"肉"与"灵"：身体社会学研究［M］. 南京：南京师范大学出版社，2007.

［33］张人杰. 国外教育社会学基本文选［G］. 上海：华东师范大学出版社，1989.

［34］郑金洲. 教育文化学［M］. 北京：人民教育出版社，2000.

［35］袁振国. 教育政策学［M］. 南京：江苏教育出版社，1996.

［36］瞿葆奎等. 教育学文集·中国教育改革［M］. 北京：人民教育出版社，1991.

［37］杨学琼. 教育政治学［M］. 沈阳：辽宁教育出版社，1992.

［38］陆有铨. 躁动的百年［M］. 济南：山东教育出版社，1997.

［39］吴康宁. 教育社会学［M］. 北京：人民教育出版社，1998.

［40］［日］佐藤学. 课程与教师［M］. 北京：教育科学出版社，2003.

［41］袁振国. 对峙与融合：20世纪的教育改革［M］. 济南：山东教育出版社，1995.

［42］董宝良等. 中国近现代教育思潮与流派［M］. 北京：人民教育出版社，1997.

［43］杨东平. 艰难的日出：中国现代教育的20世纪［M］. 上海：文汇出版社，2003.

［44］郑国民. 从文言文教学到白话文教学：我国近现代语文教育的变革历程［M］. 北京：北京师范大学出版社，2000.

［45］人民教育出版社编. 教育改革重要文献选编［M］. 北京：人民教育出版社，1986.

［46］中国出版科学研究所，中央档案馆编. 中华人民共和国出版史料：第三、四辑［M］. 北京：中国书籍出版社，1996.

[47] 宋原放. 中国出版史料（现代部分）：第三卷（上册）[M]. 济南：山东教育出版社，2001.

[48] 何东昌. 中华人民共和国重要教育文献 [M]. 海口：海南出版社，1998.

[49]《中国大百科全书》编委会. 中国大百科全书·教育卷 [M]. 北京：中国大百科全书出版社，1985.

[50]《中国教育年鉴》编辑部. 中国教育年鉴：1949～1981 [M]. 北京：中国大百科全书出版社，1984.

[51] 中央教育科学研究所. 中华人民共和国教育大事记 [M]. 北京：教育科学出版社，1984.

[52] 中共中央毛泽东选集出版委员会. 毛泽东选集（第4卷）[M]. 北京：人民出版社，1991.

[53] 张伟忠. 现代中国文学话语变迁与中学语文教育 [M]. 北京：人民教育出版社，2008.

[54] 苏渭昌. 中国教育思想通史 [M]. 长沙：湖南教育出版社，1994.

[55] 刘杲，石峰. 新中国出版五十年纪事 [M]. 北京：新华出版社，1999.

[56] 石鸥. 中国基础教育60年 [M]. 长沙：湖南师范大学出版社，2009.

[57] 金一鸣. 中国社会主义教育的轨迹 [M]. 上海：华东师范大学出版社，2000.

[58] 邓力群. 毛泽东与科学教育：下 [M]. 北京：中央民族大学出版社，2004.

[59] 毛泽东. 毛主席论教育革命 [M]. 北京：人民出版社，1967.

[60] [美] 约翰·布莱恩·斯塔尔. 毛泽东的政治哲学 [M]. 北京：中国人民大学出版社，2006.

[61] 陈越. 哲学与政治：阿尔都塞读本 [M]. 长春：吉林人民出版社，2003.

[62] 敬文东. 随"贝格乐号"出游 [M]. 洛阳：河南大学出版社，2010.

[63] [法] 福柯. 词与物：人文科学考古学 [M]. 上海：上海三联书店，2001.

[64] 刘少杰. 后现代西方社会学理论 [M]. 北京：社会科学文献出版社，2002.

[65] [英] 诺曼·费尔克拉夫. 话语与社会变迁 [M]. 北京：华夏出版社，2003.

[66] [法] 福柯. 知识考古学 [M]. 北京：生活·读书·新知三联书店，1998.

[67] 王治河. 福柯 [M]. 长沙：湖南教育出版社，1999.

[68] 胡春阳. 话语分析：传播研究的新路径 [M]. 上海：上海世纪出版集团，2007.

[69] 文贵良. 话语与生存：解读战争年代文学（1937～1948）[M]. 上海：上海世纪出版集团，2007.

[70] [英] 麦克·F. D. 杨. 知识与控制：教育社会学新探 [M]. 上海：华东师

范大学出版社，2002.

[71]［法］莫里斯·哈布瓦赫. 论集体记忆［M］. 上海：上海人民出版社，2002.

[72] 夏基松. 现代西方哲学教程新编·上［M］. 北京：高等教育出版社，1998.

[73] 周保巍. "罗生门"与剑桥学派的"修辞"［J］//社会学家茶座·第十二期.
　　　济南：山东人民出版社，2007.

[74] 王建刚. 政治形态文艺学：五十年代中国文艺思想研究［M］. 北京：中国社
　　　会科学出版社，2004.

[75] 王小波. 沉默的大多数［M］. 北京：中国青年出版社，1998.

[76]［德］卡尔曼海姆. 意识形态与乌托邦［M］. 北京：华夏出版社，2001.

[77] 汪民安，陈安国. 后身体文化、权力和生命的政治学［M］. 长春：吉林人民
　　　出版社，2004.

[78] 刘北成. 福柯的思想肖像［M］. 北京：北京师范大学出版社，1995.

[79] 许善斌. 证照中国：1966~1976［M］. 北京：新华出版社，2009.

[80]［美］汉娜·阿伦特. 论革命［M］. 南京：译林出版社，2007.

[81]［英］彼得·卡尔佛特. 革命与反革命［M］. 长春：吉林人民出版社，2005.

[82] 王奇生. 革命与反革命：社会文化视野下的民国政治［M］. 北京：社会科学
　　　文献出版社，2010.

[83] 高波. "样板戏"：中国革命史的意识形态和艺术化［M］. 昆明：云南人民
　　　出版社，2010.

[84] 余岱宗. 被规训的激情：论1950、1960年代的红色小说［M］. 上海：上海
　　　三联书店，2004.

[85] 陈嘉映. 语言哲学［M］. 北京：北京大学出版社，2003.

[86]［美］迈克尔·W. 阿普尔. 官方知识：保守时代的民主教育. 2版［M］. 上
　　　海：华东师范大学出版社，2004.

[87] 方维保. 红色意义的生成［M］. 合肥：安徽教育出版社，2004.

[88] 吴俊，郭战涛. 国家文学的想象与实践［M］. 上海：上海古籍出版
　　　社，2007.

[89] 王建刚. 政治形态文艺学［M］. 北京：中国社会科学出版社，2004.

[90]［美］费正清. 剑桥中华人民共和国史：1949~1965［M］. 北京：中国社会
　　　科学出版社，1990.

后　记

　　关于"红色"课本，我从 2006 年就开始跟随恩师石鸥教授着手研究，直到现在才算完结，写成一本小书。这毕竟是我的处女作，故而欣喜之余又有些惴惴不安，总想把它打磨得更完美些，于是反复进行了审读。此时，跟随着文字的跃动，脑海里不断地浮现此书构思、谋篇、论证、叙述的写作过程。不断变动、最终成型的写作思路和叙事风格述说着自己的成长历程，依稀可见时而步履蹒跚，时而踯躅不前，时而大步流星的场景，其中犹豫与自信交织，怀疑与信奉共存。

　　突然从漫无边际的思绪中回到起点——恩师把我们领进教科书研究之门的长谈之夜，言犹在耳，历历在目。他为我们描绘了一幅教科书研究的蓝图、一个教育研究的富金矿，鼓励我们深入探索、挖掘真相。启蒙下的学术"新鲜人"，遂把教科书研究作为自己的学术志向，立志能在其中有所作为。非常幸运的是，在恩师的引导下我找到了一块有待耕耘的研究疆土、有待占领的研究高地——"文革"课本。缘于对课本考古式研究的信奉与坚守，恩师身先士卒带领我们，或亲赴全国各地的古旧书市搜罗各种旧课本，或与我们共同守候"孔夫子旧书网"拍买课本，过程辛苦、五味杂陈。曾为一本课本守候到凌晨，曾为一本课本不顾旅途劳顿，曾为竞拍成功而欣喜若狂，也曾为被人捷足先登而遗憾万分……在对收集到的大量"文革"课本整理归类后，我对"文革"课本研究的思路也开始清晰起来。我在研究中遇到许多困惑或难题，在与恩师的面对面交谈、学术沙龙、网络即时讨论中变得豁然开朗，书中"身体""质量""颠覆""建设""学术模式""革命模式"等关键词等无不浸透着恩师的思想智慧，由它们支撑的理论框架正是本书的"筋骨"和轴心。此外，每当我感到沮丧或迷茫，恩师总是给予我及时的开导和指引，推动我不断进步，"要把你培养成为一个研究'文革'课本的专家"的话语至今言犹在耳，鼓励我前行。为此我要特别感谢恩师石鸥教授为我所做的一切！感谢他孜孜不倦的教诲，以及对我的关心和爱护！

我还要诚挚地感谢湖南师范大学的刘铁芳教授、张传燧教授、周庆元教授、刘要悟教授、辛继湘教授等，由于他们的言传身教，我深受启迪，受益匪浅，成长迅速。同时感谢石门的兄弟姐妹，是他们让我感受到了同门之情，体会到热情和关爱。

本书的出版，曾一波三折、困难重重。没有导师的鼎力相助，恐难梦想成真；没有知识产权出版社的支持，更难以成书稿。因此还要特别感谢知识产权出版社的汤腊冬女士为此付出的心血与智慧。